Zeitmanagement für Dummies

Jeffrey J. Mayer

Zeitmanagement für Dummies

Übersetzung aus dem Amerikanischen von Ursula Schnitzler für rabbitsoft Haselier & Fahnenstich

An International Thomson Publishing Company

Bonn • Albany • Belmont • Boston • Cincinnati • Detroit • Johannesburg • London
Madrid • Melbourne • Mexico City • New York • Paris • Singapore • Tokyo

INTERNATIONAL THOMSON PUBLISHING

Die Deutsche Bibliothek – CIP-Einheitsaufnahme:

Mayer, Jeffrey J.:
Zeitmanagement für Dummies/
Übers. aus dem Amerikanischen von Ursula Schnitzler.-
Bonn ; Albany [u.a.]: Internat. Thomson Publ., 1997
Einheitssacht.: Zeitmanagement für Dummies <dt.>
ISBN 3-8266-2760-1

ISBN 3-8266-2760-1
1. Auflage 1997

Übersetzung der amerikanischen Originalausgabe:
Jeffrey J. Mayer:
Time Management for Dummies

Printed in Germany

Druck: Media-Print, Paderborn
Umschlaggestaltung: Task, Bad Honnef
Satz, Lektorat, Korrektorat und Produktionsabwicklung: rabbitsoft Haselier & Fahnenstich, Aachen
Produktionsabwicklung und Lektorat bei ITP: Esther Kockel, Harriet Gehring
Layout: Conrad Neumann, München

Inhaltsverzeichnis

Kapitel 3
Behalten Sie den Überblick: Benutzen Sie einen Tagesplaner 55

Kapitel 4
Eine Einführung in ACT! oder: So bekommen Sie Ihren Tagesplaner in den Computer 65

Kapitel 8
Helfen Sie anderen, Entscheidungen (schneller) zu treffen ... 129

Teil III Verbessern Sie Ihre Fähigkeit, Informationen zu kommunizieren 147

Kapitel 9 Machen Sie das Telefon zu Ihrem Freund 149

Kapitel 10 Verbessern Sie Ihre Produktivität durch Voice-Mail 165

Einführung
Zeitmanagement in den 90ern

Wenn es Ihnen wie den meisten Menschen geht, dann haben Sie nie ausreichend Zeit, um im Büro alles zu erledigen. Sie arbeiten deshalb immer härter und länger, aber trotzdem haben Sie nie das Gefühl, Fortschritte zu machen. Also gehen Sie früher ins Büro, bleiben noch länger, arbeiten an den Wochenenden, und wenn Sie dann am Ende eines langen Arbeitstages endlich zu Hause sind, sind Sie so fertig, daß Sie keine Zeit und Energie mehr für sich selbst, Ihre Familie oder Freunde haben. Die Techniken des Zeitmanagements, die in den 80ern so gut funktionierten, nutzen jetzt gar nichts mehr. Die Welt um uns herum hat sich in vielerlei Hinsicht geändert, die Techniken sind einfach veraltet.

"Wer hat sich hier beschwert, er hätte nichts zu tun ?"

- Früher dachten wir, wir könnten unsere Arbeit schaffen, wenn wir »ein Blatt nur einmal in die Hand nehmen«. Heute haben wir nicht nur die Blätter, sondern auch noch die E-Mail, die Voice-Mail und schnurlose Kommunikationssysteme. Auf unseren Schreibtischen stehen superschnelle Computer, die miteinander vernetzt sind. Wir kommunizieren miteinander über das Internet und Online-Dienste wie CompuServe, T-Online und America Online.

- Früher waren wir bereits begeistert, wenn wir einen Brief per Kurier schicken konnten, und der Empfänger ihn am nächsten Morgen um 10.30 Uhr erhielt. Heute faxen wir von unserem Computer direkt zu einem anderen Computer, und wenn wir ein Dokument verschicken wollen, schicken wir es einfach als Anlage zu einer E-Mail-Nachricht.
- Früher saßen Sekretärinnen und Assistentinnen an ihren Schreibtischen und tippten Briefe, Memos, Berichte, Präsentationen und andere Dokumente auf Ihren elektronischen IBM Schreibmaschinen und schafften 60 Wörter pro Minute. Heute sind die meisten Sekretärinnen weg, und auf ihren Schreibtischen stehen blitzschnelle PCs, die wir benutzen, um unsere Briefe, Memos, Berichte und Präsentationen selber zu schreiben. Zum Schluß bearbeiten wir dann noch unsere Dokumente mit unseren Rechtschreib- und Grammatikprogrammen, um unsere Fehler zu berichtigen.
- Früher mußten wir uns zu langen Besprechungen in den Konferenzsaal begeben, um komplexe Dokumente, Präsentationen und Berichte zu erstellen. Heute sind unsere Computer miteinander vernetzt, und mit der neuen Gruppensoftware kann eine ganze Gruppe von Leuten, die in verschiedenen Städten sitzen, gleichzeitig zusammenarbeiten und Dokumente, Präsentationen und Berichte erstellen.

Heute tauschen wir keine Unterlagen mehr aus. Wir tauschen Informationen aus. Und der zeitliche Rahmen, der uns zur Verfügung steht, um Entscheidungen zu treffen, wird immer kleiner.

Um in den 90ern Erfolg zu haben, müssen Sie mehr leisten, als sich und Ihre Arbeit nur zu organisieren. Sie müssen einen besseren Überblick über Ihre offenen Arbeiten, Aufgaben und Projekte bekommen, und das schaffen Sie am besten, wenn Sie Ihr Wiedervorlagesystem verbessern. Ein effizientes und effektives Wiedervorlagesystem läßt Sie die Zeit, die Sie während eines normalen Arbeitstages vergeuden, effizienter, effektiver und profitabler nutzen.

Ich nenne dies Addition durch Subtraktion. Indem Sie die vergeudete Zeit eliminieren, steht Ihnen mehr Zeit für die wichtigen Dinge zur Verfügung. Sie erledigen Ihre Arbeit, verlassen Ihr Büro zu einer zivilen Zeit und verbringen den Rest des Tages mit Ihrer Familie und Ihren Freunden und tun das, wozu Sie Lust haben.

Die Qualität Ihrer Arbeit zählt und nicht, wie lange Sie arbeiten

Da aus Kostengründen immer mehr Arbeitsplätze eingespart werden, hat sich eine Menge Arbeit angehäuft, und wir arbeiten alle härter als je zuvor. Wir kommen morgens früher ins Büro und bleiben abends länger. Obwohl wir Überstunden machen, haben wir keine Zeit für unsere wichtigen Projekte, lassen die tägliche Korrespondenz und alle möglichen anderen Dinge liegen, die sich dann in Stapeln auf unserem Schreibtisch, in den Eingangsfächern, im

Bücherregal und auf dem Boden anhäufen. Das muß alles bis Samstag warten, denn wir hoffen, daß wir dann Zeit haben, um wirklich mal etwas zu schaffen.

Was aber machen wir während unseres 8-, 10- oder 12-Stunden-Tages? Ich wette, daß Sie diese Frage auch nicht beantworten können. Genau das ist wahrscheinlich der Grund, warum Sie dieses Buch lesen. Auf den folgenden Seiten werden Sie einige wundervolle Tips, Techniken, Ideen und Strategien zum Zeitsparen finden, die Ihnen helfen, Ihre Arbeit schneller und besser zu erledigen, damit Sie mehr Zeit für Ihre Familie und Freunde haben.

Werden Sie produktiver, effizienter und effektiver – Seien Sie nicht einfach nur beschäftigt

In der heutigen Geschäftswelt, in der hoher Konkurrenzdruck herrscht, sind Überstunden keine Garantie dafür, daß Ihr Geschäft blüht oder Sie Karriere machen. Heute können Sie nur noch erfolgreich sein, wenn Sie produktiver, effizienter und effektiver arbeiten und nicht bloß beschäftigt sind. Steigern Sie Ihre Produktivität, und die Qualität Ihrer Arbeit wird besser, Sie erledigen Ihre Arbeit pünktlich, und – im Optimalfall – schaffen Sie wesentlich mehr mit wesentlich geringerem Aufwand. Die Firma macht Geld und Sie auch.

Sie müssen sich immer vor Augen halten, daß Sie für Ihre Ergebnisse und nicht für die Anzahl der Stunden, die Sie arbeiten, bezahlt werden. Wir alle haben schon Mitarbeiter gehabt, die damit angeben, wieviel sie arbeiten, nur um uns zu beeindrucken. Sie tragen ihre 70- bis 80-Stunden-Woche wie ein Ehrenabzeichen mit sich herum und glauben auch noch, daß sie mit ihren Überstunden die Hingabe an ihre Firma und ihre Karriere zeigen. Meistens sind aber die Überstunden nur ein Nebelschleier, der sich über ihre Unfähigkeit und ihre schlechten Arbeitsgewohnheiten legt. Analysieren Sie einmal die Arbeitsqualität dieser Leute, wieviel sie mit welchem Zeitaufwand schaffen, und Sie werden merken, daß sie keine Superstars sind. Sie kommen kaum nach. Selten erledigen sie eine Arbeit pünktlich, die Qualität ist meist Mittelmaß. Ziehen Sie dann noch die Stunden in Betracht, die diese Leute wirklich arbeiten, stellen Sie eine geringe Ausbeute fest.

Die Zeit/Nutzen-Analyse

Ein Abteilungsleiter einer großen Aktiengesellschaft zeigte mir bei einer Besprechung eine Zeit/Nutzen-Analyse, die seine Firma kürzlich erst durchgeführt hatte. Die Analyse zeigte, daß die Angestellten die meiste Arbeitszeit mit Aufgaben verbrachten, die nicht direkt den Belangen ihrer Kunden dienten. Die meiste Zeit waren sie mit Routineaufgaben beschäftigt, schaufelten Unterlagen hin und her, wohnten Besprechungen bei oder beantworteten E-Mail-und Voice-Mail-Nachrichten. Im einzelnen schlüsselte sich die Zeit wie folgt auf:

- ✔ Zeit, die mit Büroarbeiten und Besprechungen verbracht wird: 25%
- ✔ Zeit, die mit der Beantwortung von E-Mail- und Voice-Mail-Nachrichten verbracht wird: 15%
- ✔ Zeit, die mit persönlichen Kundengesprächen verbracht wird: 20%
- ✔ Zeit, die mit der Vorbereitung auf diese Gespräche verbracht wird: 25%

Somit wurde deutlich, daß die Angestellten die meiste Zeit den Aufgaben widmeten, die nichts mit den Belangen ihrer Kunden zu tun haben. Daraufhin hat die Geschäftsführung das Ziel gesetzt, die Zeit für Kundenkontakte und die Vorbereitung darauf auf mindestens 60% zu steigern und gleichzeitig die Zeit für Verwaltungsaufgaben auf 40% zu reduzieren.

Sie geben selbst das Tempo vor

Die meisten Leute realisieren nicht, daß zwischen beschäftigt sein und produktiv sein, zwischen hart arbeiten und intelligent arbeiten ein großer Unterschied besteht. Im Schnitt dauert eine Karriere 30 bis 40 Jahre. Stellen Sie sich einmal eine Karriere als einen Marathonlauf vor. Sie müssen Ihre Kraft auf den ganzen Lauf verteilen. Natürlich gibt es Zeiten, zu denen Sie das Tempo beschleunigen müssen, und dann müssen Sie wieder die Geschwindigkeit drosseln, um durchzuatmen. Ihr Ziel sollte sein, Energie zu nutzen und zu konservieren, damit Sie nicht ausbrennen und keine Puste mehr haben, bevor Sie die Ziellinie erreicht haben.

Diejenigen, die 50, 60 oder 70 Stunden pro Woche arbeiten, legen ein Tempo vor, als würden sie ein 400-Meter-Rennen laufen und keinen Marathon. Sie arbeiten so hart und so lange sie nur können, in der Hoffnung, daß sie die Ziellinie erreichen, bevor sie zusammenbrechen. Die Fertigstellung ihres nächsten Projektes ist ihre Ziellinie und sie schauen nicht darüber hinweg. Sobald sie dann an einem neuen Projekt arbeiten, stehen sie im nächsten Rennen.

Bis vor kurzem noch haben sich die Arbeitgeber wenig darum gekümmert, wieviel Zeit ein Arbeitnehmer braucht, um eine bestimmte Aufgabe zu erledigen. Produktivität und Effizienz waren nicht sonderlich wichtig, denn die Zusatzkosten konnten immer an den Kunden weitergegeben werden.

Dies hat sich allerdings stark geändert. Der Konkurrenzkampf ist zu hart geworden und deshalb sucht die Geschäftswelt nach Mitteln und Wegen, die Kosten zu reduzieren, die Produktivität der Arbeitnehmer zu steigern und die Qualität ihrer Produkte und Leistungen zu verbessern. Diese Ziele können nicht dadurch erreicht werden, daß man die Angestellten einfach bittet, länger und härter zu arbeiten. Den Arbeitnehmern muß beigebracht werden, wie sie effizienter und effektiver arbeiten können.

Aus einem ganz bestimmten Grund machen Überstunden einen Angestellten nicht produktiver: Jeder hat seine Grenzen, und es gibt einen Punkt, an dem die Ausbeute schwindet und die Überstunden keinen meßbaren Anstieg an Qualität oder Quantität der Arbeit zeigen. Im

Gegenteil, mit steigenden Überstunden steigt auch die Wahrscheinlichkeit, einen Fehler zu machen, dramatisch an. In der Vergangenheit haben wir gesehen, daß diese Fehler sehr zeitaufwendig und teuer sein können, nicht nur für den Arbeitgeber, sondern auch für den Angestellten. Studien haben gezeigt, daß Überstunden zum sogenannten Burnout-Syndrom führen, zu steigendem Streß und Spannungen bei der Arbeit und zu Hause. Heutzutage müssen die Angestellten die beruflichen Anforderungen mit denen an ihr eigenes Leben und denen ihrer Familie in Einklang bringen.

Arbeit, Arbeit, nichts als Arbeit – Frank war fast ein toter Mann

Zu Beginn meiner Karriere lernte ich einen Mann kennen, der Versicherungen für ein großes Versicherungsunternehmen verkaufte. Als neuer Vertreter verkaufte er phänomenal viele Lebensversicherungen und wurde zum Vorzeigevertreter, dem alle nacheifern sollten. Es ist nicht weiter verwunderlich, daß die Geschäftsführer nur auf seine Ergebnisse – die Anzahl der Lebensversicherungen, die er verkaufte – schauten, nicht aber auf seine tägliche Arbeitszeit, während der er seine Geschäftsabschlüsse machte. Als ich seine täglichen Aktivitäten untersuchte, fand ich heraus, daß er keine 40-Stunden-Woche hatte, sondern mehr als 80 Stunden pro Woche arbeitete.

Franks üblicher Arbeitstag sah folgendermaßen aus: Jeden Morgen stand er um 5.00 Uhr auf und hatte bereits einen oder zwei Termine hinter sich, bevor er ins Büro kam. Dort arbeitete er den ganzen Tag, und nach dem Abendessen hatte er noch einmal einen oder zwei Termine. An vielen Abenden war er nicht vor Mitternacht zu Hause. So arbeitete er von Montag bis Freitag, Woche für Woche, jahrelang. Er arbeitete sogar an den Wochenenden, hatte einige Termine am Samstag und gelegentlich auch am Sonntag.

Im Vergleich zu seinen Kollegen hatte er eine fabelhafte Quote von Geschäftsabschlüssen, aber die hatte er, weil er mehr oder weniger zwei Jobs machte. Seine Leistung war nicht die eines Superverkäufers. Er war nur ein Mann, der alle seine Zeit, Energie und Anstrengung, ja sein ganzes Leben für Geschäftsabschlüsse opferte. Nie hatte er Zeit für seine Frau und seine Kinder, er konnte sich nicht einmal mehr über die Dinge freuen, die er mit seinem Geld kaufen konnte.

Eines Tages holte ihn das Leben ein: Er hielt einen Vortrag vor anderen Lebensversicherungsvertretern und erzählte ihnen, was für ein toller Vertreter er geworden sei – und er brach vor seinem Auditorium zusammen. Er kam sofort ins Krankenhaus, wo er eine Woche blieb. Die Diagnose des Arztes lautete: totale Erschöpfung. Zu dieser Zeit waren es nur noch ein paar Monate bis zu seinem 35. Geburtstag. Frank lernte die bittere Lektion, daß eine Kerze schneller abbrennt, wenn man sie an beiden Enden anzündet.

Testen Sie Ihr Gespür für Zeitmanagement

Wir alle suchen nach Wegen, wie wir unsere Arbeit schneller und besser erledigen können. Wenn Sie lernen wollen, wie Sie Ihre Zeit besser einteilen, sollten Sie sich erst einmal bewußt werden, wie Sie Ihre Zeit an einem normalen Arbeitstag verbringen. Bevor Sie also in die Tiefen dieses Buches abtauchen, lassen Sie mich Ihnen ein paar Fragen stellen:

1. Wie lange brauchen Sie, um wichtige Unterlagen zu finden, z.B. diesen Bericht, den Ihr Chef innerhalb der nächsten 60 Sekunden sehen will, und der irgendwo in den Stapeln auf Ihrem Schreibtisch vergraben ist? Lesen Sie Kapitel 1 und Sie lernen, wie Sie Ihren Schreibtisch, der an einen Müllhaufen erinnert, so aufräumen, daß er aussieht wie das Flugdeck eines Flugzeugträgers.
2. Wie oft sind Sie schon in die Voice-Mail-Falle getappt? Wie Sie dort wieder herauskommen, lesen Sie in Kapitel 10.
3. Spielen Sie auch am Telefon immer endlos »Fangen« mit Ihrem wichtigsten Kunden? Wie Sie das Spiel gewinnen, lesen Sie in Kapitel 9.
4. Verbringen Sie Ihren Arbeitstag immer damit, Brände zu löschen, während Ihnen Ihre wichtigen Aufgaben davonlaufen? In Kapitel 5 finden Sie Hilfe.
5. Würden Sie lieber wichtige Arbeiten erledigen, anstatt Ihre E-Mail-Nachrichten zu beantworten? Wenn ja, lesen Sie Kapitel 12.
6. Kommen Sie auch immer erst in letzter Minute zu Ihren wichtigen Aufgaben? In Kapitel 2 stehen Tips, wie Sie das Beste aus Ihrer Master-Liste machen.
7. Würden Sie gerne Ihren Terminkalender, Ihr Rolodex und Ihre Aufgabenliste von Ihrem Schreibtisch haben und im Computer abspeichern? Dann lesen Sie Kapitel 4 und lernen Sie, wie man ACT! verwenden kann, um den Tag unter Kontrolle zu haben.
8. Würden Sie Ihre Firma und sich selbst gerne besser fördern? – Kapitel 14!
9. Verbringen Sie pro Woche zuviel Zeit in Besprechungen, die nicht viel bringen und zuviel ungelöst lassen? Lesen Sie Kapitel 5, und Ihnen wird geholfen.
10. Würden Sie gerne mehr Zeit mit Ihrer Familie und Ihren Freunden verbringen? Dann sollten Sie sich hinsetzen und dieses Buch Kapitel für Kapitel lesen. Es ist gespickt mit Tips, Techniken, Ideen und Strategien zum Zeitsparen, so daß Sie sehr bald Ihre Arbeit besser und pünktlich erledigen werden, ohne Streß und zu viel Anstrengung. Sie werden die Zeit, die Sie bisher an einem Arbeitstag vergeudet haben, produktiver und effizienter nutzen, und als Ergebnis werden Sie weniger Zeit mit Ihrer Arbeit und mehr Zeit mit Ihrer Familie und Ihren Freunden verbringen. Das nenne ich produktiv!

Was steht denn jetzt genau in diesem Buch?

In Teil I zeige ich Ihnen, wie Sie sich und Ihre Arbeit organisieren und helfe Ihnen, ein effizientes Wiedervorlagesystem zu entwickeln.

In Teil II spreche ich darüber, wie Sie Ihren Arbeitstag planen, Ihre Besprechungen managen, die Kontrolle über den Gesprächsablauf behalten und den Leuten helfen, bessere Entscheidungen zu treffen.

Und in Teil III werde ich Ihnen erklären, wie Sie Ihre Fähigkeiten, Informationen auszutauschen, verbessern können, indem Sie das Telefon, die E-Mail und die Voice-Mail richtig einsetzen.

In Teil IV werde ich Ihnen zeigen, wie Sie Präsentationen vor vielen Leuten halten, sich selbst fördern, sich persönliche Ziele setzen und als Gewinner durch das Leben gehen.

In Teil V schließlich werde ich Ihnen eine ganze Menge Top ten-Listen präsentieren, um Sie zu informieren, Sie zu unterhalten und um die Seitenzahl dieses Buches zu erhöhen.

Icons, die in diesem Buch benutzt werden

Das Tip-Icon zeigt eine witzige, spritzige Information an, die Ihnen das Leben einfacher machen soll.

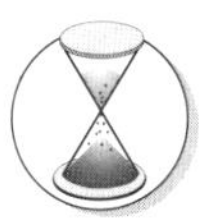

Das Zeitspartip-Icon bezeichnet die Tips, mit denen Sie massig Zeit sparen und Ihr Leben um Jahre verlängern können.

Dieses Icon habe ich für die Dinge verwendet, die Sie besser nicht vergessen, oder Sie sind verdammt in alle Ewigkeit.

Das Icon für den technischen Kram dient zwei Zwecken: Diejenigen, die diesen furchtbar phantasievollen Computerjargon lieben, wissen, was für sie spannend ist. Diejenigen, die schon beim Anblick einer Digitaluhr nervös werden, wissen, wann sie besser schnell weiterblättern.

Das Anekdoten-Icon läßt Sie wissen, daß ich Ihnen eine Geschichte erzähle, die (nicht immer) eine Pointe hat.

Teil I

Verbessern Sie Ihr Zeitmanagement-System

"Es ist mir egal, wie weit Sie gereist sind. Laut Terminkalender habe ich erst nächste Woche Dienstag für Sie Zeit."

In diesem Teil ...

Eine etwas weniger einladende Überschrift für diesen ersten Teil wäre gewesen: »Räumen Sie diesen Saustall auf.« Bevor Sie überhaupt produktiver werden können, müssen Sie sich und Ihre Arbeit organisieren, und genau davon handelt dieser Teil.

Nachdem ich Ihnen einen kurzen Überblick gegeben habe, helfe ich Ihnen, Ihr Büro aufzuräumen. Danach zeige ich Ihnen, wie man eine Master-Liste erstellt, damit Sie Ihre Arbeit ordentlich erledigen können. Dann erkläre ich Ihnen, wie Sie das Beste aus Ihrem Tagesplaner machen, und schließlich stelle ich Ihnen die Vorteile von ACT! vor, einem Computerprogramm, das jedwedes Leben organisiert.

Organisieren Sie sich und Ihre Arbeit

1

In diesem Kapitel

- So organisieren Sie sich und Ihre Arbeit
- So räumen Sie Ihren Schreibtisch auf
- So legen Sie Ihre Dokumente ab
- So systematisieren Sie Ihr Lesematerial
- So räumen Sie Ihre Festplatte auf
- So bleiben Sie organisiert

Sie können jeden Tag eine Stunde Zeit sparen, wenn Sie sich und Ihre Arbeit besser organisieren

Vielleicht haben Sie es noch nicht bemerkt, aber die meisten Leute vergeuden pro Tag eine Stunde, weil Sie Unterlagen suchen, die auf ihrem Schreibtisch verlorengegangen sind, von denen 60% ohnehin nicht mehr gebraucht werden. Ich denke, genau damit sollten wir auch anfangen: mit Ihrem Schreibtisch.

Lassen Sie mich kurz das typische Büro beschreiben: Überall liegen Papierstapel – auf dem Schreibtisch, im Regal, auf dem Stuhl und auf dem Boden. Neben dem Telefon häufen sich pinke Gesprächsnotizen, und die Leuchten des Telefons blinken auf, als ob es bald zu explodieren drohe wegen all der neu eingegangenen Voice-Mail Nachrichten. Die Notizen an der Wand sehen aus wie ein Schwarm Schmetterlinge, und in der Ecke stapeln sich ungelesene Zeitungen, Magazine und Handelsblätter. Irgendwo in dem Chaos liegen ein Kalender, ein Terminkalender und eine Aufgabenliste. Kommt Ihnen das bekannt vor?

Als erstes werden Sie sich all dieser Papierstapel auf Ihrem Schreibtisch entledigen. Innerhalb weniger Stunden können Sie die Müllhalde auf Ihrem Schreibtisch sortieren, bis er schließlich so aufgeräumt ist wie das Flugdeck eines Flugzeugträgers. Sie werden so viel wegwerfen, daß Ihr Papierkorb überquillt, und auf Ihrem Schreibtisch werden nur noch ein Telefon und ein Notizblock übrigbleiben.

Ihr Ziel sollte aber nicht ein sauberer und ordentlicher Schreibtisch sein. Der Schreibtisch ist zweitrangig. Ihr Ziel sollte sein, sich so zu organisieren, daß Sie die Zeit, die normalerweise im Verlauf eines Arbeitstages vergeudet wird, effizient und effektiv nutzen können.

Mit einem sauberen und ordentlichen Schreibtisch werden Sie Ihr Wiedervorlagesystem verbessern, damit Sie einen besseren Überblick über Ihre unerledigten Arbeiten haben. Die Qualität Ihrer Arbeit wird besser, wenn Sie Ihre Arbeitszeit mit wichtigen Dingen verbringen, mit Dingen, die Ihnen Geld bringen, und nicht mit den Dingen, die Sie nur aufhalten. Mit einem ordentlichen Schreibtisch fängt alles an. Legen wir also los.

Auf den nächsten Seiten stelle ich Ihnen meine simple Methode vor, wie Sie sich organisieren können und auch organisiert bleiben. In zwei Stunden können Sie Ihren Schreibtisch systematisiert haben, stellen Sie also das Telefon ab, und schließen Sie die Tür (falls Sie zu den Glücklichen gehören, die eine haben), damit Sie nicht gestört werden. Vergessen Sie nicht, einen Abfallcontainer zu besorgen. Wie ich bereits sagte: Sie werden merken, daß mindestens 60% der Papiere, die auf Ihrem Schreibtisch liegen, weggeworfen werden können, und wenn Sie sich auch noch Ihre Schreibtisch- und Aktenschubladen vorknöpfen, können leicht 80% der Unterlagen in den Papierkorb wandern.

Trennen Sie die Spreu vom Weizen

Als erstes sollten Sie die Spreu vom Weizen trennen. Gehen Sie alle Papiere auf Ihrem Schreibtisch durch, eins nach dem anderen. Ist ein Papier wichtig, legen Sie es vorübergehend in ein Ablagefach. Gehört ein Papier jemand anderem, machen Sie einen Stapel, den Sie später an Ihre Kollegen oder Mitarbeiter verteilen. Benötigen Sie ein Papier nicht mehr, werfen Sie es weg. In ungefähr 20 bis 30 Minuten müßten Sie Ihren Papierberg halbiert haben und der Papierkorb randvoll sein.

Wenn es Ihnen schwerfällt, sich von einem Stapel oder einigen Dokumenten zu trennen, nehmen Sie sie vom Schreibtisch und legen sie in eine Schublade. So machen Sie erst einmal das Beste aus Ihrer Situation: Wenn Sie die Unterlagen brauchen, wissen Sie, wo Sie sie finden, und wenn Sie feststellen, daß Sie sie nicht mehr brauchen, können Sie sie nach sechs Monaten wegwerfen.

Ordnen Sie den verbleibenden Stapel

Jetzt gehen Sie die verbleibenden Unterlagen einzeln durch. Wenn Sie dabei unerledigte Aufgaben finden, notieren Sie sie auf Ihrer Master-Liste. Die Master-Liste ist eine Liste aller noch zu erledigenden Arbeiten, die Sie auf einem großen Blatt notieren. (In Kapitel 2 erkläre ich Ihnen, wie Sie Ihre Master-Liste einsetzen können, um Ihr Arbeitspensum und Ihren Arbeitstag zu kontrollieren.) Brauchen Sie ein Papier nicht mehr, werfen Sie es weg. Brauchen Sie es noch, legen Sie es in einen ordentlich beschrifteten Aktendeckel und legen ihn weg. Existiert ein entsprechender Aktendeckel noch nicht, legen Sie einen an. Auf das Ablegen komme ich gleich noch zu sprechen.

Legen Sie alles Wichtige ab

Wenn Sie Dokumente oder Akten aufbewahren wollen, die Sie zur Zeit nicht benötigen, legen Sie sie ab. Es gibt keinen Grund, warum sie weiter auf Ihrem Schreibtisch liegen sollten.

Gehen Sie die anderen Stapel in Ihrem Büro durch

Nachdem Sie nun auf Ihrem Schreibtisch alles durchgesehen haben, machen Sie sich an die Stapel, die sich in den Regalen, auf dem Boden oder sonstwo angehäuft haben. Wenn dabei eine Aufgabe auftaucht, notieren Sie sie auf der Master-Liste. Wenn Sie ein Dokument aufbewahren wollen, legen Sie es ab, wenn Sie es nicht mehr benötigen, werfen Sie es weg.

Schwelgen Sie nicht in Erinnerungen oder unterbrechen Sie sich selbst

Wenn Sie alle diese Unterlagen durchgehen, ist Ihr Ziel, jedes einzelne Papier zu sieben, zu sortieren und zu katalogisieren. Lassen Sie sich nicht ablenken. Kommt Ihnen eine Notiz für ein Telefonat in die Finger, das Sie letzte Woche hätten erledigen müssen, lassen Sie nicht alles fallen, um den Anruf zu erledigen. Notieren Sie ihn auf Ihrer Master-Liste und machen Sie weiter. Oder wenn Sie ein Memo finden, aus dem ein Projekt hervorgeht, an dem Sie eigentlich schon seit ein paar Tagen arbeiten sollten, mit dem Sie aber noch nicht einmal angefangen haben, dann fangen Sie es nicht jetzt an. Und finden Sie eine Kopie eines Briefes, den Sie kürzlich an einen Kunden oder potentiellen Kunden geschickt haben, notieren Sie einfach auf Ihrer Master-Liste, daß Sie den Kunden anrufen müssen, und räumen Sie weiter auf. Diese Unterlagen sind ja genau die Dinge, nach denen Sie suchen. Gehen Sie die Stapel Papier für Papier durch, und Sie können eine Liste mit den Aufgaben erstellen, die Sie noch erledigen müssen.

Wenn Sie schon mal dabei sind - nehmen Sie doch die Klebenotizen von der Wand

Viele von uns benutzen Klebenotizen aus dem gleichen Grund, aus dem wir auch Stapel bilden: Sie sollen uns vor Augen halten, was wir noch machen müssen. Wenn wir uns selbst an etwas erinnern müssen, z.B. daß wir einen Brief schreiben, ein Angebot ausarbeiten oder jemanden zurückrufen müssen, dann schmieren wir eine kurze Notiz auf einen kleinen Fetzen Papier und kleben ihn an die Wand, den Computer, das Telefon oder sonstwohin. Das Problem dieses Systems ist, daß wir die Notizen bald nicht mehr beachten oder nichts weiter mit ihnen anfangen. In den nächsten Absätzen werde ich Ihnen ein besseres System erklären, wie man sich Notizen macht.

Schreiben Sie alles auf ein großes Blatt Papier

Die Angewohnheit, einen Gedanken schriftlich festzuhalten, ist eine sehr effiziente Art, sich an eine Aufgabe zu erinnern, die man erledigen muß. Etwas auf Papier zu fixieren, befreit Sie davon, sich diese Dinge merken zu müssen. Sie können dann Ihre wundervollen, geistigen Kapazitäten für wesentlich wichtigere Dinge nutzen.

Machen Sie sich allerdings Notizen auf kleinen Zetteln, die Sie dann an die Wand kleben, schaffen Sie sich Probleme. Wenn Sie nämlich ein paar Zettel angeklebt haben, werden Sie sie recht bald nicht mehr beachten, und keiner scheint mehr von großer Bedeutung zu sein. Die Konsequenz: Sie ignorieren die Notiz und vergessen die Aufgabe. Die Notiz Tag für Tag zu sehen reicht nicht aus, um Sie zu motivieren, die Aufgabe auch zu erledigen. Also bleibt die Notiz kleben, die Aufgabe wird nicht erledigt und alles stapelt sich.

Wenn Sie eine Aufgabe erledigen müssen, z.B. einen Brief schreiben, einen Anruf tätigen oder irgendeiner Sache nachhaken, sollten Sie dies auf der Master-Liste anstatt auf einer Klebenotiz notieren. Ein einziges Blatt Papier mit 30 Zeilen kann die Informationen von 30 Klebenotizen aufnehmen.

Vergessen Sie nicht, Ihre Notizen abzulegen

Die Angewohnheit, sich detaillierte Notizen zu machen – besonders bei Telefonaten und Besprechungen – ist sehr lobenswert, aber wenn Sie Ihre Notizen nicht zusammen mit den anderen Unterlagen zu einem speziellen Thema in einem Aktendeckel ablegen, kann es Ihnen passieren, daß Sie sich nicht mehr daran erinnern, daß Sie diese Informationen haben, wenn Sie eine Entscheidung treffen müssen. Wenn Sie sich also Notizen machen, legen Sie das Blatt in dem entsprechenden Aktendeckel ab, damit Sie es bei Bedarf finden, und sollte sich eine Aufgabe ergeben, notieren Sie sie auf der Master-Liste.

Datieren Sie Ihre Unterlagen immer. Jedesmal, wenn Sie etwas auf einem Blatt notieren, sollten Sie das Blatt mit einem Datum versehen. So haben Sie immer eine Übersicht darüber, wie die Dinge chronologisch abliefen. Notizen zu Telefonaten oder Besprechungen werden sinnlos, wenn Sie sich nicht mehr daran erinnern können, wann sie stattfanden.

So gehen Sie mit den Zeitungsstapeln um

Jeden Tag erhalten wir einen Schwung Zeitungen, Magazine und Handelsblätter. Auf die meisten werfen wir noch nicht einmal einen Blick und lesen sie somit nicht. Viele von uns haben so viel Lesestoff gesammelt, daß wir selbst dann nicht durchkämen, wenn wir einen ganzen Arbeitstag nur mit Lesen verbringen würden.

Was also fangen wir mit dem ganzen Material an? Wir ersticken in einem Leseberg, den wir nicht abtragen. Ist es nicht die Ironie des Schicksals, daß wir irgendwann ein schlechtes Gewissen haben, weil wir es nicht geschafft haben, alles zu lesen, die Welt aber trotzdem nicht untergegangen ist? Wir tun uns schwer damit zuzugeben, daß der Großteil der Informationen, die über unseren Schreibtisch gehen, einfach unwichtig ist. Und irgendwie kommen wir auch ohne diese Informationen ganz gut klar, Informationen, von denen wir noch nicht einmal wußten, daß sie uns fehlten.

Am besten ist, Sie entscheiden sofort, was Sie mit dem Lesematerial machen, sobald es auf Ihren Schreibtisch kommt. Bekommen Sie Zeitungen, die schon ein paar Tage alt sind, werfen Sie sie weg. Sind die Magazine älter als eine oder zwei Wochen (bei monatlichem Erscheinen: älter als zwei Monate) – wegwerfen! Die Informationen sind wahrscheinlich schon überholt, und meistens haben wir viele Möglichkeiten, uns wichtige Informationen zu beschaffen, die uns entgangen sind.

Anstatt ein schlechtes Gewissen zu haben, weil Sie Ihren Lesestoff nicht bewältigen können, sollten Sie alle Energie darauf verwenden, Ihre wichtigen Aufgaben zu erledigen und diese dann auch gut und pünktlich. Sie sollten sich keine schlaflosen Nächte bereiten, nur weil Sie keine Zeit hatten, die neuesten Zeitungen oder Magazine zu lesen.

Richten Sie sich ein Lesefach ein

Als Alternative dazu, einen Wust von Zeitungen, Magazinen und Handelsblättern um sich zu haben – warum legen Sie sich nicht einfach ein Lesefach an? Wenn Sie ein Magazin erhalten, überfliegen Sie das Inhaltsverzeichnis, und wenn Sie einen Artikel sehen, der für Sie interessant sein könnte, reißen Sie die Seiten heraus und werfen den Rest weg. Legen Sie alle Artikel einfach in ein Lesefach, dessen Inhalt Sie dann auf die nächste Geschäftsreise mitnehmen können.

Wenn Sie ein Magazin nicht auseinanderreißen möchten, sollten Sie die Seitennummer im Inhaltsverzeichnis einkreisen oder ein Post-it auf die Seite kleben, auf der der Artikel anfängt. Anderenfalls werden Sie vergessen, warum in aller Welt Sie das Magazin aufgehoben haben. Wenn Sie so mit Ihrem Lesestoff umgehen, werden Sie eine Menge Zeit sparen, denn Sie brauchen nicht mehr die ganze Zeitschrift durchzublättern, um den Artikel zu finden, den Sie ja gerne lesen würden, wenn Sie denn etwas mehr Zeit hätten.

Machen Sie das gleiche mit Ihren Zeitungen. Schauen Sie die Zeitung schnell durch und wenn Sie einen interessanten Artikel finden, reißen Sie ihn heraus, legen ihn in Ihr Lesefach und werfen den Rest weg.

Immer wenn Sie etwas lesen, einen Brief, einen Bericht, ein Memo oder ein Magazin, dann sollten Sie einen Stift zur Hand haben, damit Sie Wörter, Sätze oder ganze Absätze einkreisen oder markieren können, die Sie interessant finden. Es kann auch ganz hilfreich sein, Ihre Gedanken, Kommentare oder Fragen am Rand zu notieren. So brauchen Sie nicht wieder alles zu lesen, wenn Sie das Blatt nach einer Woche, einem Monat oder einem Jahr wieder in die Hand nehmen. Wenn Sie alle wichtigen Informationen markieren, wissen Sie sofort, was Ihnen beim ersten Lesen auffiel.

Räumen Sie Ihre Schreibtischschubladen auf

Nachdem Sie jetzt schon Ihren Schreibtisch aufgeräumt haben, sollten Sie sich noch Ihre Schreibtischschubladen vorknöpfen. Dabei sollten Sie wirklich alle Schubladen durchkämmen, die kleineren und die Aktenschubladen. Sie werden feststellen, daß mindestens 80% der Papiere in Ihren Aktenschubladen in den Papierkorb wandern können. Das kommt daher, weil sich die aktuellen Unterlagen auf Ihrem Schreibtisch befinden. In einigen Büros, die ich mit aufgeräumt habe, waren die Schubladen vollkommen leer. Und in anderen Büros wiederum fanden sich in den Schubladen Unterlagen, die dem Vorbenutzer gehörten.

Da Sie die meisten Unterlagen in diesen Schubladen seit längerem nicht mehr angesehen haben, sollte es für Sie recht einfach sein, die Papiere durchzusehen und die Unterlagen und Akten, die Sie nicht mehr benötigen, wegzuwerfen. Wenn Sie einige Papiere aufbewahren wollen, der Aktendeckel aber voll ist, legen Sie einen neuen an.

Benutzen Sie Hängetaschen anstelle von Hängemappen

Wenn Sie meinen, daß Sie mit den Akten in ihrer Aktenschublade nicht gut arbeiten können, dann liegt das vielleicht daran, daß Sie Hängemappen benutzen, damit Ihre Manila-Aktendeckel nicht umfallen. Die Hängemappen selbst können 40% der Schublade einnehmen – wenn sie leer sind.

Als Alternative zu den Hängemappen können Sie Hängetaschen benutzen. Sie stecken Ihre Aktendeckel in eine Hängetasche und hängen diese dann in die Schublade. Die Taschen gibt es in verschiedenen Breiten, von 2,8 cm bis 8,0 cm. Ich finde die 6,0 cm breiten Taschen am praktischsten.

Wie sieht es in Ihrem Aktenkoffer aus?

So, wenn Sie nun schon Ihr Büro in Ordnung gebracht haben, warum räumen Sie nicht auch noch Ihren Aktenkoffer auf? Ich habe schon viele Leute getroffen, deren Aktenkoffer vollgestopft ist mit Arbeit, Lesestoff und anderen Sachen, die sie nie ansehen. Jeden Abend schleppen sie diesen Aktenkoffer nach Hause, damit sie nach dem Abendessen noch etwas arbeiten können. Und jeden Morgen tragen sie den Koffer dann wieder zurück ins Büro, ohne ihn überhaupt geöffnet zu haben.

Also nehmen Sie sich ein paar Minuten Zeit, und schauen Sie den ganzen Kram in Ihrem Aktenkoffer durch. Wenn Sie Arbeit finden, notieren Sie sie auf Ihrer Master-Liste, und planen Sie sie für die normalen Bürozeiten ein. Wenn Sie etwas aufbewahren müssen, legen Sie es ab. Der Rest sollte »versenkt« werden.

Frühjahrsputz für die Festplatte gefällig?

Ich weiß, ich habe dieses Kapitel damit begonnen, wie man sich und seine Arbeit organisieren sollte, und all die Sachen aufräumt, die sich auf dem Schreibtisch aufgetürmt haben. Aber Sie dürfen nicht vergessen, auch in Ihrem Computer aufzuräumen. (Sollten Sie gar keinen Computer benutzen, dann können Sie die nächsten Seiten überschlagen und in Kapitel 2 lernen, wie man ein effektives Wiedervorlagesystem aufbaut.) Eine Festplatte ist nichts anderes als ein elektronischer Aktenschrank. Egal wie groß die Festplatte ist, wenn Sie immer mehr Dateien und Programme hinzufügen, ohne die alten zu löschen, die Sie nicht mehr brauchen, wird die Festplatte genau wie ein Aktenschrank irgendwann voll sein. Erst wenn Sie anfangen, alte Dateien und unbenutzte Programme zu löschen, werden Sie feststellen, wieviel Platz Sie verschwendet haben.

Tips für Mac-Benutzer

Wenn Sie Windows benutzen, gehen Sie bitte zum nächsten Abschnitt weiter. Bei einem Mac ist es einfach, eine Datei zu löschen. Wählen Sie einfach die Dateien oder Ordner aus, die Sie löschen wollen, und ziehen Sie sie zum Papierkorb. Dann wählen Sie im Menü SPEZIAL den Befehl PAPIERKORB LEEREN.

Um zu entscheiden, welche Dateien Sie löschen wollen, schauen Sie sich die Speicherdaten der Ordner an. Die Dateien eines Ordners werden von der jüngsten bis zur ältesten angezeigt. Wahrscheinlich wollen Sie die ältesten Dateien löschen.

Tips für DOS-/Windows-Benutzer

Die nächsten Absätze sollen DOS- und Windows-Benutzern helfen, unbenötigte Dateien von Ihrer Festplatte zu löschen.

Löschen Sie die automatischen Backup-Dateien

Wenn Sie Ihre Festplatte aufräumen, sollten Sie zuerst Ihre automatischen Backup-Dateien löschen. Viele Programme, wie z.B. Ihr Textverarbeitungsprogramm oder Ihr Tabellenkalkulationsprogramm haben eine Funktion, die automatisch Ihre Dateien sichert. Diese Dateien können Sie an der Extension *.BK! oder *.BAK erkennen.

Bevor ich fortfahre, lassen Sie mich kurz erklären, wie ein Computer eine automatische Backup-Datei erstellt. Nehmen wir einmal an, Sie erstellen ein Dokument, einen Brief an einen Freund, mit dem Dateinamen C:\BRIEF. Etwas später wollen Sie Änderungen an dem Brief vornehmen. Sie öffnen also die Datei, nehmen die Änderungen vor und speichern ihn wieder ab. Ihr automatisches Backup-Programm macht dann folgendes: Die Originalversion Ihres Briefes C:\BRIEF wird zu C:\BRIEF.BAK, und die überarbeitete Version wird C:\BRIEF.

Sie können feststellen, welche Dateiversion die ältere ist, indem Sie sich das Speicherdatum und die Speicherzeit ansehen.

Wenn Sie also viele Briefe, Memos, Präsentationen oder Berichte schreiben, und Sie haben die automatische Backup-Funktion Ihres Programms gewählt, dann haben Sie viele Backup-Dateien. Und diese Dateien nehmen wertvollen Platz auf Ihrer Festplatte ein. Es ist sehr einfach, sich dieser Backup-Dateien zu entledigen: Öffnen Sie Ihren Datei-Manager und wählen Sie ein Verzeichnis. Dann sortieren Sie die Dateien im Verzeichnis nach ihren Erweiterungen.

Im Windows Datei-Manager wählen Sie ANSICHT/SORTIEREN NACH TYP, und das Verzeichnis wird nach Dateitypen sortiert.

Dann gehen Sie die Dateiliste durch und suchen sich die Dateien mit der Endung *.BAK. Sie können diese Dateien einzeln löschen. Wenn Sie die [Umsch]-Taste gedrückt halten, während Sie mit der Maus klicken, können Sie eine Gruppe von Dateien auswählen und dann löschen.

Um Dateien auszuwählen, die nicht untereinander stehen, halten Sie die [Strg]-Taste gedrückt, während Sie einzelne Dateien mit der Maus auswählen.

Löschen Sie Dateien, die Sie nicht mehr brauchen

Nachdem Sie nun Ihre Backup-Dateien losgeworden sind, löschen Sie alte Dateien, die Sie nicht mehr brauchen. Wenn es Ihnen wie mir geht, dann haben Sie recht viele davon. Sie können Dateien auf zwei Arten löschen: vom Datei-Manager aus oder vom Anwendungsprogramm aus, mit dem Sie die Datei erstellt haben, z.B. Ihrem Textverarbeitungsprogramm.

Wählen Sie ein Verzeichnis und gehen Sie die Dateien einzeln durch. Wenn Sie eine Datei nicht mehr brauchen, löschen Sie sie. Wenn Sie sich nicht sicher sind, ob Sie eine Datei noch brauchen oder nicht, sollten Sie die betreffende Datei nicht löschen, sondern ein Archivverzeichnis erstellen, unter dem Sie alte Dateien abspeichern können, die Sie so aus dem Weg haben. Sie können die Dateien, die Sie nicht mehr brauchen, dann später löschen.

Erstellen Sie ein Archivverzeichnis für unbenutzte Computerdateien, die Sie noch nicht löschen wollen

Wenn Sie Dateien haben, die Sie auf Ihrer Festplatte lassen wollen, aber die Sie nicht oft brauchen, dann erstellen Sie ein ständiges Archivverzeichnis (einen *Ordner b*ei einem Mac), unter dem Sie diese Dateien abspeichern können, um Sie aus den Füßen zu haben.

Speichern Sie Dateien, die Sie nicht brauchen, auf Diskette

Wenn Sie bestimmte Dateien behalten wollen, aber nicht auf Ihrer Festplatte brauchen, kopieren Sie sie auf Diskette, die Sie dann an einem sicheren Ort aufbewahren.

Wenn Sie Dateien auf einer Diskette abspeichern, beschriften Sie die Diskette ordentlich, und beschreiben Sie jede Datei. Drucken Sie die Verzeichnisse und Unterverzeichnisse der Diskette aus, falten Sie den Ausdruck auf die Größe der Diskette, und kleben Sie ihn auf die Diskette. So wissen Sie immer, welche Dateien auf der Diskette sind, selbst wenn Sie sie erst wieder nach einem Jahr in die Hand nehmen. Und wenn Sie sich zusätzliche Notizen zur Art der Dateien machen wollen, machen Sie sie auf dem Ausdruck.

Haben Sie von jemandem Dateien geerbt?

Sind Sie jemals in ein anderes Büro gezogen und haben festgestellt, daß Sie alle Akten Ihres Vorgängers oder Ihrer Vorgängerin geerbt haben? Sie wissen schon, ich meine die, die in den Schreibtischschubladen und Aktenschränken lagen, und in die seit Jahren keiner mehr geschaut hat. Heute kann Ihnen das gleiche passieren, wenn Sie in ein anderes Büro ziehen und einen Computer erben. Bloß müssen Sie sich jetzt nicht mehr nur mit Akten, sondern auch noch mit Computerdateien herumschlagen.

Wenn Sie also einen Computer geerbt haben, auf dem noch Dateien von jemand anderem sind, dann ist es an der Zeit, diese durchzugehen und die zu löschen, die Sie nicht brauchen. Hier sind einige Tips für den Frühjahrsputz Ihrer Festplatte:

- Gehen Sie die Speicherdaten, durch und überprüfen Sie, wie alt die Dateien sind. Achten Sie darauf, daß es sich hierbei nicht um Programm- oder Systemdateien handelt. Wenn Sie eine Programm- oder Systemdatei löschen, handeln Sie sich Probleme ein. Wenn Sie die Dateien durchsehen, werden Sie bald feststellen, daß einige von ihnen so alt sind, daß es kaum einen Grund geben kann, sie weiter zu speichern.
- Bevor Sie Dateien löschen, sollten Sie sie sich einzeln ansehen, um zu entscheiden, ob etwas Wichtiges dabei ist. Wenn Sie eine wichtige Datei finden, können Sie 1. die Datei ausdrucken, den Ausdruck abheften und die Datei löschen, oder 2., wenn Sie die Datei nicht löschen wollen, sie unter einem der von Ihnen erstellten Verzeichnisse abspeichern. Wenn die Datei unwichtig ist, löschen Sie sie.
- Wenn Sie einige oder alle Dateien gespeichert lassen wollen (nur um sicher zu gehen, daß Ihnen nichts Wichtiges verlorengeht), dann haben Sie ebenfalls zwei Möglichkeiten: Sie lassen alles so, wie es ist und machen sich eine Notiz, daß die Dateien irgendwann entsorgt werden können, oder Sie speichern die Dateien auf Diskette und bewahren diese an einem sicheren Ort auf und haben die Dateien so aus den Füßen.

Brauchen Sie wirklich zwei Versionen einer Datei?

Wenn Sie eine Datei ausgedruckt haben, müssen Sie dann den Ausdruck und die Datei verwahren? Meistens ist das überflüssig. Was also tun, den Ausdruck wegwerfen oder die Datei löschen?

Sie speichern die Datei auf Diskette, beschriften sie ordentlich, legen sie in die entsprechende Akte und werfen den Ausdruck weg.

Wie viele Programme haben Sie auf Ihrer Festplatte, die Sie nicht mehr benutzen?

Oft haben wir Programme auf der Festplatte, die wir gar nicht mehr benutzen. Vielleicht haben Sie noch die DOS-Version eines Programms, obwohl Sie seit Jahren bereits die Windows-Version verwenden. Oder vielleicht haben Sie ein Programm durch ein besseres ersetzt und das alte nie gelöscht. Manchmal haben wir Software installiert, die wir ein paar Tage oder Wochen ausprobiert haben, dann aber feststellten, daß sie uns nicht zusagt und nicht weiter benutzt. Aus irgendwelchen unerfindlichen Gründen sind wir nie dazu gekommen, diese Programme wieder von der Festplatte zu löschen.

- Bei einem Mac ziehen Sie die alten Programme einfach in den Mülleimer und wählen den Befehl MÜLLEIMER LEEREN im Menü SPEZIAL.
- Ein DOS-Programm zu löschen, ist ebenfalls einfach, Sie brauchen nur den Datei-Manager zu öffnen, zu dem Verzeichnis zu gehen, in dem die Programmdateien stehen, sie markieren und dann die [Entf]-Taste zu drücken.
- Ein Windows-Programm zu löschen, kann sehr trickreich sein, denn Windows-Programme sind wesentlich komplizierter als DOS-Programme. Als ich zum ersten Mal versuchte, ein Windows-Programm zu löschen, habe ich nur das Programmsymbol im Programm-Manager gelöscht, das Symbol mit dem man das Programm startet, die Dateien selbst waren immer noch auf meiner Festplatte.

- Was zum *&@§%@ sind INI-Dateien? Bei Windows können Sie sich nicht einfach eines Programms entledigen, indem Sie die Programmdateien löschen. Es gibt einige zusätzliche Dateien, die auch gelöscht werden müssen. Diese Dateien heißen Initialisierungsdateien, und Sie können sie daran erkennen, daß sie mit *.INI gekennzeichnet sind. Diese Dateien lassen alle spezifischen Anwendungen unter Windows laufen, und jede Windows-Anwendung hat ihre eigene *.INI-Datei. Und wenn Ihnen das noch nicht kompliziert genug ist: Es gibt auch noch eine Hauptdatei im Windows Verzeichnis, die Datei WIN.INI – einige Leute sprechen WIN.INI Winnie aus, wie Winnie der Bär, andere sagen »weeny« wie »itsy, bitsy, teeny, weeny, Honolulu Strandbikini« – die zusätzliche Informationen über jedes installierte Programm enthält. Ich brauche sicher nicht zu erwähnen, daß Sie nicht versuchen sollten, eine dieser Dateien zu löschen, und Sie nie, nie, nie die Datei WIN.INI löschen sollten; es sei denn, Sie wissen, was Sie tun.

Deinstallieren Sie Ihre Windows-Programme

Ich würde Ihnen nicht empfehlen, einige der speziellen Zeilen der WIN.INI-Datei oder die *.INI-Dateien zu löschen, denn das kann sehr trickreich und kompliziert sein, besonders wenn Sie kein erfahrener Computerbenutzer sind. Anstatt zu versuchen, all diese Programmdateien, Icons und Zeilen des *.INI-Inhaltes zu löschen, und dabei womöglich noch etwas Falsches zu löschen, können Sie ein Hilfsprogramm benutzen, das Windows-Programme deinstalliert. Es gibt zwei Programme, die sehr gut laufen:

- UnInstaller von der Firma MicroHelp, Inc. und
- Clean Sweep von Quarterdeck Office Systems, Inc.

Arbeiten Sie daran, organisiert zu bleiben

Wenn Sie sich und Ihre Arbeit einmal organisiert haben, ist es einfach, organisiert zu bleiben, aber dazu müssen Sie Arbeit investieren. Sie können es nun mal nicht ändern, daß Sie jeden Tag einiges an Post, E-Mail- oder Voice-Mail-Nachrichten und eine Handvoll Faxe erhalten. Aber Sie dürfen nicht zulassen, daß Sie den Überblick über Ihren täglichen Arbeitsplan verlieren. Alles, was Sie tun müssen ist regelmäßig neue Arbeiten auf Ihrer Master-Liste (nähere Erläuterungen hierzu in Kapitel 2) zu notieren.

Sicher ist Ihnen schon oft gesagt worden »Du solltest ein Blatt nur einmal in die Hand nehmen.« In der Theorie hört sich das gut an, aber in der Praxis ist das nicht machbar. Sie müssen ein Papier mehrmals in die Hand nehmen, und Ihr Ziel sollte nicht sein, diese Papiere sofort wieder loszuwerden, sobald sie auf Ihrem Schreibtisch auftauchen. Ihr Ziel sollte vielmehr sein, Ihre wichtige Arbeit zu erledigen.

Wenn also etwas auf Ihren Schreibtisch kommt, lassen Sie nicht alles stehen und liegen, um sich sofort darum zu kümmern, sondern notieren Sie alles auf Ihrer Master-Liste und planen Sie es für die nächsten Tage ein.

Wenn sich eine Aufgabe ergibt, notieren Sie sie auf Ihrer Master-Liste. Wenn Sie das Dokument behalten müssen, legen Sie es ab, wenn Sie es nicht mehr brauchen, werfen Sie es weg oder geben es weiter.

Räumen Sie auf, bevor Sie nach Hause gehen

Bevor Sie am Ende eines Arbeitstages nach Hause gehen, sollten Sie ein paar Minuten Ordnung schaffen. Gehen Sie die Post durch, hören Sie Ihre Voice-Mail-Nachrichten ab, und sehen Sie Ihre E-Mail Nachrichten durch, damit Sie wissen, welche Aufgaben Sie auf Ihrer Master-Liste notieren müssen. Unterlagen, die Sie nicht mehr benötigen, sollten Sie ordentlich ablegen oder wegwerfen. Gehen Sie Ihre Master-Liste durch, damit Sie die Arbeiten, Aufgaben oder Projekte, die am wichtigsten sind, auswählen und für den nächsten Morgen einplanen können.

Gewöhnen Sie sich an, alles durchzugehen, was sich auf Ihrem Schreibtisch im Laufe eines typischen Arbeitstages angehäuft hat. Sie werden merken, daß es relativ einfach ist, organisiert zu bleiben. Sollten Sie nach ein paar hektischen Tagen merken, daß sich wieder einiges angehäuft hat, dann stoppen Sie einfach. Nehmen Sie sich eine halbe Stunde Zeit, um wieder alles aufzuräumen.

Am Anfang benötigen Sie etwas Zeit, um sich zu organisieren. Das passiert nicht über Nacht, aber wenn Sie alles nach und nach machen und am Ball bleiben, dann werden Sie erstaunliche Resultate sehen. Sie werden merken, daß Sie die Oberhand über Ihre wichtigen Aufgaben und Projekte haben. Sie werden merken, daß Sie Ihre Arbeit und Ihren Tag besser unter

Kontrolle haben. Und wenn Sie Ihr Büro verlassen, dann können Sie sich auf die Schulter klopfen und sich dazu gratulieren, Ihre Arbeit gut gemacht zu haben.

Ihr Ziel ist, so viel Arbeit wie möglich während der normalen Arbeitszeit zu erledigen. Wenn Sie am Ende eines Arbeitstages nach Hause gehen, haben Sie es sich verdient zu entspannen und eine ruhige Zeit mit Ihrer Familie, Ihren Freunden oder alleine zu verbringen.

Das effektivste Wiedervorlagesystem der Welt: Die Master-Liste

2

In diesem Kapitel

- So legen Sie eine Master-Liste an
- Was ist eine Master-Liste?
- So benutzen Sie Ihre Master-Liste

Wie sieht Ihr Schreibtisch aus? Haben Sie überall alles gestapelt? Nun, wenn Sie den Überblick über alle Ihre unerledigten Arbeiten, Aufgaben, Projekte und Telefonate behalten wollen, aber alles einfach auf Ihren Schreibtisch legen, dann spielen Sie mit dem Feuer. Es ist einfach nicht möglich, alles unter Kontrolle zu haben, wenn Ihr Büro aussieht, als habe sich dort ein Tornado ausgetobt. Wichtige Sachen gehen verloren, werden falsch abgelegt oder schnell vergessen, und am Ende brauchen Sie viel Zeit – vertane Zeit – um diesen verflixten Brief, dieses Memo, die Akte, den Bericht oder was Sie gerade suchen, zu finden. Warum hatten Sie überhaupt angefangen zu suchen? Ach ja, weil Ihr Chef danach gefragt hatte und jetzt in der Tür steht oder weil vielleicht gerade jemand angerufen hat und geduldig oder auch ungeduldig am anderen Ende der Leitung wartet, während Sie hektisch Ihre Papierstapel durchwühlen.

Sie sind sich dessen vielleicht nicht bewußt, aber die meisten Leute verschwenden mindestens eine Stunde am Tag, weil sie Unterlagen suchen, die von ihrem Schreibtisch verschwunden sind. Wenn Sie sich und Ihre Arbeit erst einmal richtig organisieren, können Sie die Zeit, die Sie normalerweise an einem Arbeitstag regelrecht vergeuden, produktiv und effizient nutzen.

Es ist sehr schwer, wenn nicht unmöglich, alles Wichtige in Ihrem Leben unter Kontrolle zu haben, wenn überall Papierberge herumliegen.

Wie man sich und seine Arbeit organisiert und die Papierstapel vom Tisch bekommt habe ich in Kapitel 1 beschrieben. Wenn Ihr Schreibtisch also ein einziges Chaos ist, dann blättern Sie zurück und lesen Kapitel 1, damit Sie erst einmal lernen, Ihr Büro richtig zu organisieren. Dann kommen Sie wieder zurück zu diesem Kapitel und entwickeln ein besseres Wiedervorlagesystem.

Auf den ersten Seiten dieses Kapitels möchte ich Sie davon überzeugen, daß Papierstapel kein effektives Wiedervorlagesystem darstellen. Wenn Sie dann einsehen, daß Sie Ihre Laster ablegen müssen, zeige ich Ihnen, daß sich eine Master-Liste wesentlich besser als Wiedervorlagesystem eignet.

Oh Gott, wo habe ich meinen Kalender hingetan?

Ich weiß, Sie haben noch nie länger darüber nachgedacht, aber viele der Unterlagen, die auf Ihrem Schreibtisch liegen, sind nur dazu da, Sie daran zu erinnern, daß sie noch bearbeitet werden müssen. Wir meinen, daß uns der Anblick von unerledigter Arbeit daran erinnert, diesen Brief zu schreiben oder jenen Anruf zu erledigen, und wir das dann auch machen. In der Theorie hört sich das gut an, aber in der Praxis haut es meistens nicht hin. Natürlich, Sie erledigen Ihre Arbeiten, und oft, aber nicht immer, sind Sie innerhalb der gesetzten Zeit fertig. Dafür zahlen Sie dann aber auch einen hohen Preis: Sie betreiben viel mehr Aufwand, um Ihre Arbeit zu erledigen und das meistens deshalb, weil Sie mit einem Projekt anfangen, wenn Sie keine Vorlaufzeit mehr haben. Deshalb haben Sie dann auch mehr Streß als nötig, und ich würde sogar so weit gehen zu sagen, daß die Qualität Ihrer Arbeit nicht immer die beste ist, und Sie sie eigentlich besser machen könnten.

Einer der Hauptgründe für Effizienzprobleme sind die Stapel. Die Papierstapel waren eigentlich dazu gedacht, an unerledigte Aufgaben zu erinnern. Aber zu diesen Aufgaben kommt man immer erst in letzter Minute, weil die Unterlagen beiseite gelegt wurden und jetzt irgendwo in einem Stapel vergraben sind. Also fängt man erst mit dieser Aufgabe oder diesem Projekt an, wenn jemand anruft und fragt: »Wo ist es denn?« Dann muß alles stehen- und liegenbleiben, damit man sich um das kümmern kann, was einen Monat lang brachlag.

Ich weiß aber, wo alles ist

Sie werden mir jetzt sicher erzählen, daß Sie wissen, wo sich alles befindet, und ich bin mir sicher, Sie wissen es wirklich. Aber die Frage ist nicht: »Wissen Sie, wo alles ist?« sondern: »Wissen Sie, welche Aufgaben und Projekte Sie zu erledigen haben, und bis wann sie fertig sein müssen?«

- ✔ Wen müssen Sie anrufen?
- ✔ Von wem erwarten Sie einen Anruf?
- ✔ Wem sollen Sie einen Brief, ein Memo, eine Präsentation, ein Angebot oder sonst irgendeine Information schicken?
- ✔ Wer soll Ihnen einen Brief, ein Memo, eine Präsentation, ein Angebot oder sonst irgendeine Information schicken?

Die Antworten auf diese Fragen haben nichts damit zu tun, ob Sie wissen, wie viele Zentimeter von oben oder unten sich ein bestimmtes Dokument in einem Ihrer Stapel befindet.

Nur weil Sie meinen, Sie wissen, wo sich etwas befindet, hat dies nichts mit Ihrer Fähigkeit zu tun, Ihre Arbeit zu erledigen, und das pünktlich und ordentlich. Oft bleibt eine Arbeit so lange unerledigt, bis jemand danach fragt und Sie daraufhin alles stehen und liegen lassen müssen, um die Arbeit zu erledigen, die schon vor ein paar Tagen fertig sein sollte. Sie löschen also wieder einen anderen Brand, und Ihr ganzer Tag geht in Rauch auf. Dabei merken Sie aber nicht, daß Sie selbst der Brandstifter sind.

Statt also alles auf einen Stapel zu legen, ist es wesentlich effizienter und produktiver, eine Liste aller Ihrer Aufgaben, Projekte und anderer Tätigkeiten anzulegen, eine Liste, die ich Master-Liste nenne und die auf ein großes Blatt Papier geschrieben wird. Wenn Sie alles auf Ihrer Master-Liste notieren, können Sie die totale Kontrolle über alles, was in Ihrem privaten und beruflichen Leben passiert, behalten.

Das werde ich später machen ...

Sind Sie schon einmal die Briefe, Memos und Berichte durchgegangen, die sich in Ihrem Eingangsfach angehäuft haben, und haben den Stoß einfach auf einen »Das-werde-ich-später-machen-Stapel« gelegt? Nun, da sind Sie nicht alleine, fast jeder macht das so. Aber wenn Sie die Dinge so auf Seite legen, schaffen Sie sich selbst nur Probleme, denn wenn Sie sich einmal angewöhnt haben, überall Stapel zu bilden, dann landen zu viele Dinge auf dem »Das-werde-ich-später-machen-Stapel«, nur später kommen Sie nicht dazu.

Ich habe viele Leute getroffen, die mir sagten: »Wenn ich etwas beiseite lege und keinen Anruf oder Brief mehr dazu bekomme, dann werfe ich die Sachen manchmal weg.« Das kann eine einfache Lösung sein, um durch den Tag zu kommen, aber es ist nicht unbedingt die beste Art, um die Kontrolle über Ihr Arbeitsleben zu behalten. Ganz sicher ist es keine effiziente Art, alle Unterlagen zu verwalten, die über Ihren Schreibtisch gehen. Wenn Sie alles einfach beiseite legen, setzen Sie sich selbst ins Abseits, denn Sie sind gezwungen zu warten, daß etwas passiert, worauf Sie dann reagieren müssen. Sie treffen nicht mehr Ihre eigenen Entscheidungen, weil Sie die Kontrolle über Ihre beruflichen Belange verloren haben.

Ein effizientes Wiedervorlagesystem ist der Schlüssel zum Erfolg

Ich weiß, Sie arbeiten hart, investieren viel Zeit in Ihre Arbeit und geben sich Ihrer Firma regelrecht hin. Aber Hingabe und harte Arbeit bringen Sie nicht weiter, und nach einer Weile haben Sie von einem Arbeitstag oder einer Arbeitswoche keine Stunde mehr für Ihr Privatleben übrig. Wenn Sie also effizienter und effektiver werden wollen, setzen Sie alles daran, den Überblick über Ihre unerledigten Aufgaben, Projekte und Korrespondenz zu behalten. Damit Sie Ihre Arbeit schneller und besser erledigen können, müssen Sie Ihr Wiedervorlagesystem verbessern. Hier sind einige der Dinge, die ein effizientes Wiedervorlagesystem für Sie erledigt:

- ✔ Es hilft Ihnen, Ihre Arbeit gut und rechtzeitig zu erledigen.
- ✔ Es hilft Ihnen, die Qualität Ihrer Arbeit zu verbessern.
- ✔ Es gibt Ihnen die Möglichkeit, Ihre Projekte zu beginnen, wenn Sie noch eine Menge Vorlaufzeit haben.
- ✔ Es hilft Ihnen, sich zu merken, wen Sie noch anrufen müssen und wann.
- ✔ Es hilft Ihnen, Ihre Geschäfte unter Kontrolle zu halten.
- ✔ Sie werden den Überblick über die Aufgaben behalten, die Sie anderen übertragen haben.
- ✔ Es ermöglicht Ihnen, Entscheidungen in wesentlich kürzerer Zeit zu treffen.
- ✔ Sie werden nicht mehr die meiste Zeit damit verbringen, Brände zu löschen, weil weniger Brände ausbrechen.
- ✔ Es wird Ihnen ermöglichen, viele Bälle gleichzeitig zu jonglieren, ohne einen fallenzulassen. So vermeiden Sie den zeitaufwendigen und kostspieligen Prozeß, mit Notfällen fertig werden zu müssen, die leicht vermieden werden können.
- ✔ Sie werden die völlige Kontrolle über Ihren Terminkalender, Ihren Tagesablauf und sich selbst haben.
- ✔ Am Ende eines Tages werden Sie sich sagen können: »Heute habe ich wirklich was geschafft!«
- ✔ Sie werden nachts gut schlafen können.
- ✔ Sie werden die Wochenenden zu Hause verbringen.
- ✔ Sie werden mehr Zeit für Ihre Freunde und Ihre Familie haben und die Dinge tun können, die Ihnen wirklich Spaß machen.

Mit einem effektiven Wiedervorlagesystem wird Ihnen nichts mehr »durch die Lappen gehen«. Sie haben den Überblick über Ihre wichtigsten Arbeiten, Aufgaben und Projekte. Sie erledigen Ihre Arbeiten pünktlich und gut, und Sie werden zum Abendessen zu Hause sein.

Jetzt, da Sie begriffen haben, wie wichtig ein gutes und umfassendes Wiedervorlagesystem ist, lehnen Sie sich zurück, und entspannen Sie sich, während Sie die nächsten Seiten lesen, denn ich werde Ihnen jetzt erklären, wie einfach es ist, ein effizientes Wiedervorlagesystem anzulegen. Ich werde Ihnen zuerst zeigen, wie Sie eine Master-Liste aller Ihrer zu erledigenden Aufgaben anlegen. In Kapitel 3 erkläre ich Ihnen dann, wie man das Beste aus einem Tagesplaner macht. In Kapitel 4 werden Sie lernen, wie einfach es mit dem ACT!-Kontaktmanagement-Programm ist, Ihren Tagesplaner in Ihren Computer zu übertragen.

Mein eigenes Wiedervorlagesystem

Als Autor bin ich auch mein eigener Literaturagent, und beim Verkauf von Büchern ist ein Nachfassen von höchster Wichtigkeit. Nachdem ich einen Vorschlag eingeschickt habe, notiere ich als Stichpunkt, daß ich nachforschen muß, ob er auch angekommen ist. (Ich rufe für gewöhnlich nach zwei Tagen an, wenn ich einen Übernachtkurier benutzt habe, oder innerhalb einer Woche, wenn ich ihn per Einschreiben/Eilbrief verschickt habe.) Nachdem ich dann erfahren habe, daß mein Vorschlag angekommen ist, frage ich den Herausgeber, wie lange es dauern wird, bis der Verleger und die Akquisitionsleute Zeit haben, sich meinen Vorschlag anzusehen, und, wenn Sie Zeit hatten, ihn sich anzusehen, wie lange es dauern wird, bis sie entscheiden, ob sie mir ein Angebot für mein Buch machen oder nicht.

Ich lerne viel über diese Leute, wenn ich mit ihnen telefoniere. Einige gehen selbst ans Telefon, andere haben ihr Telefon auf den Apparat ihres Assistenten oder ihrer Sekretärin umgeleitet. Einige wenige rufen mich wirklich zurück. Habe ich einmal die Möglichkeit, mit ihnen zu sprechen, kann ich mir aufgrund des Klangs ihrer Stimme eine Vorstellung von ihren Interessen machen. Einige sind freundlich und herzlich und freuen sich, von mir zu hören. Andere sind kurz angebunden und sprechen mit mir, als ob ich eine Plage wäre.

Aufgrund dieser Gespräche ist es einfach für mich, die Leute heraus zu sieben, mit denen ich in Kontakt bleiben sollte, und diejenigen, die mich bereits abgeschrieben haben. Das Wichtigste ist aber, daß ich weiß, wer interessiert ist und wer nicht. Mit dieser Information kann ich weiterarbeiten. (Mir wurde mal gesagt: »Wenn Sie nicht abgelehnt wurden, dann haben Sie es nicht gut genug versucht.«)

Ich habe gelernt, daß ich, wenn ich genügend Leute kontaktiere, früher oder später jemanden finde, der nicht nur meine Bücher mag, sondern sie auch kaufen will. So habe ich meine ersten drei Bücher verkauft und auch das, das Sie jetzt in Händen halten.

Was ist eine Master-Liste?

Der Grundgedanke, der hinter der Master-Liste steht, ist, daß Sie Herr Ihrer unerledigten Arbeiten, Aufgaben, Projekte und Ihrer Korrespondenz bleiben, wenn Sie alles ordentlich und akribisch aufschreiben. Wenn Sie alles schriftlich festhalten, brauchen Sie nicht so viel im Kopf zu behalten.

Ich weiß, Sie schreiben schon seit Jahren alles auf, aber Sie machen es nicht systematisch. Sie notieren sich Namen, Adressen und Telefonnummern auf Klebenotizen, die Sie an die Wand kleben. Sie legen eine Liste Ihrer unerledigten Aufgaben auf der Rückseite eines Briefumschlages an und kritzeln Notizen auf jedes Blatt Papier, das Ihnen in die Finger kommt. Ja, Sie schreiben sich alles auf, aber so, wie Sie das tun, werden Sie nie einen Überblick über Ihre anstehenden Arbeiten haben. Legen Sie lieber eine Master-Liste an, und Sie haben ein organisiertes und systematisches Format, mit dem Sie Kontrolle über Ihr Arbeitspensum und Ihren Arbeitstag haben.

Sollte ich nicht ein Blatt Papier nur einmal in die Hand nehmen?

Ich vermute, daß Sie das Sprichwort »Du solltest ein Blatt Papier nur einmal in die Hand nehmen« kennen, aber diesen Rat kann man in der Leistungsgesellschaft der 90er nicht mehr befolgen. Wir haben es ja nicht nur mit Papier zu tun, sondern auch mit der Voice-Mail, E-Mail und allen möglichen Dateien. Also machen Sie sich keine Gedanken darüber, ob Sie ein Blatt Papier einmal, zweimal oder ein dutzendmal in die Hand nehmen. Nicht wie oft Sie ein Blatt in die Hand nehmen ist wichtig, sondern daß Sie entscheiden, was Sie mit dem Blatt machen.

Wenn ein Papier auf Ihren Schreibtisch kommt, treffen Sie sofort eine Entscheidung, was Sie damit machen, und warten Sie nicht ab, was als nächstes passiert. Ergibt sich eine Aufgabe, notieren Sie sie auf Ihrer Master-Liste. Wenn Sie das Blatt behalten müssen, legen Sie es ab, benötigen Sie es nicht mehr, werfen Sie es weg, oder geben Sie es weiter.

Sie sollten unbenötigte Papiere nicht sechs Monate lang in einem Stapel auf Ihrem Schreibtisch verwahren.

Machen Sie das Beste aus Ihrer Master-Liste

Auf den nächsten Seiten gebe ich Ihnen einige Tips, wie Sie eine Master-Liste erstellen und benutzen können. Einige der Informationen mögen selbstverständlich sein, aber Sie wären sicher überrascht, wie viele Menschen die einfachsten Techniken, die ich hier aufführe, nicht anwenden. Also lesen Sie aufmerksam weiter.

Nehmen Sie ein großes Blatt Papier

Ich schlage vor, daß Sie Ihre Liste auf einem großen Blatt anlegen. So stehen Ihnen 30 Zeilen zur Verfügung, in die Sie Ihre Projekte, Aufgaben und andere Tätigkeiten, die Sie erledigen müssen oder bei denen Sie nachhaken müssen, notieren können. Da Sie ja ein großes Blatt Papier benutzen anstelle einer Klebenotiz oder der Rückseite eines Briefumschlages, haben Sie genügend Platz, um nicht nur Informationen wie Namen und Telefonnummern zu notieren, sondern auch zusätzliche, relevante Informationen wie z.B. den Grund des Anrufes. Falls nötig, können Sie sogar die Zusatzinformationen in eine zweite oder dritte Zeile schreiben.

Überspringen Sie keine Zeile. Wenn Sie Ihre Aufgaben auf Ihrer Master-Liste notieren, dann machen Sie sich zur Auflage, jede Zeile zu benutzen, damit Sie 30 Stichpunkte auf einer Seite notieren können statt 15.

Schreiben Sie alles auf

Wenn Sie wollen, daß Ihre Master-Liste für Sie arbeitet, müssen Sie alles notieren. Je mehr Aufgaben, Projekte, Telefonate und andere Arbeiten Sie auf Papier festhalten, desto besser können Sie die Ereignisse eines Arbeitstages kontrollieren.

Fügen Sie Ihrer Master-Liste zusätzliche Seiten hinzu

Wenn Sie alle Zeilen der ersten Seite voll haben, fangen Sie sofort eine zweite an. Eine Liste von ein oder zwei Seiten ist vollkommen normal.

Streichen Sie erledigte Aufgaben aus

Haben Sie eine Aufgabe, ein Projekt oder eine andere Tätigkeit erledigt, machen Sie sich selbst eine Freude und streichen Sie dies auf Ihrer Liste durch. Machen Sie nicht einfach nur am Rand einen Haken. Das ist nicht befriedigend genug. Sie sollten statt dessen immer einen Strich machen.

Übertragen Sie unerledigte Arbeiten auf eine neue Seite und konsolidieren Sie die Seiten Ihrer Master-Liste

Wenn Ihre Master-Liste für Sie arbeiten soll, müssen Sie unerledigte Arbeiten von alten Seiten auf eine neue Seite übertragen und zusammenfassen. Als Regel sollte dabei gelten, daß Sie die noch offenen Stichpunkte einer Seite auf eine neue übertragen und auf der alten durchstreichen, wenn 50% der Arbeiten einer Seite erledigt sind. Nachdem Sie die unerledigten Arbeiten auf einer neuen Seite notiert haben, werfen Sie einen letzten Blick auf die alte Seite, um zu überprüfen, ob Sie auch nichts vergessen haben, bevor Sie sie wegwerfen.

Wenn Sie meinen, Sie müssen Ihre alten Master-Listen aufbewahren, um Aufzeichnungen darüber zu haben, was Sie erledigt haben, dann legen Sie einen Ordner an, und beschriften Sie ihn mit *Alte Listen*.

Erledigen Sie Ihre Arbeit

Während des Tages sollten Sie Ihre Master-Liste immer wieder durchgehen, um zu sehen, was als nächstes wichtig ist, damit Sie entscheiden können, was Sie als nächstes bearbeiten. Wenn Sie ein Projekt haben, das einige Zeit in Anspruch nimmt, tragen Sie in Ihren Kalender einen Zeitraum ein, während dem Sie arbeiten möchten, ohne unterbrochen zu werden, und betrachten Sie dies wie ein Treffen mit Ihrem Chef oder Ihrem wichtigsten Kunden – denn genau das ist es!

Wenn Sie zwischen zwei Besprechungen nur eine Viertelstunde Zeit haben, nutzen Sie diese Zeit, um Telefonate zu erledigen. Oder nehmen Sie sich ein paar kleinere Aufgaben vor, die nicht soviel Zeit in Anspruch nehmen, um sie aus den Füßen zu haben.

Gehen Sie Ihre Master-Liste durch, bevor Sie nach Hause gehen

Bevor Sie abends nach Hause gehen, nehmen Sie sich ein paar Minuten Zeit, und gehen Sie Ihre Master-Liste durch, damit Sie entscheiden können, was als nächstes wichtig ist, damit Sie das dann für den nächsten Tag einplanen können. Sie können so auch Ihre Arbeit für die nächsten Tage planen. Was können Sie in den nächsten Tagen machen? Nächste Woche? Nächsten Monat? Ihr Ziel ist, Ihre Arbeit in der Ihnen höchstmöglichen Qualität zu erledigen. Räumen Sie sich selber mehr Zeit ein, um Ihre Arbeit zu erledigen, dann brauchen Sie sich auch keine Gedanken darüber zu machen, ob der erste Entwurf gut genug ist, denn Sie haben ausreichend Zeit, um ihn zu überarbeiten. Am Ende wird das fertige Produkt großartig sein. Wenn Sie sich also selber viel Zeit einräumen, um über Ihre Arbeit nachzudenken und sie zu planen, dann wird die Arbeit wesentlich leichter.

Nutzen Sie Ihre Master-Liste als Planungsinstrument, so können Sie all Ihre Arbeit, Aufgaben und Projekte beginnen, wenn Sie noch genügend Vorlaufzeit haben.

Setzen Sie Ihre wichtigste Arbeit als erste Aufgabe für den nächsten Morgen an

Wenn Sie Ihren Tag planen, versuchen Sie, Ihre wichtigste Arbeit in Angriff zu nehmen, sobald Sie am Morgen im Büro ankommen und noch frisch, ausgeruht und tatkräftig sind. Sie werden erstaunt sein, wieviel Sie erledigen können, wenn Sie es sich zur Gewohnheit machen, die wichtigsten Projekte zu Beginn des Tages zu machen, bevor die unvermeidlichen Brände aufflackern.

Wenn Sie sich die beiden ersten Stunden des Arbeitstages freihalten – keine Besprechungen, keine Telefonate, keine Unterbrechungen – werden Sie merken, daß Sie in der Hälfte der Zeit und mit der Hälfte des Aufwandes zweimal soviel Arbeit erledigen können.

Schreiben Sie Ihre Master-Liste nicht jeden Tag neu

Einige Leute schreiben ihre Liste jeden Morgen neu, damit die wichtigsten Aufgaben immer oben auf der Liste stehen. Meiner Meinung nach ist das nicht nur Zeitverschwendung, sondern auch Energieverschwendung. Sie sind im Büro, um zu arbeiten und nicht um Ihre Listen neu zu schreiben.

Sie werden nicht alles schaffen können

Sie müssen sich darüber im Klaren sein, daß Sie nicht jeden Tag alles, was auf Ihrer Master-Liste steht, schaffen können. Ihr Ziel ist, Ihre wichtige Arbeit gut und rechtzeitig zu erledigen. Ihre Master-Liste ist das Instrument, das Ihnen hilft, sich auf Ihre wichtigsten Aufgaben und Projekte zu konzentrieren und alles unter Kontrolle zu halten.

Leider kann Ihre Master-Liste nicht alles tun

Die Master-Liste ist großartig, wenn es darum geht, sich erst einmal zu organisieren. Aber wenn Sie sie einsetzen, werden Sie feststellen, daß sie einige Defizite aufweist, vor allem, weil sie keinen Kalender beinhaltet. Lassen Sie mich Ihnen ein paar Beispiele geben.

Es ist nicht einfach, die Dinge im Auge zu behalten, die man in der Zukunft erledingen muß

Nehmen wir einmal an, auf Ihrer Liste steht, daß Sie Peter Müller anrufen müssen. Also rufen Sie ihn an und Ihnen wird gesagt, daß Müller erst am Mittwoch der nächsten Woche wieder im Büro sein wird. Die Master-Liste bietet keine effiziente Lösung, um festzuhalten, wann Sie den nächsten Anruf tätigen müssen. Sie können am Rand neben dem Punkt (oder sonstwo in der Zeile) das Datum aufschreiben, an dem Sie diesen Anruf wiederholen wollen, vielleicht benutzen Sie dazu einen roten Stift. Aber das Ganze wird noch komplizierter, wenn Sie wieder anrufen und Ihnen dann gesagt wird, daß Herr Müller weitere zehn Tage nicht in der Stadt sein wird. Jetzt müssen Sie das ursprüngliche Wiedervorlagedatum durch ein neues ersetzen. Vielleicht schreiben Sie den ganzen Punkt neu, oder vielleicht vergessen Sie die Sache einfach und hoffen, daß Sie irgendwann jemand daran erinnert, daß Sie Herrn Müller anrufen müssen.

Sie merken, je öfter Sie ein Wiedervorlagedatum einer Aufgabe neu einplanen, desto komplizierter wird die Sache, und Ihre Master-Liste wird immer unordentlicher. Ein Tagesplaner ist für eine solche Situation besser geeignet, weil Sie den Namen der Person an dem Tag in den Kalender eintragen können, an dem Sie sie anrufen wollen.

Wie merken Sie sich, daß Sie in sechs Monaten jemanden anrufen müssen?

Ein weiteres, heikles Problem taucht auf, wenn Ihnen jemand sagt, Sie sollten ihn wegen einer bestimmten Angelegenheit in sechs bis acht Monaten oder sogar noch später anrufen. Ihre Master-Liste soll Ihnen helfen, Ihre tägliche Arbeit unter Kontrolle zu haben, aber sie kann Ihnen nicht helfen, den Überblick über die Aufgaben zu haben, die Sie in den nächsten Monaten erledigen müssen. Eine Möglichkeit, mit dieser Situation fertig zu werden, ist, eine Master-Liste anzulegen, die nur für langfristige Projekte, Aufgaben und Anrufe gedacht ist. Auf dieser Master-Liste können Sie alle Stichpunkte mit Datum notieren. Für die meisten Leute ist dieser Wiedervorlageprozeß ziemlich beschwerlich, und am Ende gehen einem dann doch noch einige wichtige Sachen »durch die Lappen«. Ein Tagesplaner kann dieses Problem lösen, denn Sie können die Informationen an einem zukünftigen Datum in den Kalender eintragen.

Wie merken Sie sich, daß Sie ein Projekt in sechs Monaten anfangen müssen?

Hier ein weiteres Beispiel, das die Defizite einer Master-Liste illustriert: Sie haben eine Aufgabe oder ein Projekt, das in nächster Zukunft erledigt sein muß, aber Sie planen es nicht für die nächsten Tage oder Wochen ein. Auch hier löst ein Tagesplaner das Problem. Sie schreiben es einfach an dem Tag auf, an dem Sie mit dem Projekt anfangen wollen.

Was ist mit Namen, Adressen und Telefonnummern?

Schließlich, was machen Sie mit Namen, Adressen, Telefonnummern und Gesprächsnotizen, die Gegenstand Ihrer Master-Liste wurden? Wie speichern Sie diese wichtigen Informationen, wenn Sie normalerweise Ihre Listen wegwerfen, nachdem Sie die unerledigten Aufgaben auf eine neue Liste übertragen haben? Ein Tagesplaner bietet Ihnen die Möglichkeit, Zugang zu diesen Informationen zu haben, weil Sie die alten Seiten nicht wegwerfen. Sie stehen immer noch in dem Buch und somit auch in Zukunft zur Verfügung.

Schreiben Sie immer den Namen und die Telefonnummer einer Person in Ihr Adreßbuch oder Ihr Rolodex, damit Sie sie finden, wenn Sie sie brauchen.

Aus diesen und vielen anderen Gründen finden viele Leute einen Tagesplaner so hilfreich, wenn es darum geht, die Übersicht über ihre täglichen Aktivitäten und Geschäfte zu behalten. Ein Tagesplaner ist dafür da, Ihren Kalender, Ihre Aufgabenliste, Telefonliste, Besprechungen, Termine in einem Buch zu vereinen, das Ihnen helfen soll, die Kontrolle über alle Ihre unfertigen Arbeiten, Aufgaben und Projekte zu behalten.

Also was jetzt?

Eine Master-Liste ist ein gutes Hilfsmittel, um die Übersicht über die tägliche Arbeit zu behalten, aber wie ich eben erklärt habe, brauchen Sie zusätzlich zu Ihrer Master-Liste noch einen Tagesplaner, den ich in Kapitel 3 näher erläutern werde.

Behalten Sie den Überblick: Benutzen Sie einen Tagesplaner

3

In diesem Kapitel

- Warum sollte ich einen Tagesplaner benutzen?
- So behalten Sie den Überblick über Ihren Tag
- Tips, um das Beste aus Ihrem Tagesplaner zu machen
- Alternative zu Tagesplanern

Seit Jahren benutzen die Leute Day Timer, Day Runner, Filofax und Franklin Planer, damit sie den Überblick über Besprechungen, Termine, Anrufe und unerledigte Arbeiten nicht verlieren. Diese ledergebundenen, persönlichen Organizer sind ein wundervolles, produktivitätsförderndes Hilfsmittel. Sie helfen uns, Prioritäten zu setzen, unsere wichtigen, langfristigen Projekte zu planen und zu koordinieren, unsere delegierten Aufgaben zu kontrollieren und uns Ziele zu setzen. Wir benutzen Sie auch, um Notizen oder Hintergrundinformationen zu unseren Besprechungen und Telefonaten festzuhalten, die verschiedensten Ideen und Gedanken, sowie unsere steuerlich absetzbaren und erstattungsfähigen Ausgaben zu notieren.

Ein Organizer hilft uns nicht nur den Überblick darüber zu behalten, was wir wann machen müssen, sondern wir benutzen auch das Telefonregister und notieren Namen, Adressen und Telefonnummern unserer Familie, Freunde, Kunden und anderer wichtiger Leute.

Wir brauchen diese Bücher nicht nur, um unsere täglichen Aktivitaten unter Kontrolle zu haben, sondern unser ganzes Leben. Für einige von uns spielen diese Bücher eine derart wichtige Rolle, daß wir nirgendwo mehr ohne sie hingehen. Wir benutzen Sie sogar, um unsere Scheckhefte und Kreditkarten zu verstauen.

Er ist eine Aufgabenliste, ein Kalender, einfach das Tüpfelchen auf dem i

Die Grundidee eines Tagesplaners ist, daß wir unsere verschiedenen Listen (unerledigte Aufgaben, Telefonate, Besprechungen und Termine) mit dem Kalender koordinieren können. Sie notieren Ihre unfertigen Arbeiten, Aufgaben und Projekte nicht mehr auf einer Aufgabenliste, sondern Sie tragen sie einfach an einem speziellen Tag in Ihren Tagesplaner ein – an einem Tag, an dem Sie meinen, daß Sie Zeit für diese Arbeit haben. Die Verbindung Ihrer Aufgabenliste mit Ihrem Kalender gibt Ihnen genügend Flexibilität, zukünftige Aufgaben für einen Tag einzuplanen, an dem Sie mit der Arbeit anfangen wollen, was in den meisten Fällen nicht der Tag ist, an dem Sie die Eintragung vornehmen.

Sie können unerledigte Aufgaben für die nächsten Tage einplanen

Haben Sie jemals von Ihrem Chef die Anweisung erhalten, eine bestimmte Arbeit in zwei Wochen erledigt zu haben? Ihr Chef kommt Montag morgen in Ihr Büro, gibt Ihnen ein Blatt auf dem ein Projekt umrissen ist, und sagt Ihnen, daß dieses Projekt Freitag in einer Woche fertig sein muß. Sie schauen in Ihren Kalender und stellen fest, daß Sie diese Woche wegen anderer Termine und Verpflichtungen keine Zeit mehr haben, also setzen Sie das Projekt für Dienstag nächster Woche an. Jetzt können Sie sicher sein, daß das Projekt in Ihren Zeitplan eingebaut ist, und Sie es ohne Zeitdruck fertigstellen können. Genau dafür ist ein Tagesplaner da.

Ich habe Peter Müller in Kapitel 2 als Beispiel benutzt und möchte Ihnen hier eine andere Geschichte von ihm erzählen. Sagen wir, diese Woche Montag haben Sie beschlossen, Müller anzurufen, um mit ihm die Vorzüge eines Produktes zu besprechen, das ihre Firma gerade neu einführen will. Aber als sie in Ihren Kalender sehen, stellen Sie fest, daß Sie bis Donnerstag ausgebucht sind. Donnerstag wiederum ist der erste Tag, an dem Sie wieder im Büro sind. Anstelle also das Gespräch mit Müller auf der Montagseite zu notieren, notieren Sie es an dem Tag, an dem Sie den Anruf wirklich werden tätigen können, am Donnerstag.

Sie haben mehr Kontrolle über Ihre Zeitplanung

Wenn wir die Zeitplanung für unsere täglichen Aktivitäten vornehmen, müssen wir flexibel sein. Diese Flexibilität erreichen wir mit einem Tagesplaner, denn wir können bestimmte Aufgaben mit gewissen Wochentagen verbinden. Wenn Sie also gebeten werden, jemanden nächste Woche Donnerstag anzurufen, brauchen Sie das Gespräch nur auf der Donnerstagseite zu notieren und die Sache ist erledigt. Und wenn Sie gebeten werden, jemanden in sechs Monaten wieder zu kontaktieren, dann suchen Sie sich ein Datum in sechs Monaten heraus, schreiben den Namen der Person und den Grund für den Anruf auf, und wenn in einem halben Jahr dann der Tag gekommen ist, an dem Sie den Anruf tätigen sollen, finden Sie in Ihrem Kalender den Namen mit Ihrer Notiz und Sie rufen die entsprechende Person an.

Ein Tagesplaner läßt Sie auch flexibler werden, wenn Sie Ihren Zeitplan und Ihren Arbeitsfluß planen wollen. Mit einer Master-Liste haben Sie immer vor Augen, was Sie tun müssen, also die Aufgaben, die heute erledigt werden müssen, und andere Tätigkeiten, um die Sie sich später kümmern müssen. Wenn Sie einen Tagesplaner benutzen, brauchen Sie nicht alle offenen Arbeiten für einen einzigen Tag aufzuschreiben. Sie können sie verteilen, Sie können einige Arbeiten heute, andere morgen und den Rest am darauffolgenden Tag erledigen. Sollten Sie feststellen, daß Sie einige Dinge wegen anderer Verpflichtungen nicht erledigen können, können Sie diese Aufgaben für Tage aufschreiben, an denen Sie wissen, daß Sie Zeit dafür haben.

Wenn Sie einen Tagesplaner anstelle eines Blattes Papier verwenden, um alle Ihre Aufgaben aufzulisten, die Sie fertigstellen müssen, die Projekte, die Sie beginnen müssen, die Briefe und Memos, die Sie schreiben und alle anderen Tätigkeiten, um die Sie sich kümmern müssen, dann haben Sie einen wesentlich besseren Überblick über Ihren Tag. Sie haben diesen Überblick einfach deshalb, weil Sie unfertige Aufgaben mit einem bestimmten Tag in Ihrem Kalender verbinden können.

Lassen Sie Ihren Tagesplaner für Sie arbeiten

Wenn Sie bisher eine Master-Liste benutzt haben, um die Kontrolle über Ihre unerledigten Arbeiten, Aufgaben, Anrufe und Projekte zu haben, brauchen Sie jetzt nur noch die Stichpunkte auf die Seiten Ihres Tagesplaners zu übertragen. Wenn Sie keine Master-Liste benutzt haben, dann ist es höchste Zeit, daß Sie anfangen, alles aufzuschreiben und sich selbst zu organisieren. Sollten Sie es bisher noch nicht getan haben, dann lesen Sie jetzt bitte erst Kapitel 1, um Ihr Büro aufzuräumen, und dann Kapitel 2, um eine Master-Liste anzulegen.

Übertragen Sie die Aufgaben, die Sie erledigen müssen, in Ihren Tagesplaner

Wenn Sie Ihre Master-Liste durchgehen, fragen Sie sich, für wann Sie jede einzelne Aufgabe einplanen, und notieren Sie sie dann an dem Tag, an dem Sie denken, Zeit dafür zu haben. Schreiben Sie die Sachen nicht für einen Tag auf, von dem Sie bereits wissen, daß Sie viele Besprechungen haben oder nicht da sind. Wenn Sie die einzelnen Stichpunkte in Ihren Tagesplaner übertragen, streichen Sie sie auf der Liste durch, damit Sie sicher sein können, daß Sie nichts vergessen haben. Ist alles von Ihrer Master-Liste in den Tagesplaner übertragen, können Sie die Liste wegwerfen.

Fügen Sie Ihrem Tagesplaner neue Geschäftspunkte hinzu

Im Laufe des Tages ergeben sich neue Geschäftspunkte, die Sie sofort in Ihrem Buch für den Tag eintragen sollten, an dem Sie für sie Zeit haben. Wenn Ihnen heute morgen ein Projekt zugewiesen wurde, bedeutet dies nicht, daß Sie es auf der heutigen Kalenderseite eintragen müssen. Schreiben Sie immer alles sofort auf, dann kann auch nichts in einem Stapel vergraben werden, verlorengehen oder vergessen werden.

Streichen Sie erledigte Punkte durch

Wenn Sie eine Aufgabe oder ein Projekt erledigt haben, sollten Sie es durchstreichen. (Ein Haken ist nicht befriedigend genug.) Der Strich ist ein sichtbares Zeichen für Sie, daß Sie die Aufgabe wirklich erledigt haben.

Übertragen Sie einen offenen Geschäftspunkt nach dem anderen auf einen anderen Tag

Das Wichtigste, um Ihren Tagesplaner up to date zu halten, ist, daß Sie unerledigte Aufgaben von einem Tag auf den nächsten übertragen. Oft ist es so, daß am Ende eines Tages einfach die Seite des Tagesplaners umgeblättert wird, ohne zu überprüfen, ob alles, was für diesen Tag anstand, wirklich erledigt wurde. Meistens bleiben ein oder zwei Dinge unerledigt, manchmal auch mehr. Übertragen Sie diese Dinge nicht, müssen Sie ständig im Planer hin- und herblättern, um zu wissen, was noch nicht erledigt wurde. Mit dieser Organisationsmethode geht Ihnen garantiert etwas durch die Lappen.

Streichen Sie jeden Punkt durch, den Sie übertragen haben, und machen Sie dann ein großes X durch die Seite

Damit Ihnen auch sicher nichts durch die Lappen geht, sollten Sie am Ende eines Tages Ihre Aufgabenliste Punkt für Punkt durchgehen und die noch offenen Stichpunkte auf einen anderen Tag übertragen. Sie können sie für den nächsten Tag eintragen, einen anderen Tag der Woche oder für irgendwann später. Wenn Sie die einzelnen Punkte übertragen, sollten Sie sie ausstreichen, und wenn Sie alle Punkte übertragen haben, sollten Sie ein großes X durch die Seite machen. Wenn Sie einen Strich quer über die Seite machen, wissen Sie, daß alles auf dieser Seite erledigt oder übertragen wurde. Und wenn Sie das X sehen, wissen Sie, daß Sie diese Seite nie mehr lesen müssen.

Benutzen Sie einen Bleistift, um Termine einzutragen

Notieren Sie Ihre Besprechungen oder Termine mit Bleistift in Ihrem Tagesplaner, denn die Hälfte aller Termine, die Sie eintragen, wird verschoben. Wenn Sie einen Bleistift benutzen, können Sie die Termine ausradieren. Wenn Sie einen Kugelschreiber benutzen, müssen Sie sie durchstreichen.

Schreiben Sie Ihre Aktivitäten und Anrufe mit einem Kugelschreiber

Benutzen Sie einen Kugelschreiber, wenn Sie Ihre Aktivitäten oder Wiedervorlagen in Ihr Buch eintragen. Bleistifte verschmieren, und da Sie diese Punkte nicht ausradieren müssen, haben Sie beständigere Aufzeichnungen darüber, was Sie erledigt haben oder noch erledigen müssen.

Tragen Sie Ihre Telefonnummern in Ihr Rolodex oder Ihr Adreßbuch ein

Wenn Sie die Angewohnheit haben, Namen, Telefonnummern und andere Informationen auf den Seiten Ihres Tagesplaners zu notieren, müssen Sie diese Informationen in Ihr Adreßbuch, Rolodex oder Ihre Datenbank übertragen, sonst können Sie die Informationen bei Bedarf nicht finden. Außerdem werden Sie diese Informationen am Ende eines Kalenderjahres, wenn Sie einen neuen Tagesplaner benutzen, wahrscheinlich nicht mehr finden.

Planen Sie Urlaub ein

Die meisten von uns verbringen zu viele Stunden im Büro und nicht genug Zeit mit der Familie und den Freunden. Also gehen Sie Ihren Tagesplaner durch und entscheiden Sie, wann Sie Urlaub nehmen wollen. Wenn Sie Ihren Urlaub nicht einplanen, werden Sie keinen machen.

Am Anfang jedes Jahres bittet ein Freund von mir, der stellvertretender Vorsitzender einer »Fortune 500« Firma ist und im Verwaltungsrat verschiedener Aktiengesellschaften sitzt, um eine Liste aller Besprechungen, an denen er während des kommenden Jahres teilnehmen soll. Nachdem er diese Besprechungen in seinen Tagesplaner eingetragen hat, entscheidet er, wann er Urlaub machen will und trägt auch diese Tage ein. Er weiß, wenn er nicht einige Zeit für sich reserviert, wird er keine haben.

Tragen Sie Geburts- und Jahrestage ein

Tragen Sie die Geburts- und Jahrestage Ihrer Familie, Freunde, Verwandten und wichtigen Kunden in Ihren Tagesplaner ein, damit Sie nicht vergessen, ihnen eine Karte zu schicken, ein Geschenk zu kaufen oder sie zur Feier dieses besonderen Tages zum Essen einzuladen.

Machen Sie sich zwei Wochen vor dem speziellen Tag schon eine Notiz in Ihrem Tagesplaner, damit Sie genügend Zeit haben, eine Karte oder ein Geschenk zu kaufen.

Tagesplaner haben ihre Grenzen

Sie werden feststellen, daß auch Tagesplaner ihre Grenzen haben, die einfach daher rühren, daß Sie Stift und Papier benutzen. Ich werde Ihnen diese Defizite jetzt aufführen, denn im nächsten Kapitel erkläre ich Ihnen, warum ich der Meinung bin, daß Sie Ihren Papierorganizer besser durch ein Computerprogramm ersetzen.

Heutzutage ist es einfach, sich den Computer zunutze zu machen, wenn es darum geht, den Überblick über jede Aufgabe und jedes Projekt, das über Ihren Schreibtisch läuft, zu behalten. Wenn Sie ein Kontaktmanagement-Programm verwenden, brauchen Sie die gleiche Information nicht wieder und wieder aufzuschreiben. Sie können Ihre Zeit dafür nutzen, Ihre Arbeit zu erledigen, anstatt sie zu planen. Ich gebe Ihnen jetzt einige Beispiele, damit Sie verstehen, was ich meine.

Es ist nicht einfach, Ihre Aufgabenliste auf dem neuesten Stand zu halten

Wie ich bereits beschrieben habe, bedeutet es einige Arbeit, Ihre Aufgabenliste auf dem neuesten Stand zu halten. Akribisch notieren wir auf die Kalenderseiten unseres Tagesplaners verschiedene Aufgaben, Projekte oder andere Geschäftspunkte, die wir erledigen müssen. Aber wenn Sie eine Aufgabe an dem Tag, für den sie eingetragen wurde, nicht erledigen, müssen Sie sie auf einen anderen Tag übertragen. Tun Sie das nicht, riskieren Sie, daß Sie sie vergessen.

Ein Kontaktmanagement-Programm löst dieses Problem, weil offene Aufgaben automatisch auf den nächsten Tag übertragen werden.

Stichpunkte zu übertragen oder zu ändern, kann eine Menge Arbeit bedeuten

Ich werde wieder Frank Müller als Beispiel nehmen. Nehmen wir einmal an, Sie haben folgende Aufgabe zu erledigen: Müller anrufen und Termin für Mittagessen ausmachen. Aller Wahrscheinlichkeit nach müssen Sie diesen Stichpunkt mehrmals notieren, bevor Sie einen festen Termin eintragen können. Am Montag rufen Sie an und erfahren, daß er bis Freitag weg ist. Wenn Sie Freitag anrufen, wird Ihnen gesagt, daß er den ganzen Tag Besprechungen hat und erst wieder Donnerstag im Büro ist. Und wenn Sie Donnerstag anrufen, kommen Sie endlich durch und können Ihren Termin für den nächsten Mittwoch »festmachen«.

Und jetzt schauen Sie sich einmal an, was Sie physisch für diesen Termin alles gemacht haben: Zuerst haben Sie notiert »Müller anrufen und Termin für Mittagessen ausmachen.« Das haben Sie dann ein zweites Mal aufgeschrieben, als Sie den Punkt auf Freitag übertrugen und ein drittes Mal bei der Übertragung auf den folgenden Dienstag. Als Sie dann den Termin für Mittwoch vereinbarten, haben Sie den Punkt beim Eintragen in Ihren Kalender ein viertes Mal geschrieben.

Und wenn Sie nicht die Angewohnheit hätten, die Geschäftspunkte von einer Seite Ihres Tagesplaners auf die nächste zu übertragen, hätten Sie wahrscheinlich diesen Termin nie ausmachen können, weil Sie die ganze Sache vergessen hätten. (Das ist ein gutes Beispiel dafür, wie schnell man die Übersicht verliert, wenn man nicht immer alles aufschreibt.)

Ein Kontaktmanagement-Programm kann diese Aufgabe für Sie automatisieren. Als Anfänger brauchen Sie die Punkte Ihrer Aufgabenliste nur einmal einzugeben. Danach brauchen Sie nur noch das Datum zu ändern. Wenn Ihnen Montag gesagt wird, daß Müller erst Freitag wieder im Büro ist, klicken Sie einfach den Popup-Kalender an, dann zweimal das Datum von Freitag, und der Punkt wird elektronisch übertragen. Wenn Sie Freitag anrufen und Ihnen gesagt wird, daß er bis Donnerstag weg ist, klicken Sie wieder den Popup-Kalender an, klicken zweimal das Datum von Donnerstag an und wieder wird der Punkt elektronisch übertragen.

Wenn Sie dann Donnerstag den Computer einschalten, erscheint oben auf Ihrer Aufgabenliste der Punkt »Müller anrufen und Termin für Mittagessen ausmachen.« Und wenn Sie am Donnerstag mit Müller gesprochen haben und den Termin für Mittwoch »festgemacht« haben, brauchen Sie die *Aktivität* nur in eine *Besprechung* umzuwandeln, das Datum in Mittwoch zu ändern und die Zeit zu wählen.

Mit einem Software-Programm als Zeitmanagament-Tool ist es einfach, die Punkte Ihrer Aufgabenliste in Ihren Terminkalender und umgekehrt zu übertragen, denn alles geschieht elektronisch. Mit ein paar Mausklicks haben Sie die totale Kontrolle über alles, was in Ihrem Geschäftsleben passiert.

Tragen Sie Ihren Kalender gerne mit sich herum?

Viele Leute haben mehr als einen Kalender. Sie haben einen auf Ihrem Schreibtisch liegen und tragen einen Taschenkalender mit sich, wenn Sie auf Reise oder nicht im Büro sind. Die Sekretärinnen oder Assistentinnen haben meistens noch einen dritten Kalender, damit sie während ihrer Abwesenheit neue Termine ausmachen können. Aber wenn man mehr als einen Kalender hat, kann es Terminschwierigkeiten geben.

Wer zwei Kalender hat, kennt nie seine Termine.

Ein Computerkalender garantiert, daß Sie sich immer ein richtiges Bild von Ihren täglichen Aktivitäten, Terminen, Anrufen usw. machen können, weil dieser Kalender immer auf dem neuesten Stand ist. Ihr Assistent oder Ihre Assistentin hat immer einen Ausdruck auf dem Schreibtisch, und wenn Sie das Büro verlassen, nehmen Sie einen Ausdruck mit. Hat Ihre Assistentin oder Ihr Assistent Zugang zu Ihrem Computer, kann sie oder er Änderungen in Ihren Kalender eintragen. Wenn Sie vernetzt sind, hat Ihre Assistentin oder Ihr Assistent von einem anderen Computer aus Zugang zu Ihrem Kalender.

Es kostet viel Mühe, die wichtigen Leute in Ihrem Leben nicht aus den Augen zu verlieren

In unserer heutigen, schnellebigen Zeit ist es nicht einfach, alle Personendaten immer auf dem neuesten Stand zu halten. Jeder hat eine Telefon- und eine Telefaxnummer. Dann gibt es noch die Nummer für den Pager, das Autotelefon, das Mobiltelefon und die Privatnummer. Damit die Aufzeichnung all dieser Informationen noch komplizierter wird, wechseln die meisten Leute alle paar Jahre ihre Arbeitsstelle oder Position oder ziehen in eine andere Stadt, was bedeutet, daß Sie Ihre Daten ständig aktualisieren müssen. Wie machen Sie das? Sie haben drei Möglichkeiten: Rolodex Karten, ein Adreßbuch oder ein Kontaktmanager. (Sie haben eigentlich noch eine vierte Alternative, nämlich sich gar nicht um diese Leute zu kümmern, aber wenn Sie sich für diese Alternative entscheiden, wird Ihre Karriere äußerst kurz sein.)

Lassen Sie uns einen Blick auf die Nachteile der Rolodex-Karten und des Adreßbuches werfen:

- ✔ Rolodex-Karten werden schnell unleserlich. Wie viele Informationen können Sie auf Karteikarten notieren? Wenn Sie die Namen, Adressen und Telefonnummern handschriftlich notieren, wird es nicht lange dauern, bis die Karten abgegriffen, mit Eselsohren versehen oder schmutzig sind, besonders, wenn Sie sie jeden Tag benutzen. Und was passiert mit den Karten, wenn Sie erfahren, daß sich im Leben einer Person etwas geändert hat? Sie streichen die alten Informationen durch und kritzeln die neue Firma, die Adresse und Telefonnummer auf die Karte. Und irgendwann wird die Karte unleserlich.
- ✔ Adreßbücher sind schnell zerfleddert. Wenn Sie ein Adreßbuch haben, können Sie noch größere Probleme bekommen. Erst einmal müssen Sie jeden Namen, jede Adresse und jede Telefonnummer handschriftlich eintragen, was eine große Zeitvergeudung sein kann. Und nach ein paar Monaten ständigen Benutzens ist das Buch zerfleddert und schlampig, weil alte Nummern ausgestrichen und durch neue ersetzt wurden. Es dauert nicht lange, und Sie haben ein riesiges Durcheinander.

Eines Tages waren meine Frau Mitzi und ich mit unserer Tochter DeLaine in einem nahegelegenen Park. Wir beobachteten eine Frau, die auf einer Parkbank saß und alle Namen von ihrem alten Adreßbuch in ein neues übertrug, das sie gerade gekauft hatte. Als Mitzi und ich sie so beobachteten, fragten wir uns: »Hat sie nichts Wichtigeres zu tun?«

Speichern Sie Namen und Adressen in Ihrem Computer

Wenn Sie alle Namen und Adressen in Ihrem Computer abspeichern, ist es einfach, alles auf dem neuesten Stand zu halten. Immer wenn sich eine Nummer ändert, ändern Sie einfach die Daten der Person. Und mit ein paar Mausklicks können Sie Ihrem Kontaktmanager Namen hinzufügen oder löschen. Wenn die Namen einmal im Computer sind, können Sie sie für Ihre Post- oder Telefonlisten oder auch für Ihre Rolodex Karten benutzen. In Kapitel 4 erzähle ich Ihnen alles darüber.

Eine Einführung in ACT! oder: So bekommen Sie Ihren Tagesplaner in den Computer

4

In diesem Kapitel

- Warum ich ACT! so liebe
- Speichern Sie Ihr Rolodex in Ihrem Computer ab
- So schreiben Sie Notizen und Briefe mit ACT!
- So erstellen Sie Berichte mit ACT!

Wenn Sie Ihre tägliche Produktivität wirklich verbessern und den Überblick über alle Ihre täglichen Aktivitäten – Ihre Telefonate, Aufgaben, Besprechungen und Termine – haben wollen, benutzen Sie einen Kontaktmanager, und speichern Sie Ihren Tagesplaner in Ihrem Computer ab. Ein Computer ist dafür da, daß Sie mehr Arbeit in weniger Zeit erledigen können. Mit einem Kontaktmanager können Sie die Basiskomponenten Ihres Planers mit einem einzigen Software-Programm koordinieren. Diese Komponenten sind:

- ✔ Kalender
- ✔ Terminkalender
- ✔ Aufgabenliste
- ✔ Adreßbuch

Es gibt mittlerweile viele gute Kontaktmanagement-Programme, meiner Meinung nach ist ACT! das beste Kontaktmanagement-Programm. Es hält mich über alles, was in meinem Privat- und Berufsleben passiert, auf dem Laufenden.

Auf den folgenden Seiten werde ich Ihnen erklären, wie ACT! Ihnen helfen kann, Ihren Tag besser zu organisieren. Wenn Sie zur Zeit noch kein Kontaktmanagement-Programm benutzen, schlage ich vor, Sie kaufen sich noch heute ACT! Wenn Sie bereits einen anderen Kontaktmanager verwenden, denke ich, lohnt es sich trotzdem, sich ACT! einmal anzusehen.

Auf der CD-ROM, die diesem Buch beiliegt, finden Sie eine Trial-Fassung der deutschen Version von ACT!, die uns freundlicherweise von Symantec Deutschland zur Verfügung gestellt wurde. Hinweise zur Installation dieser Software finden auf der CD-ROM in der Datei ACTINST.TXT.

ACT! wird von der Symantec Corporation, USA hergestellt, die in Deutschland vertreten ist durch die:

Symantec Deutschland GmbH
Kaiserswerther Straße 115
40880 Ratingen
Tel. 02102-74530

ACT! ist lieferbar für DOS, Windows 3.11, Windows 95, Windows NT, Windows CE sowie für Psion, Pilot, Newton und HP-Palmtops. Der Listenpreis für die Windows 95/NT-Version beträgt DM 399,-; das Upgrade kostet DM 159,-.

Nebenbei sei erwähnt, daß ich nicht für Symantec arbeite und auch keine Firmenanteile besitze. Ich bin einfach nur ein täglicher Benutzer, der der Meinung ist, daß ACT! ein sehr gutes, produktivitätssteigerndes Hilfsmittel ist.

Warum ich ACT! als Kontaktmanagement Programm gewählt habe

Ich weiß schon gar nicht mehr, wie es kam. Jedenfalls: Vor einiger Zeit bekam ich eine Probeversion von ACT! in die Hände. Ich entschloß mich, es einmal auszuprobieren. Nachdem ich ein paar Tage damit herumgespielt hatte, stellte ich fest, daß es den Großteil der Funktionen hatte, die ich als Zeitmanagement-Experte in ein computergesteuertes Terminkalender-/Kalender-/Aufgabenlisten-Programm aufnehmen würde, sollte ich ein solches Programm selber entwickeln.

Ich benutze ACT! den ganzen Tag. ACT! ist der Hauptgrund, warum ich meinen Computer morgens einschalte, und es ist das letzte Programm, das ich abends schließe, bevor ich den Computer ausschalte. ACT! macht wirklich alles, damit ich über alles, was in meinem Privat- und Berufsleben passiert, auf dem laufenden bin.

ACT! hat eine Funktion, die Ihnen ermöglicht, alle Namen, Adressen und Telefonnummern, die Sie bereits in Ihren Kontaktmanager, persönlichen Informationsmanager, Ihr computergesteuertes Adreßbuch oder Ihr Textverarbeitungssystem eingetragen haben, in ACT! zu übertragen. So können Sie sich die Zeit und Mühe sparen, alle Informationen ein zweites Mal einzugeben.

Was ACT! für Sie tun kann

Wenn es Ihnen geht wie den meisten Menschen, dann bin ich sicher, daß Sie während eines normalen Arbeitstages verschiedene Dinge machen:

- Sie vereinbaren Termine mit vielen verschiedenen Leuten.
- Sie müssen Wiedervorlagen bearbeiten.
- Sie haben Gemeinschaftsprojekte, an denen Sie zusammen mit anderen Leuten arbeiten.
- Sie machen sich detaillierte Notizen zu Ihren Telefongesprächen und/oder Besprechungen (zumindest sollten Sie das tun).
- Sie verbringen viel Zeit am Telefon.
- Sie verschicken Briefe, Faxe, Angebote und andere Korrespondenz.

Jetzt können Sie all diese Aktivitäten und vieles mehr mit Ihrem Computer verwalten. Sie brauchen keine Master-Liste, keinen Tagesplaner und keinen Kalender mehr, um organisiert zu bleiben. Jede Information über eine Person (die man auch *Kontakt* nennt), ein Projekt oder eine Aufgabe, die Sie früher immer als Notiz in einem Aktendeckel, als Papierfetzen auf Ihrem Schreibtisch oder als geistige Notiz in Ihrem Kopf aufbewahrten, können Sie nun an einem Ort, nämlich in ACT!, aufbewahren. ACT! bietet Ihnen Platz, um Namen, Adressen, Telefonnummern und viele andere Informationen über Ihre beruflichen und privaten Kontakte zu speichern. ACT! integriert die Informationen in Ihre Aufgabenliste, Telefonliste und Ihren Terminkalender. Wenn Sie einmal ACT! benutzt haben, werden Ihnen weniger Dinge durch die Lappen gehen, weil Sie immer alles zur Hand haben. Die Abbildungen 4.1 und 4.2 zeigen Ihnen zwei verschiedene Ansichten eines ACT!-Kontaktberichtes.

Verbessern Sie Ihre Geschäftsbeziehungen, verlieren Sie Gewicht, schaffen Sie sich Freunde und beeinflussen Sie die Menschen

Tagein, tagaus arbeiten Sie mit vielen Menschen zusammen, Kunden, Klienten, Interessenten sowie mit Ihren Mitarbeitern und Kollegen, und Sie müssen den Überblick über alles behalten, was mit dieser Zusammenarbeit zu tun hat. ACT! stellt Ihnen die Hilfsmittel zur Verfügung, die Sie brauchen, um alle Informationen über diese Projekte, Aufgaben und alle Ihre anderen, täglichen Aktivitäten zu überschauen.

ACT! wird Ihnen helfen, langfristige Beziehungen zu entwickeln und zu stärken, und das ist der Schlüssel zum beruflichen Erfolg. ACT! wird Ihnen helfen, wichtige Leute in Ihrem Leben auf einer persönlicheren Basis kennenzulernen. ACT! bietet Ihnen Platz, um viele wichtige Informationen über einen Kontakt zu speichern und diese jederzeit zur Hand zu haben.

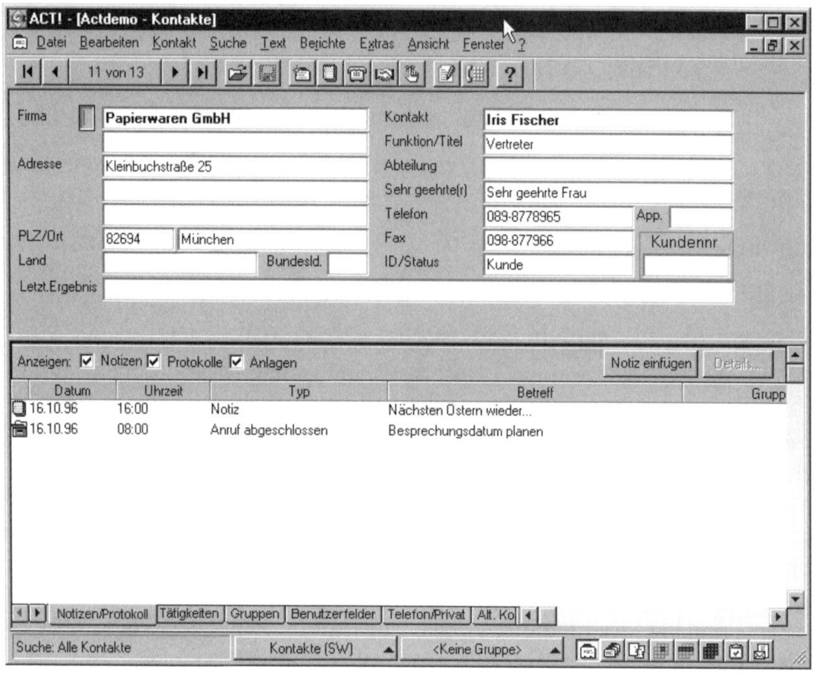

Abbildung 4.1: ACT!-Kontaktbericht mit Anzeige von Notizen und Protokollen

Sie können ACT! benutzen, um Informationen zu speichern, wie den Namen des Ehepartners eines Kontaktes, dessen Kinder, Geburts- und Jahrestage. Und Sie können ACT! benutzen, um ihre Hobbys, Interessen, Lieblingsrestaurants und den letzten Urlaub zu notieren. Diese Informationen können Sie zusätzlich zu den vielen Adressen, Telefonnummern (Arbeit, zu Hause, Fax, Auto und Mobiltelefon), Namen und Nummern der Assistenten speichern.

Mit ACT! haben Sie genug Platz, um routinemäßig die verschiedensten Informationshappen zu speichern, die Sie anderenfalls vergessen würden.

Speichern und finden Sie Namen, Adressen und Telefonnummern

Immer wenn Sie mit einer Person sprechen, entweder am Telefon oder persönlich, sollten Sie deren Namen in ACT! aufnehmen. So können Sie ein elektronisches Rolodex anlegen, mit dem Sie einfach und ohne Mühe mit Hunderten, ja Tausenden von Menschen in Kontakt bleiben können. Und weil die Informationen in Ihrem Computer abgespeichert sind, können Sie ganz leicht Namen und/oder Telefonnummern im Bruchteil einer Sekunde mit der leistungsfähigen Suchfunktion von ACT! – wie in Abbildung 4.3 gezeigt – finden.

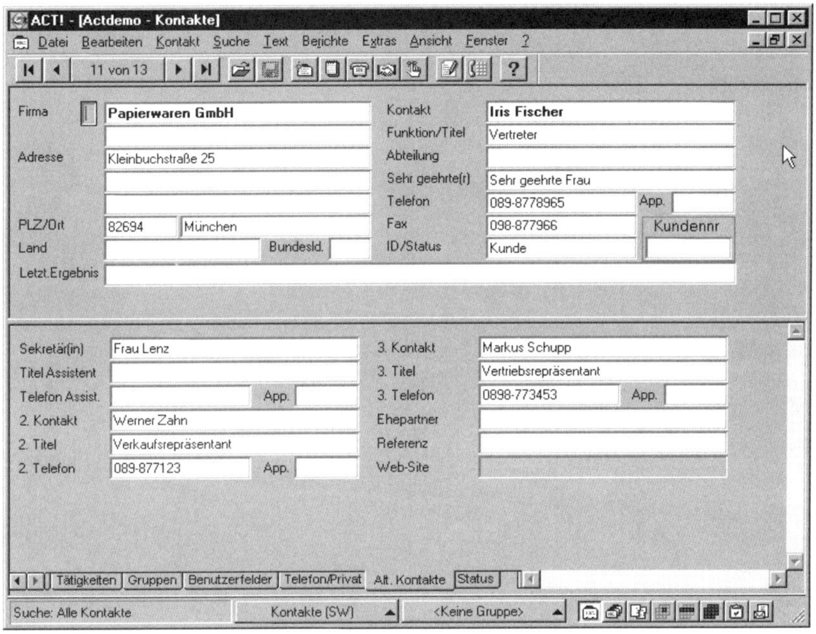

Abbildung 4.2: Der ACT!-Kontaktbericht mit Anzeige der alternativen Kontakte

Wie eine Bierdosensammlung mir half, Lebensversicherungen zu verkaufen

Als ich vor mehr als zwanzig Jahren meine Karriere als Vertreter von Northwestern Mutual begann, wurde mir beigebracht, daß ich den Kunden alle möglichen Fragen über ihre persönliche, berufliche und finanzielle Situation stellen sollte. Während dieser Gespräche stellte ich ihnen auch immer Fragen über ihre Hobbys und Interessen. Eines Tages traf ich den Leiter der Finanzabteilung einer Aktiengesellschaft und während des Gesprächs erwähnte er, daß sein Sohn eine Bierdosensammlung hatte, was ich dienstbeflissen auf meinem Fragebogen notierte. Als ich eine Woche später mit meiner Vermögensaufstellung zurückkam, war er von der Tatsache, daß ich die Bierdosensammlung aufgenommen hatte, so gerührt, daß er mir eine sehr hohe Lebensversicherung abkaufte.

Die Suchfunktion ist meines Erachtens eine der wichtigsten Funktionen von ACT! Sie müssen nur SUCHE mit Ihrer Maus anklicken, auswählen, nach welchen Kriterien Sie suchen wollen (Unternehmen, Vorname, Nachname etc.), die ersten Buchstaben des Namens tippen und die Ergebnisse der Suche werden angezeigt, bevor Sie mit der Wimper gezuckt haben. Das ist auf jeden Fall schneller, als einen Namen in einem altmodischen Adreßbuch zu suchen.

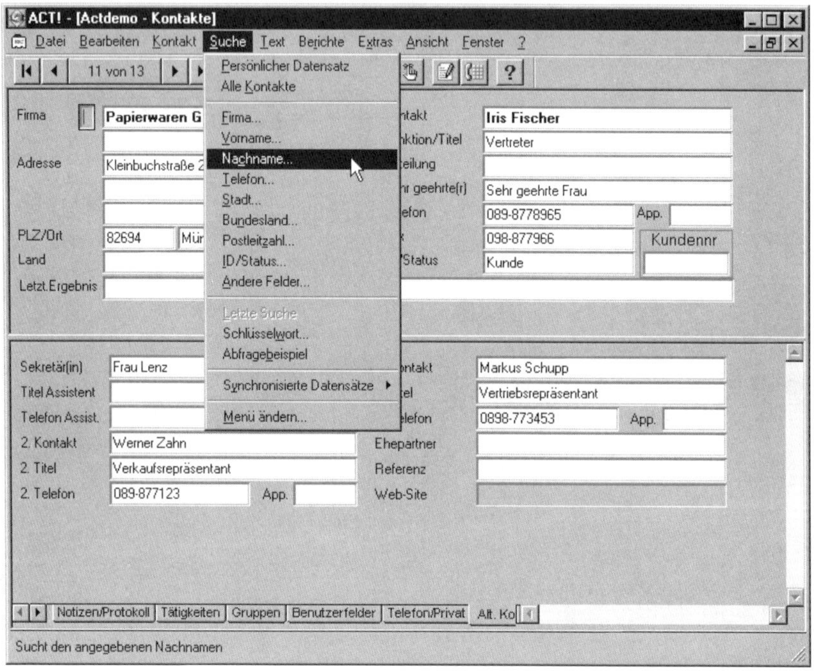

Abbildung 4.3: Die Suchfunktion von ACT!

Also gehen Sie die Visitenkarten durch, die in Ihrer Schreibtischschublade verstauben, und geben Sie die Informationen in ACT! ein. Jetzt können Sie die Kontakte finden, wenn Sie sie suchen.

Sie können die Suchfunktion auch bei der Planung Ihrer Geschäftsreisen einsetzen. Wenn Sie reisen, suchen Sie sich die Namen der Personen heraus, die Sie in den Städten kennen, in die Sie reisen, und vereinbaren Sie einige zusätzliche Termine. Sie können ACT! auch nutzen, um die Namen Ihrer Lieblingshotels und -restaurants zu speichern.

Wie kann man Informationen noch einfacher verfügbar machen? Ich brauche sicher nicht zu sagen, wie langweilig, arbeitsintensiv und zeitraubend es ist, diese Informationen in Ihrem Rolodex oder Adreßbuch zu finden, wo Sie es wahrscheinlich gar nicht erst versuchen würden.

Mit einem Scanner können Sie Visitenkarten direkt in ACT! einscannen und so die größte Hürde nehmen, diese wichtigen Informationen in Ihren Computer zu bekommen, nämlich sie zu tippen.

Sie können Ihre ACT!-Datenbank an *The Bridge to Caller-ID* anschließen. Nach dem ersten oder zweiten Klingeln Ihres Telefon identifiziert The Bridge den Anrufer, durchsucht Ihre ACT!-Datenbank und zeigt die Aufzeichnungen zu der Person an.

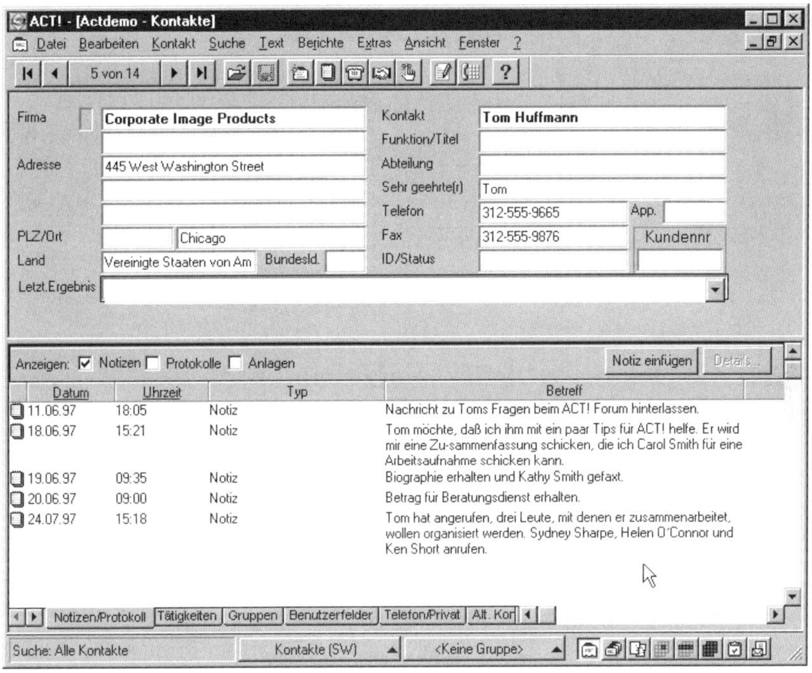

Abbildung 4.4: Benutzen Sie den Notizblock von ACT!, um sich Notizen zu machen.

Machen Sie sich detaillierte Notizen auf Ihrem Notizblock

Zu jeder Person in ACT! gibt es einen eigenen Notizblock, auf dem Sie detaillierte Notizen über Ihre Telefonate oder persönlichen Unterredungen machen können; Sie brauchen so Ihre Notizen nicht mehr auf Klebenotizen oder Zetteln zu machen. Immer, wenn Sie den Notizblock öffnen, wird automatisch das aktuelle Datum am linken Rand angezeigt. Sie brauchen nur noch Ihre Notizen einzugeben und können sich dann wieder einer anderen Aufgabe widmen. Damit Sie einen Überblick haben, werden die vorherigen Einträge in rückwärtiger chronologischer Anordnung angezeigt. Den Notizblock sehen Sie in Abbildung 4.4.

ACT! in Aktion

Als ich den Abschnitt über den Notizblock von ACT! in WordPerfect für Windows schrieb, klingelte das Telefon. Es war mein Freund John aus Los Angeles, den ich Anfang der Woche um Rückruf gebeten hatte. Während wir uns begrüßten, wechselte ich zu ACT!, gab seinen Nachnamen ein, fand seine Aufzeichnungen und öffnete den Notizblock. Aufgrund der darin enthaltenen Informationen erinnerte ich mich, warum ich ihn angerufen hatte, wann wir das letzte Mal miteinander telefoniert hatten und worüber wir sprachen. Der ganze Vorgang dauerte nur ein paar Sekunden. Während wir sprachen, bat er mich, ihm den Artikel zu faxen, der in der New York Times über mich erschienen war. Also klickte ich auf das Icon TÄTIGKEIT PLANEN aktuellen Datums und tippte *NYT-Artikel faxen* ein. Als wir unser Gespräch beendet hatten, machte ich mir ein paar kurze Notizen dazu auf dem Notizblock und arbeitete dann an diesem Buch weiter.

Aktivitäten einplanen – Anrufe, Besprechungen und andere Aufgaben – ist ein Kinderspiel

Sie können ACT! benutzen, um alles, was Sie erledigen müssen, unter Kontrolle zu haben. ACT! gestaltet die Planung aller Aktivitäten einfach – Anrufe, Besprechungen und andere Tätigkeiten –, weil Sie die Tastatur kaum brauchen, um eine Information einzugeben. Sie können fast alles mit ein paar Mausklicks machen.

Immer, wenn Sie eine Tätigkeit einplanen müssen, sollten Sie erst die Suchfunktion benutzen, um die Aufzeichnungen zu der entsprechenden Person zu finden. (In ACT! wird jede Tätigkeit – ein Anruf, eine Besprechung oder eine andere Tätigkeit – mit einem Kontakt verbunden, die Tätigkeiten werden nicht aufgelistet.)

Dann wählen Sie die Schaltfläche TÄTIGKEIT PLANEN und entscheiden, welche Art von Tätigkeit (Anruf, Besprechung, Erledigung) Sie einplanen möchten.

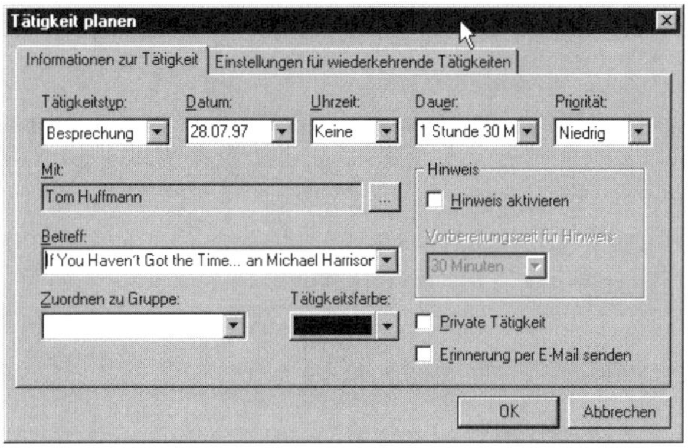

Abbildung 4.5: Das ACT!-Dialogfeld TÄTIGKEIT PLANEN

Wenn Sie den Pfeil neben der Liste DATUM einmal anklicken, erscheint der Monatskalender, auf dem Sie ein bestimmtes Datum auswählen können.

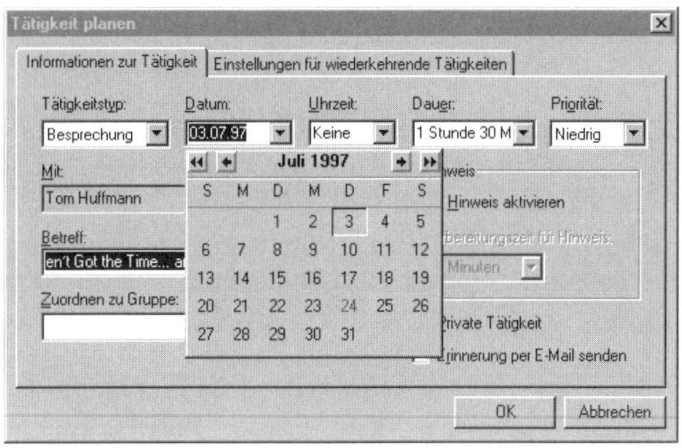

Abbildung 4.6: ACT!s Monatskalender

Mit einem Klick auf den Pfeil neben Uhrzeit erscheint ein kleiner Tageskalender (Abbildung 4.7), auf dem Sie einen bestimmten Anfangszeitpunkt und durch Ziehen der Maus die Dauer der Tätigkeit festlegen können. Dann geben Sie mit der Tastatur eine kurze Beschreibung für diese Tätigkeit in das Feld BETREFF ein, oder Sie wählen aus der Liste einen der Stichpunkte aus, der häufig benutzte Sätze oder Begriffe wiedergibt, die die Art Ihrer täglichen Tätigkeiten beschreiben, z.B. ein Angebot oder einen Brief schicken, einen Termin bestätigen, einen Termin zum Essen festlegen. Sie können Prioritäten für jede Tätigkeit festlegen, und wenn Sie an eine Tätigkeit erinnert werden möchten, können Sie eine Alarmmeldung aktivieren.

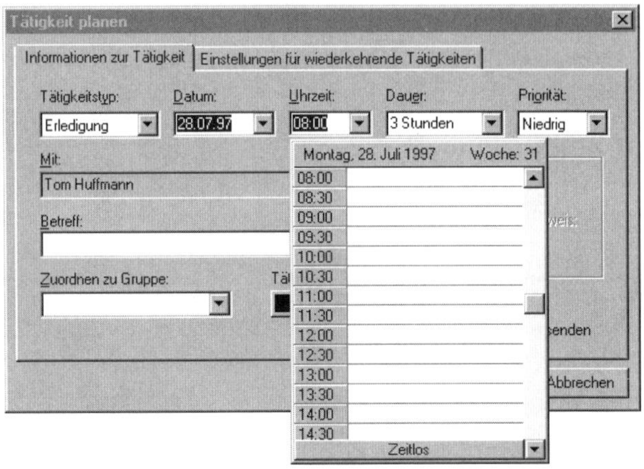

Abbildung 4.7: ACT!s Mini-Tageskalender

Die Alarmfunktion von ACT!

Einmal rief ich jemanden an, der mir sagte: »Ich kann jetzt nicht mit Ihnen sprechen, rufen Sie mich doch in 20 Minuten noch einmal an.« Früher hätte ich die Akte dieser Person beiseite gelegt und dann vergessen. Aber an diesem Nachmittag hatte ich eine gute Idee: Warum sollte ich nicht die Alarmmeldung von ACT! benutzen, damit ich an den Anruf erinnert werde? Also aktivierte ich die Alarmmeldung, und 20 Minuten später machte ich den Anruf.

Schauen Sie sich Ihre Besprechungen und Termine im Überblick an

Mit einem einzigen Mausklick können Sie Ihren Terminkalender auf Tages-, Wochen- oder Monatsbasis sehen und sich so einen Überblick über Ihre zukünftigen Verpflichtungen verschaffen. Mit einem einfachen Mausklick wechseln Sie von einer Ansicht zu einer anderen, und Sie können neue Termine abmachen, bestehende ändern oder streichen. Die Abbildungen 4.8, 4.9 und 4.10 zeigen den Tages-, Wochen- und Monatskalender.

Sie können sich Ihre Aktivitäten im Kalenderformat oder auf der sogenannten *Aufgabenliste* ansehen (kreatives Volk, diese Software-Designer). Klicken Sie mit der Maus einfach auf das Symbol für die Aufgabenliste, und die Liste Ihrer augenblicklichen Aufgaben erscheint. Mit einem weiteren Mausklick und der Filterfunktion können Sie eine Liste aller erledigten, aktuellen oder noch zu erledigenden Anrufe, Besprechungen und anderen Tätigkeiten sehen. Die Abbildung 4.11 zeigt die ACT!-Aufgabenliste.

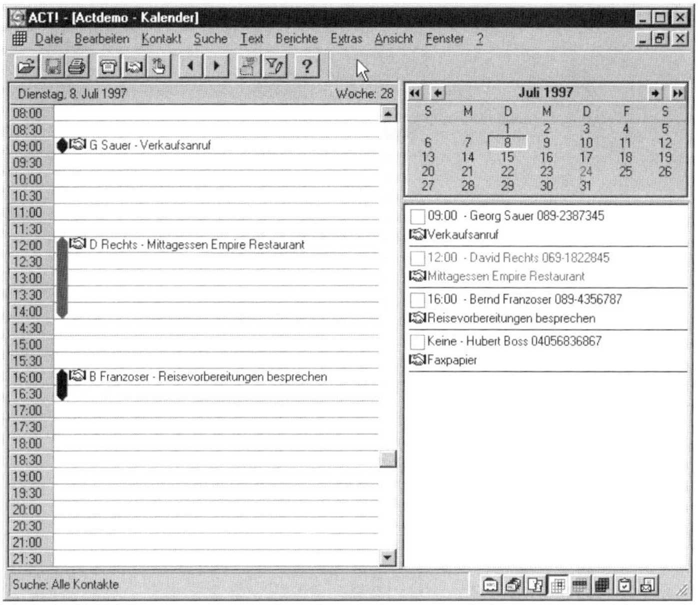

Abbildung 4.8: Der Tageskalender

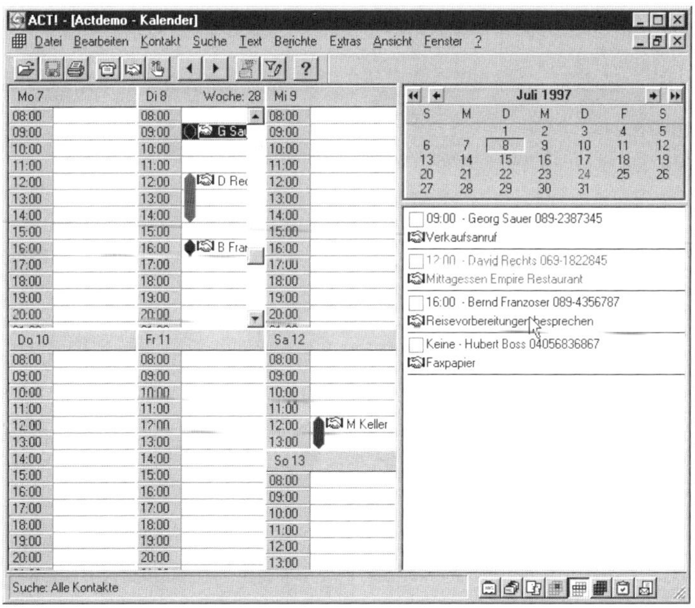

Abbildung 4.9: Der Wochenkalender

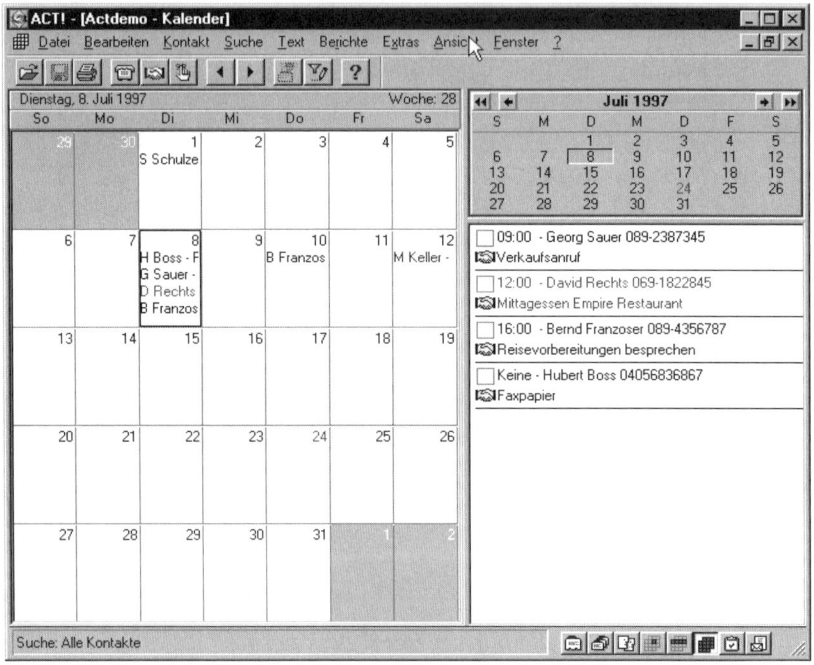

Abbildung 4.10: Der Monatskalender

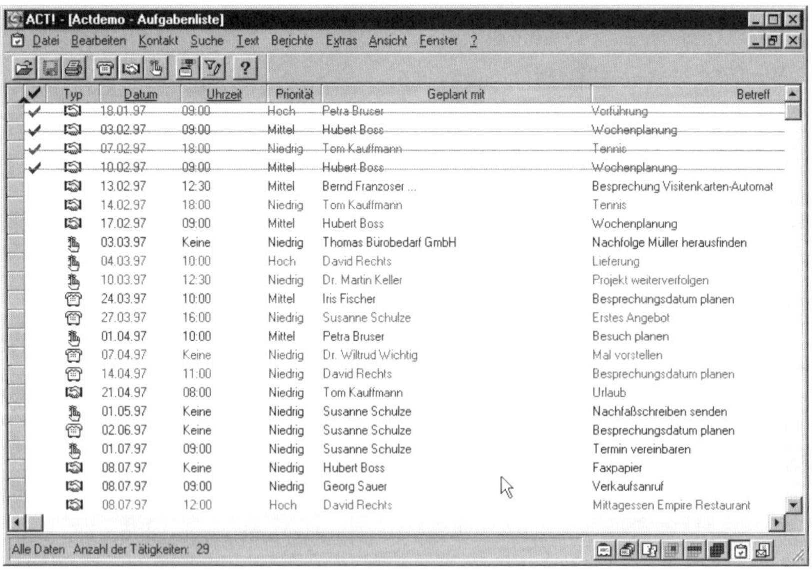

Abbildung 4.11: Aufgabenliste von ACT!

Informationen schneller eingeben

Wenn man Informationen über eine Person in eine Datenbank eingibt, verliert man viel Zeit, weil die gleiche Information wiederholt eingegeben werden muß. Außerdem ist es recht langweilig, z.B. München immer wieder einzugeben. ACT! bietet auch hier eine einfache Problemlösung, denn es benutzt Listen, die Sie nach Bedarf erweitern können.

Ein Liste ist ein Feld, das geöffnet wird, wenn Sie den Mauszeiger auf den Pfeil neben ein Feld bewegen und dann klicken.. Das Feld kann so angelegt sein, daß es automatisch oder auf Befehl (F2 drücken) erscheint. In der Liste können Sie ein Stichwort auswählen, das dann automatisch in dem Feld erscheint. Jedes Feld in ACT! kann als automatisches Feld angelegt werden. Um z.B. eine Information in dem Feld STADT einzugeben, wählen Sie mit Ihrem Cursor einfach die Stadt aus, die Sie brauchen, oder Sie schreiben einfach einen Buchstaben: M für München, K für Köln, B für Berlin und so weiter, dann drücken Sie die Eingabetaste und der Name der Stadt erscheint automatisch. Abbildung 4.12 zeigt ein geöffnetes Listenfeld für Städte und Abbildung 4.13 das Dialogfeld, in dem Sie die Liste bearbeiten und erweitern können.

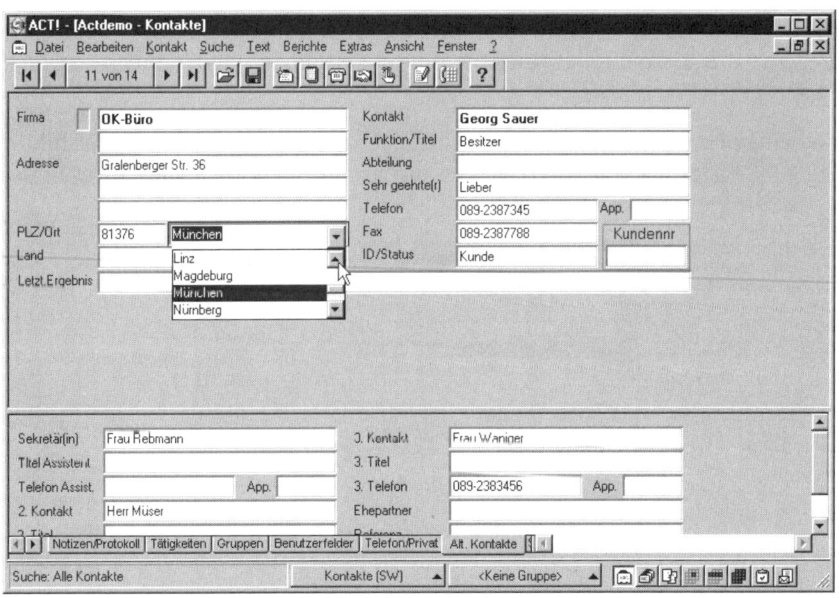

Abbildung 4.12: Listenfeld für die Städte

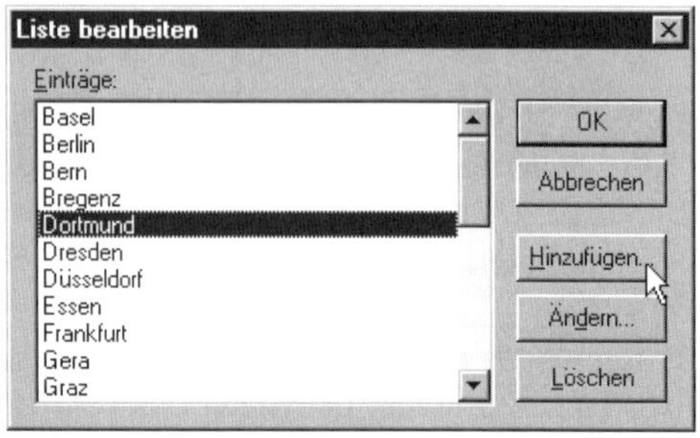

Abbildung 4.13: Dialogfeld, um die Liste zu bearbeiten

Jedes Feld in ACT! kann mit einer Liste bzw. einem Listen-Dialogfeld verknüpft sein, in dem Sie sich spezielle Wörter oder Sätze, mit denen Sie Ihre täglichen Aktivitäten beschreiben, anzeigen lassen können.

Speichern und wählen Sie Telefonnummern

In ACT! können Sie alle Telefonnummern einer Person, auch die Nummer der Telefonzentrale und ein oder zwei Durchwahlnummern, so wie die Privatnummer, Pagernummer, E-Mail Adresse und Faxnummer abspeichern, sowie die Namen und Nummern der Sekretärin oder Assistentin.

Wenn Sie jemanden anrufen wollen, brauchen Sie nur das Symbol für die Wahlhilfe anzuklicken und die Liste aller Nummern der Person wird in einem Dialogfeld angezeigt.

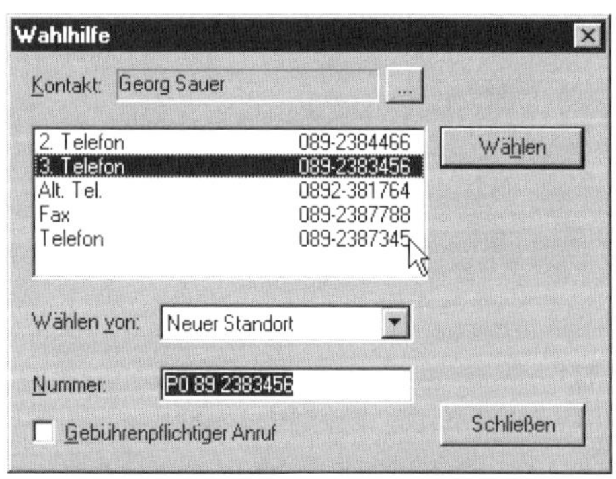

Abbildung 4.14: Das Dialogfeld W*AHLHILFE*

Wenn Ihr Computer und Ihr Telefon an dieselbe Leitung angeschlossen sind, können Sie den Computer benutzen, damit er für Sie wählt. Kommt der Anruf durch, brauchen Sie nur noch den Hörer abzunehmen und Ihr Gespräch zu beginnen. Wenn Ihr Computer kein Modem hat oder nicht mit Ihrer Telefonleitung verbunden ist, klicken Sie einfach auf die Telefonliste, suchen die Nummer heraus, die Sie anrufen wollen, und wählen selbst. Mit dieser Methode finden Sie eine Nummer auf jeden Fall schneller als in einem alten, abgenutzten Rolodex.

Richten Sie Kontaktgruppen ein, um gewisse Kategorien von Kontakten zu finden

Eine weitere Funktion, die ACT! so leistungsfähig macht, ist die Möglichkeit, Personen in verschiedene Kontaktgruppen/Kategorien einzuteilen, je nach Geschäftszweig, Beruf oder irgendeinem Kriterium, das Sie festlegen. Sie können eine Suche nach einer bestimmten Gruppe starten, und in wenigen Sekunden haben Sie eine komplette Liste der speziellen Kategorie auf dem Bildschirm. Mit der Schaltfläche am unteren Rand des ACT!-Fensters können Sie die Gruppenzuordnung leicht vornehmen.

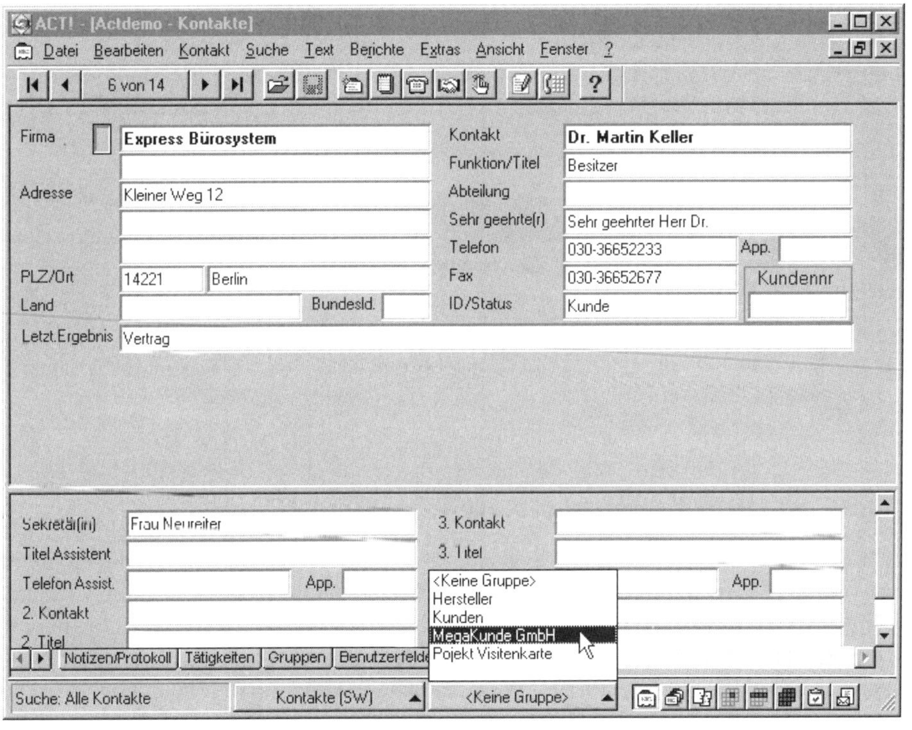

Abbildung 4.15: Zuordnung eines Kontaktes zu einer Gruppe

Ich habe mein Rolodex in San Francisco vergessen

Da ich die Werbung für meine Bücher und Dienstleistungen selbst mache, habe ich mir Kontaktgruppen für Zeitungen, Magazine, Radio- und Fernsehsender angelegt. Ich habe die Namen von mehr als tausend Medienleuten in meiner Datenbank gespeichert. Mit der Suchfunktion kann ich einige gute Sachen mit all diesen Informationen machen. Ich kann z.B. in ein paar Sekunden eine Liste von Leuten erstellen, die für einen Radiosender in Dallas oder eine Zeitung in San Francisco arbeiten. Wie lange würden Sie brauchen, um solche Informationen aus Ihrem Rolodex herauszusuchen? Dieses Beispiel zeigt, wie ACT! Ihnen die Leistung Ihres Computers zunutze macht.

Schreiben Sie Ihre Briefe mit dem Textverarbeitungssystem von ACT!

ACT! hat ein integriertes Textverarbeitungssystem, mit dem Sie ganz einfach Ihre Briefe, E-Mail-Nachrichten, Memos und Faxe schreiben können. Wählen Sie einfach die Person aus, der Sie einen Brief schreiben wollen, und klicken Sie die Schaltfläche mit dem Brief an. Die Formatvorlage für den Brief wird sofort hergestellt. Diese Vorlage beinhaltet das Datum, den Namen und die Adresse der Person, die Anrede und Ihre Grußformel. Sie brauchen nur noch den Text zu schreiben, den Brief auszudrucken und ihn zu faxen oder als E-Mail zu verschikken.

Wenn Sie regelmäßig Formbriefe verschicken, können Sie mit der Serienbrieffunktion von ACT! die Namen und Adressen von einzelnen Personen oder eine ganze Kontaktgruppe in die Vorlagen einfügen. ACT! hat vorgefertigte Schablonen, die Sie einfach verändern können, um Ihre eigenen Kundenbriefe, Memos und Faxe zu erstellen. Sie können auch die Informationen, die Sie in ACT! abgespeichert haben als Telefonregister, Klebeadressen, Umschläge oder Rolodexkarten ausdrucken.

Erstellen Sie Ihre Berichte mit ACT!

Eine der Hauptfunktionen von ACT!, mit denen Sie Zeit sparen können, ist die Möglichkeit, mit den verschiedenen Informationen, die Sie zu den einzelnen Personen in Ihrer Datenbank gespeichert haben, einen Bericht zu erstellen. Sie können Berichte all Ihrer täglichen Aktivitäten erstellen (Anrufe, Besprechungen und Aufgaben) und die Notizen einfügen, die Sie über die verschiedenen Leute gemacht haben. Sie können aber auch eine Übersicht erstellen, was Sie mit den Leuten in der Vergangenheit vereinbart haben oder eine detaillierte Liste der Anrufe, Besprechungen und Aufgaben, die Sie für die nächste Zeit geplant haben. Diese Berichte können Sie für eine einzelne Person oder eine ganze Gruppe erstellen.

Wenn Ihnen die Berichtsschablonen von ACT! nicht reichen, sollten Sie einmal Crystal Reports ausprobieren. Mit Crystal Reports können Sie persönliche Berichte, Vorgabelisten, Vorhersagen, Statistiken, Klebeadressen und vieles mehr erstellen.

Sparen Sie Geld mit ACT!

Vor einigen Jahren hatte ich Schwierigkeiten mit der Erstattung von Telefonkosten, die Teil der Werbungskosten für eines meiner Bücher waren. Eines Tages bekam ich einen Brief von der Werbeabteilung meines Verlegers, in dem mir mitgeteilt wurde, daß sie mir gerne die Telefonkosten erstatten würden, dafür aber eine Aufstellung der Personen bräuchten, mit denen ich gesprochen habe, die jeweiligen Daten der Telefonate sowie Angaben zu dem jeweiligen Werbeeffekt, den die einzelnen Gespräche hatten. Sie dachten, sie wären besonders schlau, da niemand eine solche Liste erstellen kann, ohne Stunden mit der Zusammenstellung zu verbringen. Sie wußten aber nicht, daß ACT! mir eine solche Liste erstellen kann. Ich druckte einfach einen Bericht der ganzen Medien-Datenbank aus – die mehr als 1000 Leute umfaßt – und brachte den 400 Seiten umfassenden Bericht zur Post. Zwei Wochen später erhielt ich einen Scheck über fast $ 2.000.

Nutzen Sie Ihre ACT! Datenbank gemeinsam mit Ihren Mitarbeitern

Ein weiteres Merkmal, das ACT! auszeichnet, ist, daß Sie eine ACT! Datenbank in einem Netzwerk einrichten können. Das bedeutet, daß Sie mit Ihren Mitarbeitern eine Datenbank gemeinsam nutzen können und Zugang zu der Datenbank einer anderen Person haben.

Verlassen Sie Ihr Büro? Drucken Sie Ihren Kalender aus, und nehmen Sie ihn mit

Wenn Sie Ihren Tagesplaner lieben und ohne ihn nicht mehr leben können, können Sie sich beliebige Informationen aus ACT! ausdrucken (auf verschiedene Papierformate), die Seiten in Ihren heißgeliebten Tagesplaner legen und mitnehmen, wenn Sie aus der Tür gehen. So haben Sie von allem das Beste: ein Computerprogramm, das Sie auf dem laufenden hält und einen Ausdruck, den Sie mitnehmen können, wenn Sie Ihr Büro verlassen.

Teil II

So planen Sie Ihre Arbeit

"Nein danke. Aber ich würde gern im Büro anrufen und Bescheid sagen, daß ich wahrscheinlich etwas später zu der nächsten Besprechung komme."

In diesem Teil ...

Die Kapitel dieses Teils verfolgen alle das gleiche Ziel: Sie sollen die Kontrolle übernehmen. Ihr Arbeitstag sollte Sie nicht fertigmachen. Sie sollten derjenige sein, der diktiert, wo es langgeht.

Das Kapitel 5 hilft Ihnen, Ihre tägliche Arbeit zu planen und zu routinieren. In Kapitel 6 gebe ich Ihnen einige Tips, wie Sie das beste aus Ihren Geschäftsterminen machen. In Kapitel 7 zeige ich Ihnen, wie Sie ein effektiverer Redner werden. Und in Kapitel 8 versorge ich Sie mit allem, was Sie wissen müssen, um die Leute dazu zu bringen, ihre Entscheidungen so zu treffen, wie Sie es wollen.

Machen Sie die richtige Arbeit zur richtigen Zeit

5

In diesem Kapitel

- So planen Sie Ihren Arbeitstag
- So planen Sie Ihre Termine
- So planen Sie Ihre Geschäftsreisen

Wenn es Ihnen wie den meisten Berufstätigen geht, dann haben Sie viel zu tun und zu wenig Zeit, um es alles zu erledigen. Aber wenn Sie auf Ihre Master-Liste schauen, werden Sie sicher feststellen, daß manche Arbeiten wichtiger als andere sind; und normalerweise benötigen Sie für die wichtigsten Arbeiten auch die meiste Zeit. Wenn Sie also in der heutigen, schnellebigen Welt weiterkommen wollen, müssen Sie wissen, welche Aufgaben Sie erledigen und wann Sie dies tun. Es reicht nicht, wenn Sie einen bestimmten Job gut machen. Sie müssen sicher sein, daß Sie den richtigen Job zur richtigen Zeit machen, und daß Sie ihn gut machen! Es ist nicht schwer, konzentriert zu arbeiten und Prioritäten zu setzen, insbesondere, wenn Sie sich mit Hilfe Ihrer Master-Liste oder ACT! organisieren.

- ✔ Wichtig ist, daß Sie sich zunächst hinsetzen und überlegen, was Sie zu erledigen haben – unfertige Aufgaben und Projekte oder Telefonate, die Sie tätigen müssen.
- ✔ Dann sollten Sie zusehen, daß Sie Ihre Zeit den Arbeiten mit höchster Priorität widmen, also solchen, die Ihnen und Ihrer Firma das meiste Geld einbringen. Alles andere kann zunächst einmal warten.

Das ist das Grandiose an diesem System. Wenn Sie Ihre Arbeitszeit den wichtigsten Aufgaben widmen, sind Sie in der Lage, die Kontrolle über Ihre Arbeit und Ihren Arbeitstag zu haben – und nicht umgekehrt. Sie können Prioritäten setzen und Ihren eigenen Zeitplan gestalten. Sie können dann von sich aus etwas bewegen und brauchen nicht darauf zu warten, daß Sie auf etwas reagieren müssen. Wenn Sie einen Überblick über die Aufgaben und Projekte haben, die Sie heute bewältigen müssen, sind Sie in der Lage, auch für morgen und die nächsten Tage zu planen und sich die Aufgaben und Projekte anzuschauen, denen Sie in den nächsten Tagen und Wochen Ihre Aufmerksamkeit schenken müssen.

Planen Sie Ihre Aktivitäten

Auch wenn Sie es nicht gewohnt sind, Ihren Tag zu planen, haben Sie keine Angst, Sie werden sehen, es ist wirklich nicht schwer. Planen bedeutet nur, Arbeit zu erkennen, zu organisieren und einzuplanen. In diesem Buch geht es ja schließlich darum, Ihnen zu helfen, daß Sie Ihren Tagesablauf in der Hand haben, damit Sie Ihre Arbeit schaffen, das Büro zu einer zivilen Zeit verlassen können und mehr Zeit für Ihre Familie und Freunde haben. Unser gesunder Menschenverstand sagt uns schon, daß wir unsere Zeit den Arbeiten mit hoher Priorität widmen und Arbeiten mit geringer Priorität zunächst einmal zur Seite legen sollten.

Aber leider ist das oft nicht der Fall, auch ich schließe mich hier ein. Man läßt sich einfach zu leicht ablenken. Das Ende vom Lied ist, daß wir die meiste Zeit mit den weniger wichtigen Arbeiten zubringen, wie die Post lesen, auf eine E-Mail Nachricht antworten, telefonieren, oder versuchen, die Probleme anderer zu lösen, während die wichtigen Arbeiten, die dicken Fische, die gut dotierten Projekte, liegenbleiben. Wenn wir uns dann endlich um diese Dinge kümmern, können wir sie nur überfliegen, weil wir keine Vorlaufzeit mehr haben.

Vielleicht gehören Sie zu den Menschen, die unter Druck besonders gut arbeiten können. Aber selbst wenn das der Fall ist, überlegen Sie einmal, wie viel besser eine Arbeit sein könnte, wenn Sie sich genügend Zeit einräumten, sie nach einer ersten Bearbeitung für eine Weile zur Seite zu legen und dann später noch mal darauf zurückzukommen, um Anmerkungen, Änderungen oder Korrekturen zu machen. Für alle anderen gilt: Wir können einen ersten Entwurf verbessern, wenn wir uns genug Zeit einräumen, ihn ein zweites oder drittes Mal zu überarbeiten.

Wußten Sie, daß Wissenschaftler in einer kürzlich veröffentlichten Studie über Zeitmanagement herausgefunden haben, daß die meisten Menschen nur 20% ihrer Zeit für die wenigen aber wichtigen Aufgaben und Projekte nutzen, die 80% der positiven Ergebnisse einbringen? Das bestätigt, was ich schon lange vermutet habe: Die meisten Menschen verbringen 80% ihrer Zeit mit Kleinkram, bevor sie die wichtigen und bedeutenden Aufgaben und Projekte in Angriff nehmen.

Wenn Sie Ihre Master-Liste immer auf dem neuesten Stand halten, behalten Sie den Überblick darüber, was Sie noch zu tun haben. Sie werden sehen, daß Sie wesentlich produktiver arbeiten können. Daher ist es so wichtig, daß Sie sich organisieren. Es ist unmöglich, den Überblick über unerledigte Arbeiten, Projekte und Aufgaben zu behalten, wenn sich auf Ihrem Schreibtisch so viel Zeug stapelt, so daß man nicht mehr erkennen kann, ob die Schreibtischplatte aus Holz, Glas oder Kunststoff ist. (Wenn Sie mit dem Konzept einer Master-Liste nicht vertraut sind, lesen Sie bitte Kapitel 2.)

So organisieren Sie sich mit ACT!

Mit Hilfe von ACT! können Sie immer sehen, was Sie machen müssen, mit wem Sie zusammenarbeiten, und wann das Projekt geplant ist. Sie müssen nur die Aufgabenliste anklicken, und es erscheint eine detaillierte Aufstellung aller Dinge, die Sie heute, morgen oder an einem anderen Tag erledigen müssen. Dann entscheiden Sie, welche Aufgabe Sie bearbeiten möchten und legen los.

Wenn Sie die Aufgabe erledigt haben, wiederholen Sie einfach diese Abfolge und überlegen, welche Arbeit Sie als nächstes angehen möchten. Es gibt nichts Simpleres!

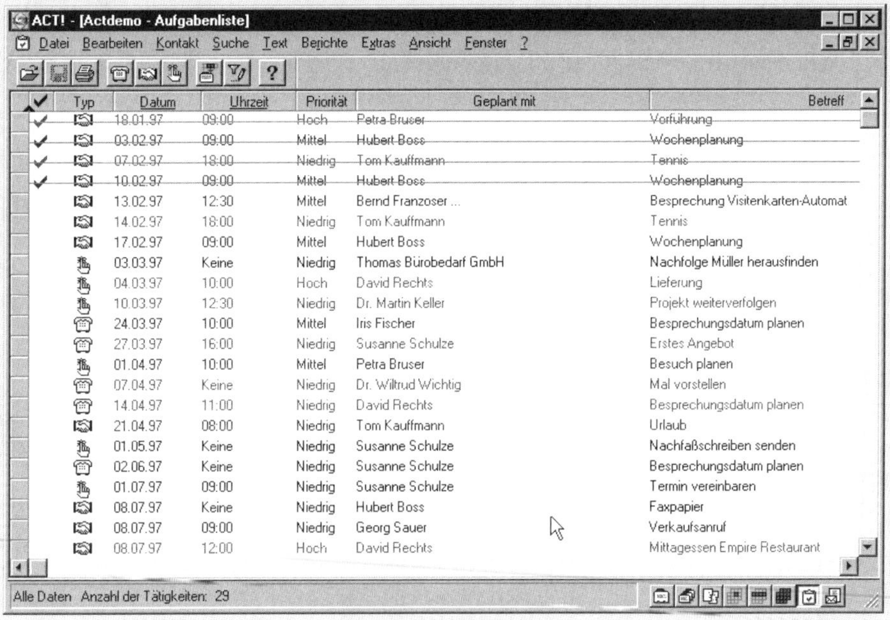

Das heißt, ich könnte mir doch noch etwas Simpleres vorstellen: ACT! erledigt meine Arbeit – aber das geht leider nicht. Also muß ich mich dann doch selber daransetzen. Das Leben ist eben hart! Aber es gibt immer einen Lichtblick.

Wenn Sie einmal eine Aufgabe oder ein Projekt, das Sie schon lange vor sich herschieben, anfangen, werden Sie feststellen, das es am Ende gar nicht so wild ist. Wenn Sie fertig sind, können Sie die Aufgabe nicht nur mit einem befriedigten Gefühl von Ihrer Master-Liste oder der ACT! Aufgabenliste streichen, sondern Sie werden auch Zufriedenheit empfinden, weil Sie wissen, daß Sie Ihre Arbeit gut gemacht haben. (Wenn Sie mehr darüber wissen möchten, wie Ihnen das ACT! Kontaktmanagement-Programm helfen kann, sich besser zu organisieren, lesen Sie bitte Kapitel 4).

Bearbeiten Sie die wichtigsten Aufgaben zuerst

Sind Sie jemals mit der Absicht ins Büro gekommen, nur an einem bestimmten Projekt zu arbeiten und mußten am Ende des Tages feststellen, daß Sie keine Minute daran gearbeitet haben?

Das passierte mir eigentlich regelmäßig. Eines Tages stellte ich fest, daß ich falsche Prioritäten gesetzt hatte und mit der Arbeit im Rückstand war. Ich hatte versucht, alle unwichtigen Aufgaben und Projekte meiner Aufgabenliste zu erledigen, Aufgaben der Prioritäten »B«, »C«, »D« und »E«, die mehr Zeit als kreative Energie brauchen. Ich dachte, wenn ich diese Aufgaben alle aus dem Weg hätte, könnte ich mich besser meinen Aufgaben der Priorität »A« widmen, der wirklich wichtigen Arbeiten also.

Wissen Sie, wir werden bezahlt, damit wir unsere Arbeiten der Priorität »A«, die dicken Fische, erledigen. Niemand interessiert es, wann wir den anderen Kram erledigen. Die wichtigen Aufgaben können – wenn sie richtig gemacht werden – für Ihre Firma viel Geld bedeuten, und für Sie eine Gehaltserhöhung, einen Bonus oder eine Beförderung am Jahresende.

Daher halte ich es für so unglaublich wichtig, daß man sich seine Zeit effektiv einteilt und seine Energie für die wichtigen Aufgaben aufhebt. Wenn Sie den Großteil Ihrer Zeit mit unwichtigen Aufgaben und Projekten verbringen, bleibt Ihnen nicht mehr genug Zeit für die wirklich wichtigen Arbeiten mit hoher Priorität. Genau diesen Projekten aber müssen wir unsere Aufmerksamkeit schenken, weil in ihnen das Geld steckt.

Sie sollten also nicht zuerst die einfachen Sachen wegarbeiten, nur damit sie vom Tisch sind. Wenn Sie so vorgehen, haben Sie nicht mehr genug Zeit und Energie für die schwierigen Projekte, die viel Zeit und Überlegung benötigen. Die meisten unserer wichtigen Aufgaben und Projekte können wir nicht mit einem Mal fertigstellen. Sie machen sich das Leben leichter und haben weniger Streß, wenn Sie sie bearbeiten, während Sie noch viel Vorlaufzeit zur Verfügung haben. Sie arbeiten jetzt etwas daran und später etwas, und bevor Sie sich umsehen, sind Sie schon fertig.

Gehen Sie Ihre Aufgabenliste im Laufe des Tages durch

Ist es Ihnen schon einmal passiert, daß Sie an Ihrem Schreibtisch saßen und sich nicht entscheiden konnten, was Sie als nächstes tun sollten? Daß Sie beim Anblick Ihrer Aktenberge immer deprimierter wurden? Denn jeder dieser Berge bedeutete eine Menge unerledigter Arbeit. Also wühlten Sie ein paar Minuten in Ihren Papieren, schauten auf die Uhr, und holten sich dann erst einmal einen Kaffee.

Wenn Sie Ihre Master-Liste immer auf Ihrem Schreibtisch liegen haben, können Sie sicher sein, daß Ihnen das nicht wieder passiert. Wenn Sie eine Aufgabe erledigt haben, schauen Sie wieder auf die Master-Liste, gehen die Liste von unten nach oben durch und überlegen, was Sie als nächstes bearbeiten sollten. Wenn Sie so sind wie ich, murren Sie vielleicht etwas, weil Sie sich auf die nächste Arbeit nicht unbedingt freuen, aber Sie sollten gar nicht darüber nachdenken und einfach anfangen.

Als ich noch in der Schule Ball spielte, sagte einmal ein Mannschaftskamerad zu mir: »Jeff, hör' auf nachzudenken! Du hältst das Spiel auf.« Erst 20 Jahre später verstand ich, was er meinte: Leg einfach los und such nicht lange nach einer Ausrede.

Hier erweist sich ACT! wieder als produktivitätssteigerndes Hilfsmittel. Schauen Sie sich hierzu den Kasten »So organisieren Sie sich mit ACT!« in diesem Kapitel an.

Sehen Sie Ihren Plan für den nächsten Tag durch, bevor Sie abends das Büro verlassen

Ich finde es gut, wenn man das Denken und Planen von der eigentlichen Bearbeitung trennt. Je mehr Zeit Sie mit dem Überdenken und Planen Ihrer Arbeit verbringen, desto leichter wird sie Ihnen fallen. Als feste Einrichtung Ihrer täglichen Arbeit sollten Sie deshalb am Ende des Tages nochmals die Master-Liste durchsehen, damit Sie wissen, was für den nächsten Tag ansteht – welche Telefonate Sie zu führen haben, welche Aufgaben und Projekte anliegen, welche Besprechungen anberaumt wurden und wo sie stattfinden. Wenn Sie so Ihre Master-Liste durchsehen, bekommen Sie einen Überblick über alles, was erledigt werden muß und können die wichtigsten Aufgaben oder Projekte direkt erkennen.

Sie können auch die Projektakte herausnehmen, um Ihr Gedächtnis aufzufrischen, damit Sie wissen, was Sie machen müssen, wenn Sie am nächsten Morgen ins Büro kommen. Wenn Sie sich die Zeit genommen haben zu analysieren, welche Aufgabe am wichtigsten ist, arbeiten Sie bereits an ihr, ohne es zu merken.

Mit Hilfe von ACT! ist es ein Kinderspiel, Ihren Tagesplan immer up to date zu halten, weil Sie sich der Leistung Ihres Computers bedienen können, um sich zu organisieren und Stift und Papier nicht brauchen. So können Sie an Ihren wichtigen Aufgaben und Projekten arbeiten, die Ihnen Geld einbringen, anstatt Zeit zu verschwenden, um einen neuen Tagesplan handschriftlich zu erstellen oder Ihre Aufgabenliste neuzuschreiben, damit die Aufgabe der höchsten Priorität immer an erster Stelle steht.

Als eine weitere feste Einrichtung sollten Sie sich am Ende eines Arbeitstages kurz mit Ihrer Sekretärin, Assistentin oder anderen Mitarbeitern der Firma zusammensetzen, damit alle genau wissen, was sie am nächsten Tag erledigen müssen.

Versuchen Sie, das meiste in den ersten zwei Stunden des Tages zu schaffen

Haben Sie sich jemals wie Snoopy gefühlt, als er versuchte, sein erstes Buch zu schreiben und mit seinem Latein immer schon nach der Zeile »Es war eine dunkle und stürmische Nacht ...« am Ende war? Wahrscheinlich haben Sie versucht, ein schwieriges und zeitraubendes Projekt zu bearbeiten und hatten nicht mehr genügend mentale und physische Energie, um irgendwie weiterzukommen. Es ist schon spät, den ganzen Tag sind Sie von einer Besprechung in die nächste gegangen, und jetzt sitzen Sie am Schreibtisch und sind so erschöpft, daß Sie weder schreiben noch denken können. Nichts geht mehr.

Wahrscheinlich haben Sie nie viel darüber nachgedacht, aber ist Ihnen schon mal aufgefallen, daß Sie zu einer bestimmten Zeit am Tag besonders viel Energie und Enthusiasmus haben und sich besonders gut konzentrieren können? Ich nenne diese Zeit »Prime Time«, die Zeit am Tag, zu der Sie in Höchstform sind. Die meisten Menschen haben ihre Prime Time morgens, wenn sie ausgeruht, aufmerksam und antriebsstark sind. Man könnte sie als einen »Morgenmenschen« bezeichnen.

Ein heißer Tip: Nehmen Sie Ihre wichtigste Arbeit in Angriff, wenn Sie die meiste Energie und den meisten Enthusiasmus aufbringen können. Wenn Sie alles Wichtige morgens erledigen können, können Sie im Laufe des Tages die unvermeidlich aufflackernden Brände wesentlich einfacher löschen.

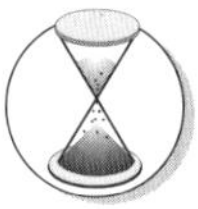

Wenn Sie abenteuerlustig sind und etwas Neues ausprobieren wollen, versuchen Sie einmal folgendes: Reservieren Sie sich die ersten zwei Stunden am Tag, und blocken Sie alle anderen Termine für diese Zeit ab. Wenn Sie ins Büro kommen, schließen Sie die Tür, stellen das Telefon ab und lassen Sie sich nicht unterbrechen. Sie werden schnell feststellen, daß Sie in der Hälfte der Zeit und mit halb so viel Aufwand doppelt so viel schaffen können.

Vereinbaren Sie einen Termin mit sich selbst

Ist Ihnen jemals in den Sinn gekommen, mit sich selbst einen Termin zu vereinbaren? Ich meine das ernst. Mit jedem anderen machen Sie Termine, mit Ihrem Chef, mit Kunden, Klienten oder Mitarbeitern. Warum sollten Sie also nicht einen Termin mit sich selbst vereinbaren, damit Sie die wichtigsten Arbeiten erledigen können?

Sehen wir uns zum Beispiel einmal den Stapel von Akten an, der seit einer Woche auf Ihrem Schreibtisch liegt. Lassen Sie mich raten, er liegt da, weil Sie die Akten bearbeiten müssen. Wenn Sie sichergehen wollen, daß Sie diese Arbeit erledigen können, warum vereinbaren Sie nicht einfach einen Termin mit sich selbst, um Ihre Arbeit zu erledigen. Notieren Sie den Termin wirklich in Ihrem Kalender, und betrachten Sie ihn wie einen Termin mit Ihrem Chef oder Ihrem wichtigsten Kunden. Denn in gewisser Weise ist es einer. Ihr Chef hat Ihnen diesen Auftrag gegeben, aber er möchte sicherlich nicht an Ihrem Schreibtisch sitzen und Ihnen beim Arbeiten zusehen. Ihr Chef hat andere Dinge zu tun, und außerdem ist das mit Sicherheit der Grund, warum man Sie eingestellt hat.

Wenn Sie an einer wichtigen Aufgabe oder an einem wichtigen Projekt arbeiten müssen, vereinbaren Sie einen Termin mit sich selbst und tragen ihn in Ihren Terminkalender ein. Wenn es soweit ist, schließen Sie die Tür und stellen das Telefon ab, damit Sie nicht gestört werden. Dann machen Sie sich an die Arbeit. Sie werden bald feststellen, daß dieses schreckliche Projekt eigentlich gar nicht so schlimm ist, und wenn Sie es bewältigt haben, verspüren Sie dieses Gefühl der Zufriedenheit, das sich einstellt, wenn man einen Job gut gemacht hat. Mit einem breiten Lächeln im Gesicht werden Sie dann dieses Projekt von Ihrer Aufgabenliste streichen.

Räumen Sie sich mehr Zeit ein, als Sie tatsächlich benötigen

Ist es Ihnen schon einmal passiert, daß Sie an einem Projekt arbeiteten und keine Zeit mehr hatten, als Sie zum eigentlichen Teil kamen, weil Sie zu einer Besprechung mußten? Und als Sie dann wieder in Ihr Büro kamen, fiel es Ihnen schwer, sich wieder in das Projekt einzuarbeiten. Das geht vielen von uns so, weil wir die Zeit schlecht einschätzen können. Meistens unterschätzen wir, wie lange wir an einem schwierigen Projekt sitzen werden, und andererseits überschätzen wir, wie lange man für ein leichtes braucht.

Bevor Sie eine Arbeit beginnen, überlegen Sie, wie lange Sie dafür brauchen, und rechnen noch einmal mindestens 50% dazu. (Wenn Sie glauben, es dauert z.B. eine Stunde, räumen Sie sich 90 Minuten ein, wenn es zwei Stunden sind, reservieren Sie drei.) So gehen Sie sicher, daß Sie immer genug Zeit haben, eine Sache auch wirklich zu Ende zu bringen.

Lösen Sie Probleme, bevor sie welche werden

Jemand sagte mir einmal, daß es drei verschiedene Arten von Problemen gibt: solche, die sich von selbst lösen, solche, die auf Sie warten, und solche, die sofort Ihrer Handlung bedürfen und Sie zwingen, alles stehen- und liegenzulassen. Als ich über seine Worte nachdachte, kam ich schließlich zu der Überzeugung, daß die meisten Probleme vermeidbar sind, wenn man seine Arbeit von Anfang an richtig angeht. Die kleinen Probleme, die schließlich zu GROSSEN werden, wären vielleicht gar nicht so GROSS geworden, wenn man sich um ihre Lösung bemüht hätte, als sie noch klein waren. Tatsächlich können sich völlig unbedeutende Angelegenheiten zu einem riesigen Problem entwickeln, wenn man sich nicht zum richtigen Zeitpunkt um sie kümmert.

Reservieren Sie sich immer etwas Zeit, um unerwartete Probleme lösen zu können

Ich habe einen Bekannten, der seinen Tag immer so plante, als ob nichts Unvorhergesehenes passieren könnte. Wenn dann irgend etwas schieflief, wurde er ganz aufgeregt und nervös und mußte alles stehen- und liegenlassen, um bei der Lösung dieses Problems zu helfen. Nachdem wir einmal darüber gesprochen hatten, kamen wir auf eine einmalige Idee: Plane unerwartete Probleme ein und reserviere für die Lösung eine feste Zeit im Terminkalender.

Erledigen Sie die wichtigste Arbeit früh morgens, bevor unvermeidbare Brände aufflackern, dann können Sie den Rest des Tages mit dem Löschen dieser Brände verbringen. Wenn Sie Ihre tägliche Arbeit besser im Griff haben, werden Sie feststellen, daß es nicht mehr so häufig brennt, weil Sie kleine Schwelbrände gelöscht haben, bevor sie sich in ein riesiges Feuer verwandeln konnten.

Wo wir gerade beim Thema Feuer sind: Sie sollten nicht hinnehmen, daß Feuerlöschen ein Teil Ihrer täglichen Arbeit ist. Wenn Sie morgens mit der Erwartung ins Büro gehen, daß Sie einen großen Teil Ihrer Zeit wieder damit verbringen werden, Brände zu löschen, haben Sie ein Problem: Sie haben wahrscheinlich so oft Brände gelöscht, die von anderen gelegt wurden, daß man es nun für selbstverständlich hält. Jedoch müssen die Probleme anderer nicht auch unbedingt Ihre werden. Aber haben Sie keine Angst, dieses Problem kann man leicht lösen!

Nirgendwo steht, daß Sie »die Kuh vom Eis holen« müssen, wenn jemand anderes ein Problem hat. Also fragen Sie beim nächsten Mal, wenn jemand Sie um Hilfe bittet, was er tun würde, wenn Sie in Urlaub, zum Beispiel in der Karibik (wäre doch nett, oder?) und nicht erreichbar wären. Dann sagen Sie ihm, daß Sie selber sehr viel zu tun haben, und er selbst einen Weg finden solle, um das Problem zu lösen. Natürlich können Sie das nicht so »taktvoll« sagen!

Halten Sie die Fristen ein

Hatten Sie früher auch Klassenkameraden, die nie in ein Buch geschaut haben, die aber dann, wenn eine Arbeit anstand, die ganze Nacht lernten? Ich hatte einige Freunde, die ständig *Nachtschichten* einlegten, und ich versuchte es auch ein paar Mal, aber ich kam schließlich zu dem Schluß, daß es nichts Schlimmeres gibt, als eine Nacht nicht zu schlafen.

Auch in der Geschäftswelt gibt es Pendants zu diesen sogenannten »Nachtschichtlern«. Sie lassen eine Aufgabe ewig lange liegen, und wenn sie sich endlich darangeben, ist es nicht erst fünf vor zwölf, sondern bereits eine Minute vor zwölf, und sie haben nicht einmal mehr Zeit, um ihre Arbeit nach orthographischen oder grammatikalischen Fehlern durchzusehen.

Vielleicht ist die Arbeit dann sogar noch zufriedenstellend, aber meistens läßt sie zu wünschen übrig. Wenn Sie diese Art zu arbeiten auch nicht mögen, schlage ich Ihnen eine bessere Methode vor, Ihre Arbeit zu bewältigen, Ihre Fristen einzuhalten und nachts gut zu schlafen. Gehen Sie ein Projekt an, sobald man es Ihnen zuteilt. So können Sie es nach und nach fertigstellen und haben sogar noch Zeit darüber nachzudenken, was Sie tun. Je mehr Zeit Sie investieren können, desto besser wird das Ergebnis sein.

Auch hier kann ACT! Ihnen helfen, Ihre Arbeit pünktlich zu erledigen, weil Sie ACT! verwenden können, um Aufgaben und Projekte zu planen, sobald Sie damit betraut wurden. Dann können Sie mit der Arbeit beginnen, lange bevor Sie sich Sorgen wegen des Abgabetermins machen müssen. Das Ziel ist ein großartiges Endprodukt und nicht ein großartiger erster Entwurf. Je mehr Zeit Sie mit Planen und Überdenken Ihrer Arbeit verbringen – bevor Sie loslegen – desto leichter wird Ihnen Ihre Arbeit fallen.

Sehen Sie die Tagespost, eine E-Mail- oder Voice-Mail-Nachricht nicht als willkommene Unterbrechung an

Die meisten Menschen brauchen eine Motivation, um ein Projekt anzugehen, aber wenn sie einmal angefangen haben, kommen sie richtig in Schwung und vertiefen sich immer mehr in die Arbeit. Wenn man dann richtig »drin« ist, ist eine Unterbrechung das letzte, was man brauchen kann.

Just Do It! Aber fassen Sie sich kurz!

Abraham Lincoln sagte einmal: »Ich hätte einen kürzeren Brief geschrieben, aber ich hatte keine Zeit.« Es ist einfach, einen Brief, ein Memo, einen Bericht oder eine Präsentation zu schreiben, die 5, 10 oder 20 Seiten lang ist. Schwieriger und zeitintensiver ist, sich kurz zu fassen, etwas präzise auszudrücken und auf den Punkt zu bringen. Was glauben Sie, wieviel Monate vergingen, bevor der Slogan »Just Do It!« der Firma Nike stand? Versuchen Sie, sich so viel Zeit wie möglich einzuräumen, um etwas zu schreiben, nochmals zu schreiben, zu redigieren und darüber nachzudenken. Wenn Sie etwas geschrieben, nochmals geschrieben und redigiert haben – zwei-, drei- oder sogar fünfmal – kommen Sie schließlich an einen Punkt, an dem Sie mit der Qualität Ihrer Arbeit zufrieden sind. Sie können sich nun auf die Schulter klopfen und zum gut gemachten Job gratulieren. Dann können Sie zum nächsten Projekt übergehen.

Nehmen Sie das Eintreffen der täglichen Post, einer E-Mail- oder Voice-Mail-Nachricht nicht als Entschuldigung, um eine Pause einzulegen. Wenn Sie die Arbeit unterbrechen und aus dem Konzept kommen, verlieren Sie den Rhythmus und den Schwung, und werden feststellen, daß es doppelt so schwer ist, die Arbeit wiederaufzunehmen. Lassen Sie also den Stift nicht fallen, wenn die Post kommt, die Leuchten des Telefons aufblinken oder Ihr Computer piepst. Ignorieren Sie die Unterbrechungen und arbeiten Sie weiter. Wenn Sie fertig sind, sehen Sie nach, welche neuen Dinge Ihrer Aufmerksamkeit bedürfen.

Wenn Sie Ihre Post und E-Mail durchsehen oder Ihre Mail-Box abhören, suchen Sie heraus, um was Sie sich sofort kümmern müssen, und notieren es auf Ihrer Master-Liste, damit es nicht in Vergessenheit gerät. Die anderen Sachen können Sie später lesen, ansehen oder überarbeiten.

Wenn Sie einen Briefumschlag öffnen, schauen Sie sich nicht den Inhalt an und legen ihn wieder in den Umschlag zurück. Nehmen Sie die Blätter heraus, falten sie auseinander, heften die Papiere zusammen und werfen den Umschlag weg.

Wie man sich nach einem wunderbaren Urlaub wieder einarbeitet

Mein Verleger bat mich, ein paar Tips zu verraten, wie man sich am besten wieder organisiert, wenn man nach einem längeren Urlaub oder einer Dienstreise wieder ins Büro kommt. Ich wußte nicht so recht, an welcher Stelle ich diese Ratschläge unterbringen sollte, aber ich meine, daß sie hier genausogut angebracht sind wie an jeder anderen Stelle.

Ich weiß nicht, wie es Ihnen geht, aber mein Schreibtisch sieht jedes Mal wie ein Schlachtfeld aus, wenn ich aus dem Urlaub oder von einer kurzen Dienstreise komme. Da stapeln sich Briefe, Berichte, Rückrufe, und die Liste der Termine und Besprechungen ist zwei Seiten lang. Deshalb finden Sie hier ein paar Anregungen, wie man dieses Chaos am besten aufräumt.

- ✔ Zuerst, das heißt, noch bevor Sie Ihren Urlaub antreten, sollten Sie die Zeit nach Ihrer Rückkehr bereits planen. Reservieren Sie etwas Zeit in Ihrem Kalender, um sich zu organisieren.
- ✔ Versuchen Sie, den ersten Vormittag, den Sie wieder im Büro sind, freizuhalten. Denn wenn Sie wieder da sind, sollten Sie etwas Zeit ohne Unterbrechungen oder Telefonate haben, um die Stapel durchzugehen, die sich angesammelt haben und herauszufinden, was wichtig und was unwichtig ist.
- ✔ Wenn sich eine Aufgabe ergibt, notieren Sie sie auf Ihrer Master-Liste oder in ACT!
- ✔ Wenn Sie etwas aufbewahren müssen, legen Sie es ab.
- ✔ Wenn Sie etwas nicht mehr brauchen, werfen Sie es weg!

So einfach ist das!

Planen Sie Ihre Besprechungen, Ihre Termine und Ihren Tag!

Ein Teil unserer Tagesplanung, über den die meisten nicht genügend nachdenken, ist die Planung von Besprechungen, Terminen und des ganzen Arbeitstages. Daher möchte ich Ihnen ein paar Fragen stellen. Keine Sorge, es ist kein Quiz, Sie müssen Ihre Antworten nicht aufschreiben und mir zur Auswertung zusenden. Sie sollten lediglich über die Fragen nachdenken, jeweils fünf oder zehn Sekunden lang. Also denken Sie mal über folgendes nach:

- ✔ Wieviel Zeit verbringen Sie mit der Planung Ihrer Termine?
- ✔ Wie lange denken Sie über die Anzahl der Termine nach, die Sie im Laufe eines normalen Tages vereinbaren?
- ✔ Wie lange denken Sie darüber nach, wo die Termine stattfinden?
- ✔ Wie lange denken Sie darüber nach, wieviel Zeit Sie brauchen, um von einem Termin zum nächsten zu gelangen?

Vielleicht denken Sie wie die meisten Menschen nicht sehr viel über diese Fragen nach. Wahrscheinlich sind Sie so aufgeregt, daß Sie diesen Termin vereinbaren konnten, daß Sie sogar noch glücklich wären, wenn er während des Endspiels der Fußballweltmeisterschaft in Ihrem Büro stattfindet. Aber wenn Sie nicht genug Zeit aufbringen, Termine zu planen, verschwenden Sie Zeit, indem Sie alles hin- und herschieben, und bevor Sie es merken, haben Sie völlig die Kontrolle über Ihren Arbeitstag verloren.

Vereinbaren Sie keine Termine für den frühen Morgen

Ich habe die Erfahrung gemacht, daß die meisten Menschen am besten früh morgens arbeiten. Sie haben viel Energie und können sich sehr gut konzentrieren.

Wenn das auch auf Sie zutrifft, sollten Sie versuchen, sich die frühen Morgenstunden freizuhalten, damit Sie einen Teil der wichtigsten Arbeit machen können. Besprechungen und Termine planen Sie später am Tag ein. Wenn Sie jedoch feststellen, daß Sie Ihre produktivste Zeit am frühen Nachmittag, am frühen Abend, nach dem Abendessen oder mitten in der Nacht haben, sollten Sie sich diesen Zeitraum freihalten, und Ihre Termine davor oder danach legen.

Versuchen Sie möglichst, keine Termine für 8.30 Uhr oder 9.15 Uhr zu vereinbaren. Wenn Sie jemand fragt, ob Sie zu dieser Zeit zur Verfügung stehen, antworten Sie ihm, daß es äußerst ungünstig ist und schlagen Sie einen anderen Zeitpunkt später am Morgen oder am Nachmittag vor. In 99% der Fälle ist der- oder diejenige einverstanden. Mein Vorschlag ist, daß Sie sich den Vormittag bis ca. 10.30 Uhr oder 11.00 Uhr freihalten.

Reservieren Sie die ersten zwei Stunden am Tag für sich selbst, und tragen Sie sie in Ihren Terminkalender ein.

Gönnen Sie sich zwischen den Terminen eine Verschnaufpause

Hatten Sie schon mal einen Termin bei Ihrem Arzt und mußten feststellen, daß sich die Termine um zwei Stunden verschoben? Das ist mir schon oft passiert, deshalb lasse ich mir jetzt immer den ersten Termin am Morgen geben, damit ich der erste Patient bin. Zusätzlich habe ich es mir zur Gewohnheit gemacht, kurz vor dem Termin in der Praxis anzurufen, um nachzufragen, ob der Doktor seine Termine einhalten kann oder nicht. Auf diese Weise verschwende ich nicht viel Zeit im Wartezimmer.

Hoppala! Irgendwie bin ich vom Thema abgekommen, aber ich bin ja der Autor, also werde ich damit schon fertig. Lassen Sie uns zum eigentlichen Thema zurückkommen, und Sie davon abhalten, so viele Termine zu vereinbaren, daß, wenn der erste schon länger dauert als vorgesehen, sich die nachfolgenden ebenfalls verzögern und Ihr gesamter Tagesablauf umfällt wie Dominosteine.

Lassen Sie uns mit einer Grundvoraussetzung anfangen: Sie werden am ehesten von Ihrem Zeitplan abkommen, wenn Sie Ihre Termine direkt aufeinander folgen lassen. Statt dessen sollten Sie immer davon ausgehen, daß eine Besprechung später als geplant anfängt und länger dauert als vorgesehen.

Wie oft ist Ihnen das schon passiert? Eine Besprechung sollte um 9.30 Uhr anfangen und um 10.00 Uhr aufhören, sie begann aber erst um 9.45 Uhr und dauerte bis 10.25 Uhr. Einmal? Zweimal? Mehrmals täglich? Das kann Ihnen natürlich mit der Besprechung um 9.30 Uhr nur einmal passieren, aber es kann ebenso noch mal und noch mal mit allen anderen Besprechungen passieren. Und wenn Ihre 9.30 Uhr Besprechung länger dauert, wie wird dann wohl das Gespräch mit demjenigen verlaufen, der nun schon seit einer halben Stunde am Empfang auf Sie wartet?

Wenn Sie Ihren Tagesablauf planen, sollten Sie davon ausgehen, daß jede Besprechung etwa um die Hälfte länger dauert als vorgesehen. Tragen Sie diese Zeit in Ihren Terminkalender ein.

- ✔ Planen Sie für eine 30minütige Besprechung 45 Minuten ein.
- ✔ Für eine einstündige Besprechung reservieren Sie 90 Minuten.

Lassen Sie sich zwischen den Besprechungen ca. 15 Minuten Zeit. Dann haben Sie wenigstens eine kurze Pause, um vor der nächsten Besprechung kurz zu verschnaufen, einige Rückrufe zu tätigen oder die Post durchzusehen – falls die erste Besprechung pünktlich endet. Falls nicht, können Sie zur nächsten Besprechung immerhin rechtzeitig erscheinen.

Versuchen Sie, Ihre Termine zu verbinden

Ich habe einen Bekannten, vielleicht kennen Sie ihn, nun ja, wahrscheinlich nicht, aber vielleicht haben Sie gesehen, wie er Besprechungen und Termine plant. Er kommt ins Büro, fährt zu einem Termin, kommt zurück, kurze Zeit später fährt er zur nächsten Besprechung. Wenn er zurückkommt, setzt er sich an den Schreibtisch, liest die Post kurz durch, erledigt einige Rückrufe und verläßt dann das Büro für den dritten Termin. Anscheinend ist ihm nie bewußt geworden, daß er auf diese Weise sehr viel Zeit verschwendet – die meiste davon im Straßenverkehr – wenn er zu den jeweiligen Terminen pendelt.

Wenn Sie im Laufe des Tages mehr Zeit haben wollen, suchen Sie nach Möglichkeiten, wie Sie die Zeitverschwendung, die durch Pendeln entsteht, vermeiden können. Ich nenne das Addition durch Subtraktion.

Wenn Sie Termine außerhalb Ihres Büros wahrnehmen, sollten Sie versuchen, mehrere Termine zu verbinden, damit Sie keine Zeit verschwenden, um von einem Termin wieder zurück ins Büro zu fahren und dann wieder zum nächsten müssen. Vielleicht können Sie einen Termin auch so vereinbaren, daß sie ihn auf dem Weg ins Büro oder auf dem Heimweg am Abend wahrnehmen können.

Berücksichtigen Sie bei Ihrer Terminplanung die Fahrtzeit durch Gebiete, in denen viel Verkehr ist oder Baustellen sind.

Auch hier kann Ihnen ACT! behilflich sein, damit Sie Ihre Zeit effektiver nutzen können. Mit der Suchfunktion von ACT! können Sie Personen nach Wohnort, Postleitzahl oder auch Telefonnummer finden. Wenn Sie zum Beispiel zu einem Termin weit fahren müssen, suchen Sie in der ACT! Datenbank, ob Sie sonst jemand in der Gegend kennen, der für einen Besuch in Frage kommt. Je weiter weg Ihr Termin liegt, desto mehr Termine sollten Sie wahrnehmen.

ACT! vereinbart meine außerstädtischen Termine

ACT! unterstützt mich bei der Planung der Besprechungen, die außerhalb der Stadt liegen. Kürzlich plante ich eine Reise nach Los Angeles. Nachdem ich den Haupttermin vereinbart hatte, sah ich nach, wen ich sonst noch in LA kannte und vereinbarte weitere Termine für meinen Aufenthalt in der Stadt. Nachdem ich alle Termine geplant hatte, buchte ich den Flug und das Hotelzimmer.

Wenn Zeit Geld ist, warum verbringen Sie dann so viel Zeit im Straßenverkehr?

Haben Sie einmal darüber nachgedacht, wieviel Zeit Sie in Ihrem Auto verbringen? (Ich weiß, einige von Ihnen benutzen öffentliche Verkehrsmittel, um zur Arbeit zu kommen, aber auch für Sie gilt das Folgende.) Sie fahren mindestens morgens zur Arbeit und abends wieder nach Hause. Wenn Sie im Laufe des Tages mit dem Auto noch anderswohin fahren, verschwenden Sie nur noch mehr Zeit im Straßenverkehr.

Fahrzeit-Analyse

	Montag	Dienstag	Mittwoch	Donnerstag	Freitag	Fahrzeit gesamt
Abfahrtszeit zu Hause						
Ankunftszeit im Büro						
Fahrzeit						
Abfahrtszeit im Büro						
Ankunftszeit zu Hause						
Fahrzeit						
Fahrzeit gesamt pro Woche						

Abbildung 5.1: Formblatt Fahrtzeit-Analyse

Wenn Sie mehrere Stunden pro Tag im Auto sitzen, kostet Sie das mehr Ihrer wertvollen Zeit und Ihres Geldes, als Sie denken. Ich weiß, daß Sie einige Telefonate oder Rückrufe vom Auto aus erledigen, vielleicht haben Sie sogar ein Fax im Auto, aber es ist nicht dasselbe, ob Sie ein Geschäft vom Auto oder vom Schreibtisch aus tätigen.

Bevor Sie weiterlesen, sollten Sie sich ein paar Kopien der Fahrtzeitanalyse (Abbildung 5.1) machen und versuchen nachzuvollziehen, wie viele Stunden Fahrtzeit Sie in zwei Wochen aufbringen. Vielleicht stellen Sie fest, daß Sie viel mehr Zeit damit verbringen, von Ihrer Arbeitsstelle und wieder nach Hause zu fahren, als Sie gedacht haben.

Wenn Sie diese Informationen gesammelt haben, sollten Sie versuchen, mal zu einem anderen Zeitpunkt von zu Hause loszufahren oder das Büro zu einer anderen Zeit am Abend zu verlassen. Anders ausgedrückt: Wieviel Fahrtzeit könnten Sie sparen, wenn Sie morgens eine halbe Stunde früher oder später aus dem Hause und abends aus dem Büro gehen? Wieviel, wenn Sie den Zeitpunkt um eine ganze Stunden verschieben?

Ich möchte Sie nicht dazu bringen, mehr Zeit mit Arbeiten zu verbringen, aber wenn die Zeitersparnis groß genug ist, können Sie vielleicht mit Ihrem Arbeitgeber eine Vereinbarung treffen und Anfang und Ende Ihrer Arbeitszeit verlegen.

Wenn Sie nämlich morgens früher (oder später) und abends früher (oder später) losfahren und damit den Berufsverkehr umgehen, könnten Sie einige Zeit, die Sie sonst im Auto verbringen, in produktive Arbeitszeit umwandeln.

Ich war die Fahrerei leid und kündigte!

Mitte der Siebziger Jahre, als ich im Chicagoer Vorort Evanston wohnte, stellte ich fest, daß ich die Fahrtzeit zum Büro von fast einer Stunde auf 25 Minuten reduzieren konnte, wenn ich kurz vor 7.00 Uhr aus dem Haus ging. Aber mit der Zeit ging mir die Fahrerei immer mehr auf die Nerven, also zog ich in die Stadt und verkürzte die Fahrtzeit auf weniger als 15 Minuten. Schließlich entschloß ich mich, die Fahrtzeit ganz einzusparen und arbeitete von zu Hause aus.

Wenn Sie sich die Zeit nehmen zu analysieren, wieviel Zeit Sie für den Weg zum Büro und wieder nach Hause brauchen, sollten Sie auch darüber nachdenken, wieviel Zeit Sie aufwenden, um von einem Termin zum nächsten zu fahren. Immer wenn Sie einen Termin vereinbaren, sollten Sie überlegen, ob Sie dieses Treffen mit anderen Besuchen oder Terminen verbinden können. Gleichzeitig sollten Sie versuchen, einen Termin an den Anfang oder ans Ende des Tages zu legen, damit Sie ihn auf der Hin- oder Rückfahrt wahrnehmen können.

Das nächste Mal, wenn Sie einen Termin vereinbaren, bitten Sie die Person, in Ihr Büro zu kommen, damit Sie sich die Fahrtzeit sparen können. Wenn dies nicht möglich ist, können Sie sich vielleicht irgendwo in der Mitte treffen, und somit die Gesamtfahrtzeit zumindest reduzieren.

Wieviel kostet es, ein Auto zu unterhalten?

Die Zeit, die Sie an Fahrtzeit aufbringen, ist eine Sache, aber was kostet es Sie, ein Auto zu unterhalten? Wenn Sie die Kosten für die Kfz-Versicherung, Benzin, Öl, regelmäßige Wartung und Pflege zusammenrechnen, kommen Sie alles in allem auf mehr als 70 Pfennig pro Kilometer.

Kostenaufstellung der jährlich gefahrenen Kilometer

Gefahrene km gesamt	Kosten je km	Gesamtkosten Kfz
15.000	0,35 DM	5.250,00 DM
15.000	0,52 DM	7.800,00 DM
15.000	0,70 DM	10.500,00 DM
20.000	0,35 DM	7.000,00 DM
20.000	0,52 DM	10.400,00 DM
20.000	0,70 DM	14.000,00 DM

Abbildung 5.2: Kostenaufstellung der jährlich gefahrenen Kilometer

Ich denke, es kann hilfreich sein zu wissen, wie teuer der Unterhalt eines Autos ist. Für die Kostenaufstellung der jährlich gefahrenen Kilometer (Abbildung 5.2) habe ich mein supertolles Kalkulationsprogramm benutzt, um diese anspruchsvollen mathematischen Berechnungen anzustellen. Ich brauchte nur 4 Stunden, um das Formular zu erstellen. (Ich hätte auch meinen Taschenrechner benutzt, aber meine Tochter hatte damit gespielt, und ich konnte ihn nicht mehr finden.)

In der Jahreskostenaufstellung Kfz (Abbildung 5.3) habe ich die größten Posten aufgeführt, die die meisten Menschen aufwenden, um ein Auto zu unterhalten. Füllen Sie dieses Formular bitte aus.

Nehmen Sie sich kurz die Zeit und addieren alle Unterhaltskosten für Ihr Kfz und dividieren diese dann durch die Gesamtanzahl der Kilometer, die Sie jedes Jahr fahren. Wenn Sie Ihre Unterhaltskosten senken können, haben Sie mehr Geld zur Verfügung, das Sie für sich selbst ausgeben können.

Jährliche Kfz-Aufwendungen	
Autoversicherung	DM
Benzin/Diesel	DM
Öl	DM
Regelmäßige Wartung	DM
Unfälle	DM
Verschiedene Kfz-Aufwendungen	DM
Wertminderung/Abschreibung	DM
Jährlicher Aufwand gesamt	DM

Abbildung 5.3: Jahreskostenaufstellung Kfz

Ihre Flugreisen sollten gut geplant sein

Kostbare Zeit im Straßenverkehr zu verschwenden, ist eine Sache, aber manchmal verliert man viele Stunden oder sogar Tage im Flugzeug. Im Laufe der Jahre begegneten mir viele Leute, die damit prahlten, wieviel sie fliegen müssen. Sie kommen sich wichtig vor, weil sie 250.000, 500.000 oder sogar 1.000.000 km jährlich zurücklegen. Offensichtlich meinen sie, die Anzahl der zurückgelegten Kilometer sei ein Maßstab für ihre Ausdauer, Entschlossenheit und ihren Erfolg und sehen nicht die Zeitverschwendung.

Ich weiß, daß Sie mit Hilfe von Laptops und Handys viele Dinge erledigen, aber Sie können im Flugzeug oder in einem Hotelzimmer bestimmt nicht so effizient arbeiten wie im Büro. Heutzutage gibt es viele andere Kommunikationsmittel, die man nutzen kann, bevor man in ein Flugzeug steigen muß, um jemanden persönlich zu besuchen.

- ✔ Versuchen Sie es also zuerst mal mit dem Telefon. Sicherlich können Sie in einem oder mehreren Gesprächen etwas regeln, bevor Sie irgendwohin fliegen müssen.
- ✔ Dann können Sie Nachrichten per Fax, Kurier oder E-Mail schicken und wenn sie beim Empfänger angekommen sind, weitere Telefonate führen.
- ✔ Sie können sogar eine Videokonferenz schalten und so persönlich mit der anderen Person sprechen.
- ✔ Wenn Sie das alles getan haben und ein Direktgespräch immer noch für unumgänglich halten, setzen Sie sich ins Flugzeug und fliegen hin.

Wenn Sie Ihre Reisekosten überprüfen, sollten Sie die sichtbaren und die unsichtbaren Kosten analysieren. Zu den sichtbaren Kosten zählen das Flugticket, Taxikosten zum und vom Flughafen, Verpflegung und Hotelzimmer. Zu den unsichtbaren Kosten gehört Ihre Zeit. Sie müssen berücksichtigen, daß Ihr Zeitaufwand Kosten bedeutet, da Sie nicht nur aus dem Büro sind, sondern auch eine Unmenge Zeit im Verkehr sitzen, um zum Flughafen zu fahren und wieder zurück, sowohl in Ihrer Heimatstadt als auch in der Stadt, in der die Besprechung stattfindet. Und Sie verschwenden viel Zeit am Flughafen, wenn Sie auf den Start warten.

Zwei Stunden Wartezeit für einen 30minütigen Flug

Eines Tages mußte ich geschäftlich nach Indianapolis fliegen. Ich brauchte 45 Minuten, um zum Flughafen zu kommen, wartete dort 20 Minuten, bevor ich an Bord gehen konnte, weitere 20 Minuten bevor das Flugzeug das Gate verließ, und weitere 15 Minuten bevor es zum Start ansetzte. In Indianapolis brauchte ich 35 Minuten zum Hotel. Insgesamt habe ich also mehr als 2 Stunden im Taxi und mit Warten verbracht und war 30 Minuten in der Luft.

Verschwenden Sie Ihre kostbare Zeit nicht als Laufbursche (oder -mädchen)

Wo wir beim Thema »Zeitverschwendung« sind: Versuchen Sie, Ihre kostbare Zeit nicht als Laufbursche oder Botenjunge zu verschwenden. Anstatt mehrere Stunden zu verplempern und etwas zu einem Kunden zu bringen, lassen Sie es per Funkboten oder Kurierdienst erledigen. Sie sparen Zeit, indem Sie sie nicht verschwenden und können im Büro weiter arbeiten: Addition durch Subtraktion.

Ich weiß nicht, wie es Ihnen geht, aber ich hasse es, diese Formulare auszufüllen, wenn ich einen Übernacht-Kurierdienst beauftrage. Daher hier mein Zeitspartip: Lassen Sie sich diese Formulare als Vordrucke erstellen. Sie können nicht nur Ihren Namen, Adresse und Telefonnummer eindrucken lassen, sondern auch Name, Adresse, Telefonnummer des Empfängers. Rufen Sie einfach einen Kurierdienst an, z.B. UPS oder DPD.

"Ja, natürlich macht es Spaß, zu Hause zu arbeiten. Das einzige Problem ist, daß mein Chef jeden Morgen an meinem Haus vorbeifährt und hupt, um mich zu wecken!"

Managen Sie Ihre Geschäftstermine

6

In diesem Kapitel

- So bereiten Sie eine Besprechung vor
- So organisieren Sie eine Besprechung
- So machen Sie das Beste aus einer Besprechung

Jeden Tag haben wir Besprechungen und Termine. Manche sind interne Verkaufs- oder Mitarbeiterbesprechungen oder nur kurze Besprechungen mit dem Chef, Kollegen oder Mitarbeitern. Manchmal haben wir auch eine Besprechung mit Personen, die nicht unserer Firma angehören. Diese Besprechung kann in unserem Büro stattfinden, in deren Büro oder an einem neutralen Ort, wie z.B. in einem Restaurant zum Frühstück, Mittagessen oder Abendessen.

Wenn Sie eine Besprechung mit Ihrem Chef, Ihren Kollegen oder Mitarbeitern haben, fängt die Besprechung eigentlich schon an, wenn Sie von Ihrem Schreibtisch aufstehen. Sie sollten immer freundlich und höflich sein, pünktlich in die Besprechung kommen und mit einem Lächeln auf dem Gesicht. Ein Lächeln hinterläßt einen nachhaltigen Eindruck.

Wenn Ihre Verabredung außerhalb des Hauses stattfindet, beginnt sie eigentlich in dem Moment, in dem Sie das Gebäude der anderen Firma betreten. Woher wollen Sie wissen, ob die Person im Aufzug nicht vielleicht der Vorstandsvorsitzende oder Eigentümer des Unternehmens oder vielleicht die Person ist, mit der Sie verabredet sind? Da Sie niemals eine zweite Chance haben, einen ersten Eindruck zu hinterlassen, und der erste Eindruck meistens bleibend ist, sollten Sie Ihr Bestes versuchen, auf jeden, der Ihnen begegnet, freundlich und aufgeschlossen zu wirken. Das schließt den Pförtner, die Sekretärin oder Assistentin des- oder derjenigen, den/die Sie besuchen, ein und auch jeden anderen, den Sie in der Eingangshalle sehen. Zeigen Sie Ihr gesamtes soziales Geschick und nutzen es.

Wenn Sie in ein Büro kommen und der Sekretärin oder einer anderen Person am Empfang, die Sie bei Ihrem Gesprächspartner anmeldet, guten Tag sagen, sollten Sie ein Lächeln auf den Lippen haben – es verleiht Ihrer Stimme etwas Warmes. Wärmen Sie die Person auf, und machen Sie sie zu Ihrem Freund.

Mit wem spreche ich bitte?

Mit ACT! haben Sie die Möglichkeit, die Namen der Sekretärinnen oder Assistentinnen zu speichern, oder Sie nehmen den Namen der Person am Empfang auf, wenn diese die Telefonanrufe entgegennimmt. Wenn Sie zur Tür hereinkommen, fragen Sie die Person hinter dem Schreibtisch: »Sind Sie ... ?«, stellen sich selbst vor und erklären, daß Sie schon so oft am Telefon miteinander gesprochen haben. Das macht einen sehr freundlichen, nachhaltigen Eindruck.

Es fängt mit einem Lächeln und einem Händedruck an

Möchten Sie gerne mit einem Miesepeter zusammenarbeiten oder Geschäfte tätigen? Ich jedenfalls nicht! Und ich denke, Sie auch nicht. Wir arbeiten alle lieber mit freundlichen, netten Menschen zusammen. Auch wenn die andere Person ein Muffel ist, müssen wir nicht auch muffelig werden. Statt dessen sollten wir hart daran arbeiten, bei allen, mit denen wir zu tun haben, einen guten Eindruck zu machen. Das beginnt mit einem Lächeln auf den Lippen, einem Zwinkern im Auge, einem warmen, offenen Händedruck, wenn Sie sich vorstellen mit den Worten »Ich freue mich, Sie kennenzulernen« oder »Es freut mich, Sie wiederzusehen«.

Wenn Sie einen Aktenkoffer tragen, halten Sie ihn in der linken Hand, so daß Sie bei der Begrüßung die rechte Hand frei haben. Außerdem bleibt so die rechte Hand trockener. Niemand mag es, eine feuchte, verschwitzte Hand zu schütteln.

Kleidung und Auftreten sollten angemessen sein

Oft werde ich gefragt, wie man sich im Büro oder bei Geschäftsterminen kleiden sollte. Die Antwort ist einfach: Ihre Kleiderwahl sollte der geschäftlichen Umgebung angemessen sein. Wenn Sie in einer Werbeagentur arbeiten, kann die Kleidung ziemlich salopp sein, z.B. Jeans und T-Shirt. Wenn Sie bei IBM arbeiten oder bei einer großen Bank, müssen Sie einen dunkelblauen Anzug, ein weißes Hemd mit Krawatte und Slipper tragen. Knallrote Hosenträger sind in der Bank, aber nicht bei IBM angemessen.

Wenn Sie einen Termin mit Personen haben, die nicht Ihrer Firma angehören, sollten Sie sich so wie sie kleiden. Trägt man einen Anzug, sollten Sie auch einen tragen, trägt man saloppe Kleidung, ist das auch für Sie okay. Aber egal, was Sie gewählt haben, Sie sollten immer so gut wie möglich aussehen. Ihre Anzüge sollten frisch gebügelt, Hemden gestärkt und die Schuhe frisch geputzt sein. Ihre Fingernägel sollten immer sauber und gepflegt, die Frisur ordentlich sein. Was Sie an Schmuck tragen, ist Ihre persönliche Sache, aber meisten gilt: je weniger, desto besser.

Haben Sie im Aufzug schon einmal gedacht, daß das Parfum oder Duftwasser einer anderen Person etwas zu stark war? Ein starker Duft ist vielleicht bei gesellschaftlichen Anlässen angebracht, aber im Geschäftsleben sollte der Duft Ihres Parfums nicht vor Ihnen ankommen. Ich persönlich finde, daß es immer besser ist, eher weniger Duft aufzutragen. Unter Duft verstehe ich alles, angefangen beim Parfum und Eau de Cologne bis zum parfümierten Deodorant.

Wo wir gerade beim Thema Duft sind: Sie sollten darauf achten, was Sie essen. Ich weiß, daß Zwiebeln und Knoblauch sehr beliebt sind. Bei einer Geschäftsbesprechung jedoch versuchen Sie, den anderen auf Ihre Seite zu ziehen. Wenn man aber Zwiebelgeruch vernimmt, möchte man Ihnen sicher nicht gerne näherkommen.

Zu guter Letzt sollten Sie beachten, daß Geschäft und Politik nicht zusammenpassen. Wenn Sie eine geschäftliche Verabredung haben, gehören Ihre persönlichen Ansichten und Überzeugungen nicht hierher. Vermeiden Sie jegliche Accessoires, die Ihren religiösen Glauben, politische und soziale Überzeugungen oder die Zugehörigkeit zu anderen Organisationen zu Erkennen geben.

Wo Sie in einer Besprechung sitzen sollten

Vielleicht ist es Ihnen noch nie so aufgefallen, aber die Wahl des Sitzplatzes in einer Besprechung kann sich erheblich auf deren Ausgang auswirken. Stellen Sie sich einmal vor, Sie treffen sich mit einem Kunden in seinem Büro. Es gibt wahrscheinlich zwei Stühle vor dem Schreibtisch, und man geht davon aus, daß Sie auf einem der beiden Stühle Platz nehmen und Ihr Gesprächspartner an seinem Platz gegenüber.

Wenn Sie diese Sitzordnung akzeptieren, gibt es eine Barriere, die Sie trennt und während des Gesprächs hinderlich sein kann, nämlich den Schreibtisch zwischen Ihnen beiden. Wenn Sie jedoch neben der Person sitzen anstatt ihr gegenüber, können Sie die Unterhaltung und damit die ganze Besprechung viel besser steuern und beeinflussen. Außerdem brauchen Sie so Ihre Unterlagen nicht auf dem Kopf zu lesen.

Es kann recht trickreich sein, Ihren Stuhl auf die andere Seite des Schreibtisches zu bekommen, aber wenn Sie es einige Male getan haben, wird es Ihnen leichter fallen. Was sollte die Person auch sagen, wenn Sie das tun? Nichts! Also machen Sie folgendes:

- ✔ Zunächst setzen Sie sich auf den Stuhl, den Sie am leichtesten hochheben können, und während Sie Höflichkeiten austauschen, holen Sie Ihre Papiere aus dem Aktenkoffer.
- ✔ Wenn Sie dann über das Geschäft reden, stehen Sie auf, nehmen den Stuhl und stellen ihn auf die andere Seite des Schreibtisches, so daß Sie neben der Person sitzen.

- ✔ Während Sie den Stuhl bewegen, können Sie mit weicher Stimme so etwas sagen wie: »Es macht Ihnen sicher nichts aus, wenn ich mich neben Sie setze. Ich denke, daß die Unterlagen für Sie sehr interessant sind.«

Wenn Sie den Stuhl nehmen und gleichzeitig Ihre Absicht kundtun, gibt es wirklich nichts, was die Person veranlassen könnte, Sie davon abzuhalten. Das Ganze passiert so schnell, daß Sie bereits neben der Person sitzen, bevor sie Zeit hatte zu antworten.

Hier einige Tips, wo Sie in einer Besprechung am besten Platz nehmen:

- ✔ Immer wenn Sie mit einer anderen Person an einem Tisch sitzen, sei es im Büro oder im Restaurant, sollten Sie neben der Person Platz nehmen und nicht ihr gegenüber.
- ✔ Es macht einen Unterschied, ob Sie rechts oder links sitzen. Wenn Sie Rechtshänder sind, sollten Sie rechts von der Person sitzen. Sie kann dann sehen, welche Notizen Sie sich machen, da Ihre schreibende Hand den Schreibblock nicht verdeckt. Sind Sie Linkshänder, sollten Sie aus den gleichen Gründen links neben der Person Platz nehmen.
- ✔ Wenn Sie zwei Personen eine Präsentation vorstellen und Sie an einem rechteckigen Tisch sitzen, bitten Sie die beiden, sich nebeneinander zu setzen. So können Sie immer beide gleichzeitig anreden. Wenn Sie zwischen ihnen sitzen, werden Sie merken, daß Sie, sobald Sie eine Person ansprechen, die andere nicht mehr sehen. Wenn beide gleichzeitig in Unterlagen schauen sollen und nicht nebeneinander sitzen, muß einer von beiden sie »auf dem Kopf« lesen.
- ✔ Wenn Sie an einem langen Tisch sitzen, z.B. an einem Konferenztisch, sollten Sie dafür sorgen, daß sich beide Personen nebeneinander setzen. Dann sollten Sie sich auf dieselbe Seite direkt neben sie setzen.
- ✔ Auch der Stuhl, auf dem Sie sitzen, kann ein ausschlaggebender Faktor sein. Wenn möglich, sollten Sie immer auf einem Stuhl mit gerader Rückenlehne sitzen, da Sie so wach und konzentriert bleiben.
- ✔ Vermeiden Sie, in einem weichen, bequemen Sessel oder Sofa zu sitzen, da man sich so zu leicht entspannt und seine mentale Wachsamkeit verliert.
- ✔ Vermeiden Sie, auf einem Stuhl zu sitzen, der niedriger ist als der Stuhl des anderen. Derjenige, der auf einem höheren Stuhl sitzt, kann nämlich auf den anderen herabsehen und hat so mehr Einfluß und Macht, das Gespräch zu steuern. Das ist dann z.B. der Fall, wenn Sie auf einem Sofa sitzen und der andere auf einem Stuhl mit gerader Rückenlehne.

Schließlich möchte ich Ihnen noch erzählen, wo meiner Meinung nach eine Besprechung am besten stattfinden sollte. Ich finde, daß wichtige Geschäftsbesprechungen im Büro und nicht in einem Restaurant stattfinden sollten. Geschäftsessen sind dazu geeignet, eine Person kennenzulernen, aber sie bieten keine gute Gelegenheit, um wichtige Geschäfte abzuschließen, da sie zu privat sind und ständige Unterbrechungen sowie dauerhafte Ablenkungen mit sich führen.

Was Sie zu einer Besprechung mitbringen sollten

Ich bin immer wieder überrascht, wie unvorbereitet manche Leute in eine Besprechung kommen. Ich hatte schon Geschäftsessen, bei denen mein Gesprächspartner weder einen Stift noch ein Blatt hatte, um etwas mitzuschreiben. Ich habe auch schon Zeitmanagement-Seminare gegeben, bei denen die Teilnehmer nichts dabei hatten, um sich Notizen zu machen. Hier folgt eine Liste mit den Dingen, die Sie immer mitbringen sollten, wenn Sie in eine Besprechung gehen:

- ✔ Einen Stift.
- ✔ Einen Schreibblock.
- ✔ Ihren Terminkalender. Wenn Sie einen computergestützten Kalender führen, nehmen Sie immer einen Ausdruck Ihrer für die nächsten vier Wochen geplanten Aktivitäten mit (mindestens).
- ✔ Visitenkarten. Sie wissen nie, wem Sie begegnen, einem potentiellen Kunden oder Klienten oder sonst jemandem, der Ihnen für Ihre weitere berufliche Karriere wichtig sein kann.

Sie sollten immer einen kleinen Stift in Ihrer Tasche oder Ihrem Portemonnaie haben und einige Visitenkarten in Ihrer Brieftasche. So haben Sie immer alles dabei, wenn Sie sich etwas notieren müssen.

Bestätigen Sie Ihre Termine kurz vorher

Als ich meine ersten Geschäftstermine vereinbarte, habe ich sie teilweise Tage oder Wochen vorher abgemacht und bin dann zum vereinbarten Zeitpunkt am vereinbarten Ort erschienen. Es gab nur ein Problem. Manchmal wurde die Person, die ich treffen wollte, durch etwas aufgehalten und konnte mich nicht sehen, manchmal kam ich im Büro an und erfuhr, daß der- oder diejenige den ganzen Tag außer Haus war, und das Schlimmste, das mir passierte, war, daß mein Gesprächspartner den Termin gar nicht in seinen Terminkalender eingetragen hatte. Dies nur eine Zeit- und Geldverschwendung zu nennen ist untertrieben!

Ich habe meine Lektion gelernt – leider auf die harte Tour. Bestätigen Sie Ihren Termin immer, bevor Sie das Büro verlassen. Wahrscheinlich ist es Ihnen nicht bewußt, aber fast 50% der Termine, die Sie planen, werden verschoben. In der heutigen schnellebigen und hektischen Geschäftswelt kann einfach kurzfristig zu viel dazwischenkommen, was einen Termin umwirft. Wenn Sie aber kurz vorher noch einmal telefonisch den Termin bestätigen, ist Ihr Tag nicht völlig dahin, wenn die Person Sie nicht treffen kann. Hier einige Tips, wie man einen Termin bestätigt:

- ✔ Bestätigen Sie den Termin immer mindestens einen Tag vorher.
- ✔ Wenn Sie einen weiten Weg zum Verabredungsort zurücklegen müssen, sollten Sie am Morgen anrufen, um sicherzugehen, daß nichts Unerwartetes dazwischengekommen ist.
- ✔ Wenn Sie einen Termin am frühen Montagmorgen haben, lassen Sie sich immer die Privatnummer der Person geben und teilen Sie ihr Ihre mit. Sollte in letzer Minute noch etwas dazwischenkommen, haben Sie beide die Möglichkeit, den anderen zu erreichen.
- ✔ Wenn Sie außerhalb der Stadt eine Besprechung haben, rufen Sie am besten einige Tage, bevor Sie abreisen, an und ein weiteres Mal an dem Tag, an dem Sie losfahren.

Einer meiner Kollegen setzte sich einmal ins Flugzeug, um einen Kunden in New York zu treffen. Als er dort im Büro eintraf, erfuhr er, daß der Kunde tags zuvor unerwartet wegen einer dringenden Angelegenheit wegfahren mußte. Mein Kollege hatte den Termin nicht bestätigt, und die ganze Reise war nur eine völlige Zeit- und Geldverschwendung.

Immer wenn Sie einen Termin vereinbaren, buchstabieren Sie der Person Ihren genauen Namen. Dann bitten Sie sie, Ihre Telefonnummer zu notieren und sagen etwas wie: »Ich gebe Ihnen meine Telefonnummer, damit Sie mich informieren können, falls etwas Unerwartetes dazwischenkommt.« Das dient zwei Zwecken: Es zwingt erstens die Person, Ihren Namen zu notieren (es gibt tatsächlich Leute, die Termine vereinbaren, ohne sie zu notieren), und zweitens weiß die Person, daß Sie sehr gewissenhaft mit Ihrer Zeit umgehen, wenn Sie sie bitten, Bescheid zu geben, falls es ein Problem gibt.

Versuchen Sie, pünktlich zu sein

Wenn Sie Ihre Besprechung sorgfältig vorbereitet und einen oder zwei Tage vorher bestätigt haben, sollten Sie möglichst pünktlich eintreffen. Pünktlichkeit macht immer einen guten Eindruck, auch wenn Sie dann ein paar Minuten in der Empfangshalle warten müssen, während die Person, die Sie treffen wollen, ein Telefonat oder eine Besprechung zu Ende führt. Es zeigt nicht nur, daß Sie Ihren Job ernst nehmen und Geschäftliches besprechen möchten, sondern auch, daß Sie die Zeit des anderen respektieren.

Damit Sie auf jeden Fall pünktlich sind, sollten Sie versuchen, zu jedem Termin mindestens fünf oder zehn Minuten früher zu erscheinen. Sie werden feststellen, daß sich so die Chance, wirklich pünktlich zu sein, entschieden erhöht. Sie können auch Ihre Uhr fünf oder sieben Minuten vor stellen. Auf diese Weise haben Sie immer einen Puffer von einigen Minuten. Ich glaube, daß es im Geschäftsleben auf jeden Fall besser ist, ein paar Minuten zu warten, wenn man zu früh ist, als den anderen warten zu lassen, wenn man sich verspätet.

Machen Sie das Beste aus der Wartezeit

Wenn Sie einige Minuten im Vorzimmer warten müssen, sollten Sie die Zeit sinnvoll nutzen. Sie können Ihre Unterlagen noch einmal durchsehen, oder Sie lesen etwas – Zeitungen, Zeitschriften, Handelsblätter, Memos oder Berichte, die sich auf Ihrem Schreibtisch angesammelt haben.

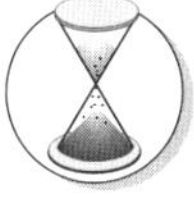

Wenn Sie unterwegs sind, nutzen Sie die Zeit auf dem Flughafen oder im Flugzeug, um Ihre Spesenabrechnung zu aktualisieren, Memos zu verfassen, Briefe zu schreiben, Pläne zu bearbeiten oder lediglich Ihren Lesestoff durchzuarbeiten. Viele Leute beklagen sich, daß sie zu wenig Zeit haben, um alles zu schaffen, aber wenn sie versuchen, auch mit kleinen Dingen Zeit zu sparen, finden sich viele Gelegenheiten, um ungenutzte, unproduktive Zeit in profitable Zeit umzuwandeln.

Geben Sie Bescheid, wenn Sie sich verspäten

Sind Sie schon einmal in einer Besprechung gewesen, die einfach nicht enden wollte, und sind schließlich 30 oder 60 Minuten zu spät zu Ihrer nächsten Besprechung erschienen? Manchmal dauern Besprechungen sehr lange, oder Sie werden am Telefon aufgehalten und können nicht weg. Wenn das passiert, sollten Sie die Person, die Sie treffen wollen, anrufen und Bescheid geben, daß Sie sich verspäten werden.

Sie sollten bei diesem Telefonat fragen: »Haben Sie noch genug Zeit für unser Gespräch, wenn ich später komme?« und wenn die Antwort »Ja« lautet, sagen Sie, daß Sie sofort losfahren. Wenn die Person keine Zeit mehr hat, sagen Sie etwas wie: »Wenn Sie für heute nachmittag bereits ausgebucht sind, haben Sie vielleicht morgen vormittag Zeit oder würde es Ihnen am Nachmittag besser passen?«

Vorher anzurufen hat zwei Vorteile: Erstens wird der Gesprächspartner bestimmt Ihren Anruf schätzen, da er ihm zeigt, daß Sie seine Zeit respektieren. Und zweitens vermeiden Sie, in eine Besprechung zu hetzen, die letzten Endes nicht stattfindet. Wenn das Tippen der

Telefonnummer die Fahrt zu einer Besprechung ersetzt, können Sie die ansonsten in einem Vorzimmer oder Empfangsraum verlorene Zeit in Ihrem Büro produktiv nutzen.

Wenn Sie versuchen, einen Termin mit jemanden zu vereinbaren, schlagen Sie immer zwei Alternativen vor. »Wäre Ihnen Dienstag um 10.00 Uhr recht oder lieber Mittwoch nachmittag?« Somit lautet die Frage nicht mehr: »Möchten Sie einen Termin vereinbaren?« sondern: »Für wann möchten Sie einen Termin vereinbaren?«

Prüfen Sie immer den Inhalt Ihres Aktenkoffers, bevor Sie das Büro verlassen

Ich weiß, daß es vielleicht dumm klingt, aber Sie sollten immer den Inhalt Ihres Aktenkoffers überprüfen, bevor Sie das Büro für eine Besprechung oder einen Termin verlassen. Sie möchten sicher nicht in einer Besprechung feststellen, daß Sie Unterlagen, eine Akte, einen Vordruck oder andere Informationen auf Ihrem Schreibtisch liegengelassen haben. Das ist besonders wichtig, wenn Sie einen Termin sehr früh am Morgen vereinbart haben. Sie haben wahrscheinlich vorher keine Zeit, noch einmal ins Büro zu fahren. Vergewissern Sie sich, daß Sie alles Nötige in Ihrem Aktenkoffer haben, bevor Sie am Tag zuvor das Büro verlassen.

Wie Sie Besprechungen am besten managen

Heutzutage spielen Besprechungen eine so große Rolle im Geschäftsleben, daß es eine wahre Schande ist, daß manche von ihnen so unproduktiv sind. Anhand verschiedener Studien habe ich festgestellt, daß die meisten Menschen mindestens 40% ihrer Zeit in Besprechungen verbringen. Ich nehme sogar an, daß diese Zahl untertrieben ist, weil sie wahrscheinlich nicht die Zeit für ungeplante oder kurzfristige Besprechungen berücksichtigt.

Wenn Sie eine Besprechung so definieren, daß es sich bereits um eine Besprechung handelt, wenn zwei oder mehr Personen zusammensitzen, um etwas Geschäftliches zu besprechen, dann verbringen wir wahrscheinlich mindestens 90% unserer Zeit in Besprechungen. Leider werden viele Besprechungen so schlecht geleitet und organisiert, daß sie reine Zeitverschwendung sind.

Wenn Sinn und Zweck einer Besprechung nicht richtig durchdacht sind, ist den Teilnehmern vielleicht gar nicht klar, was sie besprechen sollen, was geleistet werden soll oder warum Sie überhaupt dort sind. Am Ende werden keine Entscheidungen getroffen, wichtige Probleme werden nicht gelöst, und man hat nichts erreicht. Viel wertvolle und kostbare Zeit wurde vergeudet, und die einzige Entscheidung, die getroffen wurde, ist, eine neue Besprechung anzuberaumen. Leider kann man keinen Termin festlegen, weil derjenige, der die Besprechung leitet, seinen Terminkalender nicht bei sich hat. In den folgenden Abschnitten finden Sie ein paar Tips, wie Sie unproduktive Besprechungen in produktive umwandeln können.

Verteilen Sie eine Tagesordnung

Wenn jemand eine Besprechung ansetzt, sollten alle Teilnehmer wissen, warum. Wenn die Besprechung keinen definierten Zweck hat, sollte sie gar nicht erst stattfinden. Sie müssen auch wissen, was man von Ihnen erwartet und was Sie leisten sollen.

Ich könnte schwören, ich habe es in meine Aktentasche gelegt ...

Ich kannte mal einen Mann, der Besprechungen gerne am frühen Morgen ansetzte. Aber oftmals vergaß er, in seine Aktentasche zu schauen, bevor er tags zuvor das Büro verließ. Es ließ sich also nicht vermeiden, daß er noch einmal ins Büro fahren mußte, bevor er in die Besprechung ging, um verschiedene Unterlagen zu holen, die er vergessen hatte. Ihm wurde eigentlich nie klar, warum er immer müde war und aussah, als ob er von einem Zug überfahren worden wäre.

Kommen Sie zusammen, um den Sinn eines neuen Geschäfts zu diskutieren, ein Problem zu lösen oder um lediglich Informationen auszutauschen und jeden Teilnehmer über den aktuellen Stand der Projekte oder Kunden zu informieren?

Die beste Möglichkeit, die Teilnehmer einer Besprechung über deren Zweck zu informieren, ist eine Tagesordnung. In den meisten Fällen sollte eine Tagesordnung schriftlich erstellt und frühzeitig verteilt werden. So kann sich jeder sorgfältig auf die jeweiligen Themen vorbereiten.

Wenn man darauf besteht, daß frühzeitig eine schriftliche Tagesordnung verteilt wird, zwingt man die Person, die die Besprechung einberuft, darüber nachzudenken, warum die Besprechung stattfindet.

Wenn Sie eine Besprechung einberufen, sollten Sie immer eine Tagesordnung vorbereiten. Wenn Sie zu einer Besprechung eingeladen werden, bestehen Sie darauf, daß Sie eine Tagesordnung erhalten, damit Sie sich vorbereiten können. In Abbildung 6.1 sehen Sie, wie eine Tagesordnung aussehen kann.

Nachdem eine Tagesordnung verteilt wurde, ist es vielleicht sogar möglich, daß einige der Punkte am Telefon oder schriftlich behandelt werden können, und wenn das der Fall ist, sollten diese Themen von der Tagesordnung gestrichen werden.

Eine gute Frage, die man zu Beginn einer Besprechung stellen sollte, ist: »Woher wissen wir, wann die Besprechung zu Ende ist?«

Wenn eine Besprechung begonnen hat, liegt es in der Verantwortung des Leiters, daß sich jeder an die Punkte der Tagesordnung hält.

Anfangs- und Endzeiten sollten festgelegt sein

Leider nehmen nicht alle Menschen eine Besprechung ernst. Sie kommen zu spät, gehen früher und unterhalten sich während der Besprechung.

Es ist nicht leicht, jemanden dazu zu bringen, sein bisheriges Verhalten zu ändern. Sie sollten jedoch deutlich machen, daß Sie beabsichtigen, wichtige und produktive Besprechungen abzuhalten und darauf bestehen, daß jeder pünktlich erscheint.

Wenn Sie das nächste Mal eine Besprechung abhalten, schließen Sie die Tür, damit diejenigen, die zu spät kommen, anklopfen müssen. Sie können die Verspätung dann nutzen, um kundzutun, daß Sie das nächste Mal Pünktlichkeit erwarten.

Die Leute, die zu spät kommen, sollten auch wissen, daß Sie vorhaben, sich an die Tagesordnung zu halten, daß es nur eine begrenzte Zeit für jeden Punkt gibt und daß Sie die Besprechung zur vorgesehenen Zeit beenden möchten.

Wenn Sie zu einer Besprechung eingeladen werden, sollten Sie darauf bestehen, daß sie pünktlich beginnt und sich melden, wenn Sie bemerken, daß die Diskussionen zu weit vom Thema abschweifen. Wenn derjenige, der eingeladen hat, die Kontrolle über den Verlauf der Besprechung verliert, sollten Sie ihn daran erinnern, daß die Zeit wegrennt und Sie noch viel zu tun haben oder an einer anderen Besprechung teilnehmen müssen, sobald diese beendet ist.

Geben Sie den Ort der Besprechung an

Sie werden es vielleicht nicht glauben, aber immer, wenn ich zu einer Besprechung gehe, gibt es Leute, die zu spät kommen und sich mit der lahmen Ausrede entschuldigen, daß sie im falschen Büro oder Konferenzraum waren. Um jegliche Mißverständnisse zu vermeiden, sollten Sie immer, wenn Sie eine Besprechung planen, den genauen Ort der Veranstaltung angeben. Wenn Sie eine Besprechung außerhalb anberaumen, geben Sie auf jeden Fall die genaue Adresse des Gebäudes sowie Name und Ort an. In bestimmten Fällen sollten Sie einen Stadtplan beifügen, damit jeder weiß, wie er dorthin kommt.

Mustervordruck Tagesordnung

Datum der Besprechung ______________________________

Ort ______________________________

Anfangszeit ______________________________

Endzeit ______________________________

Wer lädt ein? ______________________________

Zweck der Besprechung ______________________________

Gewünschtes Ziel der Besprechung ______________________________

Teilnehmer

1. ______________________________
2. ______________________________
3. ______________________________
4. ______________________________

Tagesordnungspunkte/Zur Verfügung stehende Zeit je Punkt

1. ______________________________
2. ______________________________
3. ______________________________
4. ______________________________
5. ______________________________

(Anmerkung: Die wichtigsten Themen sollten am Anfang stehen und zuerst diskutiert werden. Wer die Tagesordnung vorbereitet, sollte die Zeit, die zur Besprechung der jeweiligen Punkte zur Verfügung steht, angeben.)

Abbildung 6.1: Mustervordruck Tagesordnung

Warum wird die Besprechung einberufen?

Nur weil jemand glaubt, er müsse ein persönliches Gespräch planen, heißt das noch lange nicht, daß es unbedingt stattfinden muß. Wenn Ihnen die Tagesordnung vorliegt, können Sie die Person anrufen und fragen, worum es im einzelnen geht und welches Ziel erreicht werden soll. Vielleicht stellen Sie nach dem Telefonat fest, daß Sie alle nötigen Informationen ohne eine Besprechung zusammentragen können.

Müssen Sie teilnehmen?

Nur weil Sie zu einer Besprechung eingeladen werden, müssen Sie nicht unbedingt dorthin gehen. Sie glauben gar nicht, wie viele Leute in Besprechungen sitzen, deren Anwesenheit eigentlich gar nicht erforderlich ist. Sie verschwenden eine Menge Zeit. Wenn Sie glauben, daß Sie nicht viel zu einer Besprechung beitragen können, sollten Sie es der Person, die eingeladen hat, sagen. Warum sollten Sie Ihre kostbare Zeit verschwenden und in einer Besprechung über etwas diskutieren, das Sie nicht betrifft, während Sie wichtige Arbeiten an Ihrem Schreibtisch erledigen könnten?

Müssen Sie an der gesamten Besprechung teilnehmen?

Es kann vorkommen, daß die Anwesenheit einer Person nur bei einem Teil der Besprechung erforderlich ist. Wenn das der Fall ist, rufen Sie denjenigen an, der die Besprechung plant, und fragen, ob Sie nur an dem Teil der Besprechung, der Sie betrifft, teilnehmen können. So verschwenden Sie nicht Stunden damit, Diskussionen zu verfolgen, die Sie nicht direkt betreffen.

Kurzfristig anberaumte Besprechungen können eine enorme Zeitverschwendung sein. Wenn Sie jemand anruft und Ihnen sagt, daß er Sie sehen möchte, müssen Sie nicht alles stehen- und liegenlassen. Sie sollten fragen, warum man Sie sehen möchte, worüber man mit Ihnen sprechen will und was man von Ihnen erwartet. In vielen Fällen kann ein persönliches Treffen durch ein paar Telefonate und/oder Korrespondenz ersetzt werden.

Welchen Zweck hat die Besprechung?

Wenn Sie zu einer Besprechung eingeladen werden, sollten Sie immer deren Zweck kennen. Erwartet man von Ihnen Entscheidungen, oder sollen nur Informationen ausgetauscht werden? Wurde die Besprechung einberufen, um ein Problem zu lösen, Pläne für die Zukunft zu erstellen, um über den aktuellen Stand eines Projektes zu informieren, ein neues Geschäft zu diskutieren oder aus einem anderen Grund? Wenn Sie als Teilnehmer wissen, was man von Ihnen erwartet, können Sie sich besser in die Besprechung einbringen.

Was man mitbringen sollte

Es hört sich vielleicht dumm an, aber wenn eine Besprechung einberufen wird, sollte jeder Teilnehmer anhand der Tagesordnung darüber informiert werden, welche Unterlagen oder Informationen er mitbringen soll.

Wenn Sie zu einer Besprechung einladen, sollten Sie möglichst alle wichtigen Informationen und Unterlagen vorher verteilen. So hat jeder die Möglichkeit, über die Diskussionspunkte nachzudenken, bevor die Besprechung stattfindet.

Ich saß einmal in einem Ausschuß, dessen Vorsitzender immer erst zu Beginn einer Besprechung ein Paket mit Informationsmaterial an die Mitglieder des Ausschusses verteilte. Dann sollten wir das Informationsmaterial durchlesen und Entscheidungen treffen, ohne Zeit gehabt zu haben, über das nachzudenken, was wir gerade gelesen hatten. Ich fand das eine sehr nachlässige Art, eine Organisation zu leiten, und ich blieb nicht sehr lange in diesem Komitee.

Was machen Sie als nächstes?

Am Ende einer Besprechung sollte derjenige, der die Besprechung einberufen hat, einige Minuten einplanen, um zusammenzufassen, was diskutiert wurde und um festzulegen, was als nächstes getan werden muß. Wenn weitere Aufgaben ausgeführt werden müssen, sollten sie aufgeteilt werden und denjenigen, denen die Aufgaben aufgetragen werden, der Termin mitgeteilt werden, wann sie fertig sein sollen.

Wenn Ihnen eine Aufgabe zugeteilt wurde, sollten Sie einige Fragen stellen und sich genaue Notizen machen, was Sie zu tun haben, damit es keine Mißverständnisse über Form und Abgabetermin gibt. Wenn eine neue Besprechung vereinbart werden muß, sollten Datum und Uhrzeit abgesprochen werden, bevor jeder den Raum verläßt.

Fertigen Sie ein Protokoll der Besprechung an

Einer der Teilnehmer sollte ein Protokoll über die Besprechung führen, damit hinterher jeder schriftlich hat, was besprochen wurde, welche Entscheidungen getroffen wurden, was es als nächstes zu tun gilt, wer es macht und wann es getan werden soll.

Lassen Sie denjenigen, der als letzter zu der Besprechung erscheint, das Protokoll führen. Da keiner gerne Protokoll führt, werden Sie so als Nebeneffekt erreichen, daß demnächst alle pünktlich sind.

Behalten Sie die Kontrolle über das Gespräch

7

In diesem Kapitel

- So bringen Sie andere zum Reden
- So kontrollieren Sie ein Gespräch
- So stellen Sie Fragen richtig
- So werden Sie ein guter Gesprächspartner

Wie viele Gespräche führen Sie im Laufe eines Arbeitstages? Sie haben wahrscheinlich nicht die geringste Ahnung, und zugegeben, ich weiß auch nicht, wie viele Gespräche ich führe. Aber ich weiß, daß man täglich viel Zeit damit verbringt, mit anderen Menschen zu kommunizieren. Wir telefonieren, kommen zu *offiziellen* Besprechungen in Konferenzräumen zusammen, haben *inoffizielle* Besprechungen im Büro eines Kollegen und viele spontane Besprechungen, wenn uns z.B. jemand anhält, während wir uns eine Tasse Kaffee holen.

Das sind nur die Menschen, mit denen wir gemeinsam in einer Firma arbeiten. Im Laufe des Tages kommunizieren wir aber auch mit Außenstehenden. Das können Kunden, Klienten, potentielle Kunden, Lieferanten von Waren oder Dienstleistungen und Leute sein, die uns gerne ihre Waren oder Dienstleistungen verkaufen würden.

Bevor Sie sich fragen, warum ich in einem Buch über Zeitmanagement ein Kapitel einbringe, wie man Gespräche kontrolliert, lassen Sie mich kurz folgendes erklären: Jeder von uns verbringt eine Menge Zeit damit, mit anderen Menschen zu sprechen. Aber die Art, wie wir miteinander kommunizieren, ist nicht unbedingt die beste. Als Folge davon erhalten wir dann nicht die Informationen, die wir brauchen, um unseren Job gut zu machen.

Ich habe dieses Kapitel eingefügt, da ich der Meinung bin, daß wir weniger Zeit in Besprechungen oder am Telefon verbringen und mehr Zeit mit unseren wichtigen Arbeiten, Aufgaben und Projekten, wenn wir unsere Kommunikationsfähigkeit verbessern und die Informationen bekommen, die wir brauchen.

Informationen erhält man durch Fragen

Die einfachste Art, Informationen zu bekommen, ist Fragen zu stellen. Wenn Sie lernen, wie Sie richtig fragen, werden Sie leichter an die Informationen kommen, die Sie für Ihre Arbeit brauchen. Ich gebe Ihnen einige Beispiele, wie Sie Ihre Arbeit schneller erledigen, wenn Sie gute Fragen stellen:

- ✔ Wenn man Ihnen eine Arbeit zuteilt, sollten Sie wissen, was man von Ihnen erwartet, wie Sie es tun sollen und wann es fertig sein soll. Sie erhalten diese Informationen durch Fragen.
- ✔ Wenn Sie ein Produkt, eine Dienstleistung oder eine Idee verkaufen wollen – und wir alle verkaufen irgend etwas – müssen Sie herausfinden, was die andere Person will, braucht oder wünscht, bevor Sie darlegen, wie Ihr Produkt, Ihre Dienstleistung oder Ihre Idee diesen Wunsch oder Bedarf erfüllt. Diese Informationen erhalten Sie durch Fragen.
- ✔ Wenn Sie Informationen über Ereignisse innerhalb Ihres Unternehmens oder Ihrer Organisation haben möchten, setzen Sie sich mit Kollegen oder Mitarbeitern zusammen und stellen Sie Fragen.
- ✔ Wenn Sie herausfinden möchten, wie es um einen Ihrer Wettbewerber steht, stellen Sie ein paar Fragen.
- ✔ Wenn Sie jemand vom anderen Geschlecht treffen und herausfinden möchten, ob er oder sie am Samstagabend Zeit hat, sollten Sie einige Fragen stellen. (Zeitmanagement ist eine Sache, aber das hier ist wirklich wichtig!)

Je besser Sie fragen können, desto leichter erhalten Sie die Information, die Sie brauchen, um Ihre Arbeit zu erledigen, Ihre Firma erfolgreicher zu machen, Ihre Karriere zu fördern und vielleicht profitieren Sie auch in Ihrem gesellschaftlichen Leben davon.

Ermuntern Sie Ihren Gesprächspartner zu reden

Die meisten lieben es, über sich selbst zu reden, also lassen Sie sie. Wenn Sie eine Reihe von Fragen stellen – manchmal über einen längeren Zeitraum hinweg – erfahren Sie meistens alles Wichtige über deren Geschäfte, Aktivitäten, Geschäftsbeziehungen, die Konkurrenz und fast alles andere, was sich in ihrem Leben abspielt.

Fragen ermöglichen Ihnen auch, sich in andere Menschen hineinzuversetzen und Sie lernen, wie andere denken. Durch Fragen erkennen Sie die realen Bedürfnissen und Motive anderer Menschen. Sie erkennen auch Probleme, bei deren Lösung Sie behilflich sein können, Sie können potentielle Geschäfte ausmachen oder sogar neue Möglichkeiten für Ihre Karriere auftun. An folgendes sollten Sie immer denken:

- ✔ Oft gibt es eine große Diskrepanz zwischen dem, was Menschen sagen, und dem, was Sie denken und im tiefsten Innern fühlen.
- ✔ Wenn Sie über sich selbst reden, sind Sie ein Langweiler. Wenn Sie andere zum Reden ermutigen, sind Sie ein guter Gesprächspartner.
- ✔ In Geschäftsbesprechungen sollten Sie mehr zuhören als selber sprechen. Grundsätzlich gilt, daß Sie mindestens 60% der Zeit zuhören sollten. Wenn Sie finden, daß Sie zuviel reden, ist es angebracht, eine neue Frage zu stellen.

Halten Sie sich bedeckt

Ich weiß, daß Sie wahrscheinlich gerne reden, besonders über sich und Ihre Erfolge. (Ich könnte stundenlang über mich selbst sprechen.) Aber Sie kommen im Berufsleben viel weiter, wenn Sie andere zum Reden ermutigen und selbst nur fragen und aufmerksam zuhören. Außerdem können Sie viel lernen, wenn Sie anderen zuhören.

Wenn Sie während eines Gespräches etwas gefragt werden, geben Sie eine kurze Antwort und schließen an Ihre Antwort sofort eine neue Frage an.

So verschlossen kann man sein. Vor einigen Jahren las ich in der Zeitung einen Artikel über den verstorbenen Bill Casey, den ehemaligen Direktor der Central Intelligence Agency (CIA). Er war so verschlossen, daß er Ihnen wahrscheinlich nur dann gesagt hätte, daß Ihre Jacke Feuer gefangen hat, wenn Sie gefragt hätten: »Brennt meine Jacke?« Dann hätte er wohl mit einem kurzen »Ja« geantwortet.

Wer fragt, kontrolliert das Gespräch

Wenn Sie eine Reihe von Fragen stellen, können Sie das Gespräch steuern. Die erste Frage zu stellen ist einfach, aber eine zweite, dritte oder vierte Frage wird schon viel schwieriger. Wenn Sie das jedoch schaffen, sind Sie in der glücklichen Lage, das Gespräch zu kontrollieren.

Ihr Ziel ist, Ihren Gesprächspartner am Reden zu halten. So bekommen Sie nützliche Informationen. (z.B. Wo wohnen Sie? Wie ist Ihre Telefonnummer? Haben Sie schon Pläne fürs Wochenende? Schade ...) Je mehr Informationen Sie haben, desto besser machen Sie Ihren Job.

Wenn jemand das Interesse verliert, während Sie reden, sich Tagträumen hingibt oder einschläft, fragen Sie einfach etwas und bringen ihn so ins Leben zurück. Dann muß er nicht nur aufwachen und die Spinnengewebe vor seinem Gehirn beseitigen, sondern auch aufmerksam zuhören, da er weiß, daß man eine Antwort von ihm erwartet.

Möchten Sie ein paar Worte sagen?

Sie haben es wahrscheinlich nie gemerkt, aber wenn Sie es schaffen, jemanden am Reden zu halten, verschaffen Sie sich einen enormen Vorteil. Man kann mit einer Geschwindigkeit von 1.200 Worte pro Minute denken, aber nur 250 Wörter pro Minute sprechen. Wenn sich jemand konzentriert und 250 Wörtern pro Minute spricht, können Sie gleichzeitig mit ca. 1.200 Worten pro Minute über Ihre Antwort nachdenken. Sie denken mehr als fünf mal so schnell wie der andere redet.

Die Kunst, Fragen zu stellen

Fragen zu stellen, ist eine Kunst. Es ist leicht, eine oder zwei Fragen zu stellen, aber man muß viel Arbeit investieren, um zu lernen, wie man mehrere Fragen stellt. Sie werden merken, daß Sie Übung brauchen, die richtigen Fragen auf die richtige Weise zur richtigen Zeit zu stellen. Aber wenn Sie den Dreh heraus haben, werden Sie erstaunt sein, wieviel Informationen die Leute bereitwillig herausrücken, wenn Sie bloß fragen.

Versuchen Sie, die Schwächen der anderen auszumachen

Viele Menschen im Verkauf benutzen einen bestimmten Ausdruck, um zu erklären, warum sie viele Fragen stellen: Sie möchten die *Schwächen* einer Person herausfinden. Was sind Schwächen? Wenn Sie wissen, was jemand mag oder nicht mag, wenn Sie wissen, was eine Person aufregt oder beschäftigt, wenn Sie die Probleme des anderen kennen, dann haben Sie seine oder ihre Schwächen herausgefunden.

Wenn Sie wissen, wann Sie was sagen können, wird es leichter für Sie sein, von Ihrem Gesprächspartner ein »Ja« zu hören, egal, was Sie vorschlagen. (Wenn Sie wissen, wann Sie etwas besser nicht sagen, können Sie heikle Situationen vermeiden.)

Versuchen Sie, die Schwächen Ihres Chefs, Ihrer Kollegen, Mitarbeiter, Ihrer größten Kunden und Klienten sowie anderer für Sie wichtigen Personen herauszufinden, und Sie werden Ihre Beziehungen zu diesen Menschen erheblich verbessern.

Um eine Konversation aufrecht zu halten, stellen Sie offene Fragen

Wenn Sie offene Fragen stellen, ermutigt das andere, nicht nur zu reden und so die Unterhaltung fortzusetzen, sondern bietet ihnen auch die Gelegenheit, ihre Gedanken, Meinungen oder Anmerkungen zu erklären. Durch offene Fragen bitten Sie den anderen, Ihnen eine informative und beschreibende Antwort zu geben.

Um offene Fragen zu formulieren, müssen Sie nur die sogenannten W-Wörter benutzen:

- ✔ Wer?
- ✔ Was?
- ✔ Wann?
- ✔ Warum?
- ✔ Wo?
- ✔ Wie?

Wie soll der Befragte diese Fragen jetzt noch mit »Ja« oder »Nein« beantworten, ohne offensichtlich auszuweichen?

Während meiner Schulzeit hatte ich oft Gespräche folgender Art mit meiner Mutter:

Mutter: Jeff, wo gehst du hin?

Ich: Weg.

Mutter: Wann kommst du zurück?

Ich: Später.

Mutter: Mit wem gehst du weg?

Ich: Mit Freunden.

(Wie Marlon Brando in »The Wild Bunch«, nicht wahr?)

Vermeiden Sie geschlossene Fragen

Das Gegenteil von offenen Fragen sind Fragen, auf die man einfach mit »Ja« oder »Nein« antworten kann. Wenn Sie jemandem die Möglichkeit bieten, eine Frage nur mit »Ja« oder »Nein« zu beantworten, sind Sie schnell an einem Punkt angelangt, an der die Unterhaltung abstirbt. Eine Unterhaltung kann nicht sinnvoll sein, wenn man lediglich Ja- oder Nein-Antworten bekommt.

Calvin Coolidge, der 30. Präsident der Vereinigten Staaten, hatte den Spitznamen »Der stille Cal«, weil er nie sehr viel sagte. Eines Tages sagte ein Reporter zu dem Präsidenten: »Ich wette mit Ihnen um 10 $, daß ich Sie dazu bringe, mehr als zwei Worte zu sagen.« Der stille Cal antwortete: »Nö.«

Stellen Sie keine Negativfragen

Wenn man negative Fragen stellt, kann sich der Verlauf, die Stimmung, der Ton und der Fluß der Konversation rasch ändern und in eine falsche Richtung abdriften. Sie sollten immer positiv über etwas sprechen. Anstatt zu sagen: »Was gefällt Ihnen nicht an ...« sollten Sie »Was möchten Sie verbessern?« fragen. Oder statt »Was habe ich falsch gemacht« sollten Sie besser fragen »Was hätte ich anders machen sollen? Wie kann ich es besser machen?«

Wenn Sie etwas nicht verstehen, bitten Sie um Klärung

Wenn Sie etwas fragen, aber nicht sicher sind, wie die Antwort gemeint war, sollten Sie um Klarstellung bitten. Auf diese Weise verdeutlichen Sie auch Ihr Interesse an dem Gesagten. Sie können z.B. sagen:

Können Sie mehr ins Detail gehen?

Was meinen Sie damit?

Wie kamen Sie zu diesem Schluß?

Wenn Sie um mehr Einzelheiten bitten, erhalten Sie zusätzliche Informationen.

Umschreiben Sie, fassen Sie zusammen, was Ihr Gesprächspartner sagt

Während eines Gesprächs sollten Sie Ihrem Gesprächspartner immer ein positives Feedback geben, ein Lächeln, ein Kopfnicken oder ein Augenzwinkern, um zu signalisieren, daß er weiterreden soll. Wenn Sie das gerade Gesagte umschreiben oder zusammenfassen, ermutigen Sie Ihren Gesprächspartner fortzufahren. Es zeigt auch, daß Sie sich bemühen, alles richtig zu verstehen.

Um zu umschreiben, was Ihr Gesprächspartner gesagt hat, können Sie Ihre Sätze z.B. folgendermaßen beginnen:

Wenn ich Sie richtig verstehe, ...

Mir scheint ....

Indem Sie alles zusammenfassen, geben Sie dem Partner ein Feedback und bestätigen gleichzeitig, daß Sie alles richtig verstanden haben.

Weitere Techniken, wie man ein Gespräch aufrecht erhält

Außer der Möglichkeit, Fragen zu stellen, gibt es noch andere Techniken, wie Sie Ihren Gesprächspartner ermutigen, fortzufahren und Ihr Interesse an dem Gespräch demonstrieren.

Die Echo-Technik

Diese Technik ist eine einfache Methode, um Ihren Gesprächspartner am Reden zu halten. Setzen Sie diese Technik effektiv ein, brauchen Sie selbst nicht viel nachzudenken oder zu sprechen. Diese Technik ist besonders wirksam, wenn Sie steckenbleiben und nicht mehr wissen, was Sie noch sagen können, denn Sie können ein paar Augenblicke überbrücken und darüber nachdenken, was Sie als nächstes sagen möchten.

Wenn Sie diese Technik anwenden, wiederholen Sie einfach die letzten Worte dessen, was Ihr Partner sagte und bilden eine Frage. Zum Beispiel:

»Ich komme gerade von einem Meeting mit meinem Chef.«

»Ihrem Chef?«

»Ja. Er gab mir noch ein neues Projekt, das er morgen haben möchte.«

»Morgen?«

»Ja, es ist für die Pepperdine Manufacturing. Wissen Sie, das neue Geschäft, das er letzte Woche abgeschlossen hat.«

»Letzte Woche?«

»Ja. Er war auf dem Rückflug von Toledo und begann ein Gespräch mit dem Typ, der neben ihm saß ...«

Nun haben Sie eine Vorstellung, wie so ein Gespräch aussehen kann. Theoretisch können Sie die Echo-Technik stundenlang anwenden. Praktisch können Sie sie aber nur ein paar Mal einsetzen, da der Gesprächspartner nicht lange braucht, um zu bemerken, was Sie damit bezwecken. Sie können daher auch als Variante zwischendurch einfach ein »Oh?«, »Ah!« oder »hmm« einwerfen. Lesen Sie jetzt weiter, denn im folgenden Abschnitt erkläre ich Ihnen diese wunderbare Methode noch näher.

»Oh?«, »Ah!« oder »hmm« und Kopfnicken

Anstatt alles während eines Gesprächs zu wiederholen, können Sie zur Abwechslung ein gelegentliches »Oh?«, »Ah!« oder »hmm« einwerfen. Egal, was die Person sagt, antworten Sie einfach mit »Oh?«, »Ah!« oder »hmm«, und der andere spricht weiter.

Mit dieser einfachen Technik haben Sie die Möglichkeit, Ihrem Gesprächspartner zu signalisieren, daß Sie immer noch zuhören und lassen ihn wissen, daß er fortfahren soll. Besonders effektiv ist auch ein gleichzeitiges Kopfnicken als Zeichen der Zustimmung. Kommen wir nochmals auf die obige Unterhaltung zurück:

»Ich komme gerade von einem Meeting mit meinem Chef.«

»Oh?«

»Ja. Er gab mir noch ein neues Projekt, das er morgen haben möchte.«

»Morgen?«

»Ja, es ist für die Pepperdine Manufacturing. Wissen Sie, das neue Geschäft, das er letzte Woche abgeschlossen hat.«

»Oh?«

»Ja. Er war auf dem Rückflug von Toledo und begann ein Gespräch mit dem Typ, der neben ihm saß...«

Wenn Sie etwas Spaß haben möchten und Ihr Verhältnis zu Ihrer Gattin oder Gatten oder sonst jemandem, der Ihnen wichtig ist, verbessern möchten, setzen Sie einmal die Echo-Technik oder eine ähnliche Methode ein. Wenn Sie heute abend von der Arbeit nach Hause kommen, beginnen Sie die Unterhaltung z.B. mit folgender Frage: *»Wie war dein Tag heute?«*

Beobachten Sie, wie lange das Gespräch dauert. Sie werden schnell feststellen, daß sich ihre oder seine Augen aufhellen, denn er oder sie bemerkt, daß Sie ihm oder ihr Ihre ganze Aufmerksamkeit schenken. Am Ende der Unterhaltung wissen Sie über alles Bescheid, was im Laufe des Tages passiert ist, und sie oder er denkt, daß Sie ein toller Gesprächspartner sind.

Spiegeln Sie die Gefühle und Emotionen Ihres Gesprächspartners wider

Wenn Ihr Gesprächspartner Gefühle und Emotionen zeigt oder artikuliert, sollten Sie diese reflektieren. Als Teil Ihrer Antwort sollten Sie einen Blickkontakt herstellen, Betroffenheit zeigen und als Zustimmung oder Unglauben nicken, je nachdem wie es die Situation verlangt. So bestätigen Sie, daß Sie aufmerksam zugehört haben und zeigen eine emotionale Reaktion. Sie können Gefühle oder Emotionen meistens an der Stimme, der Wortwahl oder am Blick erkennen. Jemand, der moralische Unterstützung braucht, sagt z.B.:

Finden Sie das fair?

Glauben Sie, daß ich das Richtige getan habe?

Aber Sie müssen nicht unbedingt eine Reaktion zeigen, wenn jemand eine emotionale Frage stellt. Statt dessen ist es vielleicht angebracht, die Frage mit einer Frage zu beantworten, wie z.B.: »Was glauben Sie?«

Es ist besser, mehr zuzuhören und weniger zu reden

Fragen zu stellen, ist nur eine Voraussetzung, um ein guter Gesprächspartner zu sein. Wenn Sie das sicher beherrschen, sollten Sie als nächstes lernen, den Antworten aufmerksam zuzuhören, damit Sie ein positives Feedback geben und je nachdem eine weitere Frage stellen können. Auf diese Weise können Sie das Gespräch in die Richtung lenken, in die Sie es haben möchten.

Derjenige, der redet, dominiert das Gespräch. Derjenige, der zuhört, kontrolliert es. (Dasselbe gilt für »diejenige«).

Wie man ein brillanter Gesprächspartner wird

- ✔ Zeigen Sie Interesse an dem, was der andere sagt.
- ✔ Bemühen Sie sich zu verstehen, was der andere Ihnen mitteilen will.
- ✔ Bemühen Sie sich, den Standpunkt des anderen zu verstehen, selbst wenn Sie ihn nicht teilen.
- ✔ Lassen Sie Ihren Gesprächspartner wissen, daß Sie seinen oder ihren Ansichten nicht zustimmen, wenn der Zeitpunkt günstig ist.
- ✔ Sagen Sie nichts, wenn Schweigen die beste Antwort ist.
- ✔ Beginnen Sie das Gespräch nicht mit bereits ausgedachten Ideen.
- ✔ Argumentieren Sie nicht, auch wenn Sie dem Gesprächspartner nicht zustimmen.
- ✔ Unterbrechen Sie nicht, es sei denn, Sie haben einen guten Grund.
- ✔ Urteilen Sie nicht vorschnell.
- ✔ Tun Sie ihre Meinung nur dann kund, wenn man Sie darum bittet.
- ✔ Geben Sie keine Ratschläge oder Kommentare bezüglich des Verhaltens (sagen Sie der Person nur, daß sein oder ihr Verhalten Sie bewegt), es sei denn, man bittet Sie darum.

- Gestatten Sie sich keine emotionalen Reaktionen auf eine Aussage, bleiben Sie unverbindlich und werden Sie nicht wütend.
- Schneiden Sie Ihrem Gesprächspartnern nicht das Wort ab. Lassen Sie ihn seine Gedanken beenden, bevor Sie Ihre äußern oder weitere Fragen stellen.

Ein Gespräch zu gewinnen, heißt aktive Techniken zu nutzen, um den Fluß des Gesprächs zu steuern, damit Sie und Ihr Gesprächspartner die Möglichkeit haben, sich gänzlich mitzuteilen.

Helfen Sie anderen, Entscheidungen (schneller) zu treffen ...

8

In diesem Kapitel

- So bewegen Sie andere dazu, »Ja« zu sagen
- So bewegen Sie eine Organisation dazu, »Ja« zu sagen
- So gehen Sie mit Einwänden um
- So führen Sie eine Verhandlung

Wenn Sie glauben, daß die meiste Zeit im Geschäftsleben mit Besprechungen verschwendet wird, liegen Sie falsch. Der größte Zeitfresser ist heutzutage die Unfähigkeit der Menschen, Entscheidungen zu treffen. Wir verbringen alle Stunden über Stunden in Besprechungen, aber wenn eine Entscheidung getroffen und tatsächlich etwas getan werden soll, wird meistens nur entschieden, wann die nächste Besprechung stattfindet. Wenn eine Entscheidung aber nicht rechtzeitig getroffen wird, ist meistens die Chance vertan.

Eines Tages versuchten Mitzi und ich (Mitzi ist meine Frau) zu entscheiden, welchen Kinofilm wir uns ansehen wollten, und da sich keiner von uns beiden entscheiden konnte, haben wir am Ende alle Filme verpaßt.

Warum ist es für viele Menschen schwer, eine Entscheidung zu treffen? Weil sie Angst haben, sie könnten einen Fehler machen; sie haben kein Vertrauen, daß sie die *richtige* Entscheidung treffen, und sie sind am Ende wie gelähmt. Wenn man vermeidet, Entscheidungen zu treffen, wird nichts getan. Wenn Sie es im Berufsleben zu etwas bringen wollen, müssen Sie Entscheidungen treffen können und andere motivieren, Entscheidungen zu treffen.

Ein sehr beliebtes Mittel, das Personen oder Organisationen nutzen, um etwas abzuwenden, zu verzögern oder hinauszuschieben ist der *Einwand*! Mit Einwänden umzugehen und sie richtig zu behandeln, ist Teil unseres Geschäfts und unseres Lebens. Jeden Tag verkaufen wir anderen Gedanken, Ideen, Konzepte, Produkte oder Dienstleistungen. Man versucht, der Abteilung einer Firma eine neue Computer-Software zu verkaufen, ein Geschäft über mehrere Millionen abzuschließen, oder man möchte für Samstag abend ein Date verabreden. Wenn wir die Zeit, die wir brauchen, um Entscheidungen zu treffen, komprimieren, können wir unsere Arbeit schneller erledigen.

Ihr Ziel ist ein »Ja«

Ich weiß nicht, womit Sie sich Ihren Lebensunterhalt verdienen – ich bin ja schließlich nur der Autor – aber wahrscheinlich werden Sie, wie die meisten Menschen, irgend etwas verkaufen. Und das jeden Tag. Vielleicht verkaufen Sie einer Firma ein Produkt oder eine Dienstleistung, Ihrem Chef eine neue Idee, vielleicht versuchen Sie, Ihren neuen Arbeitgeber davon zu überzeugen, daß Sie der beste Kandidat für den Job sind, oder Sie versuchen, Ihren Nachbarn/Nachbarin zum Abendessen zu überreden.

Aber was auch immer Sie verkaufen, Sie müssen den anderen dazu bringen, »Ja« zu sagen. Menschen treffen Entscheidungen, weil sie ihre eigenen Gründe dafür haben, nicht Ihre oder meine (ich weiß, daß diese Erkenntnis schmerzt). Wenn Sie aber die Gründe herausbekommen, die Schwächen also, dann sind Ihre Versuche, trotzdem ein »Ja« zu erhalten, nicht mehr *so* aussichtslos.

Die meisten Menschen haben ihre Gründe, warum sie etwas entscheiden. Man entscheidet sich eher für etwas, wenn man es fühlen, anfassen oder sehen kann.

Das ABC des Verkaufens

Wenn Sie versuchen, jemanden zu einem »Ja« zu bringen, sollten Sie immer das ABC des Verkaufens vor Augen haben:

Advantage = Vorteil: Werben Sie mit den Vorteilen des Produktes, der Dienstleistung oder Idee.

Benefit = Nutzen: Sprechen Sie über den Wert des Produktes, der Dienstleistung oder der Idee, und machen Sie der Person, die Sie überzeugen möchten, den Nutzen klar. Erklären Sie, wie die Eigenschaften helfen, Probleme zu lösen oder die Lebensqualität zu verbessern.

Commitment = Verpflichtung: Bringen Sie den anderen dazu, sich verpflichtet zu fühlen, damit er signalisiert, daß er das, was Sie verkaufen, besitzen möchte.

Nehmen Sie ein »Nein« nicht einfach hin

Die einzige Möglichkeit, jemanden zu einem »Ja« zu bringen, ist, ihn nach einem »Ja« zu fragen. Wenn Sie nicht danach fragen, werden Sie es nicht erhalten. Wenn Sie das erste Mal nach einem »Ja« fragen, erhalten Sie wahrscheinlich ein »Nein«. Wenn man Ihnen gleichzeitig einen Grund dafür nennt, ist das ein »Einwand«. Sie sind wahrscheinlich zu Tode erschrocken, aber das sollte Sie nicht davon abhalten, weiter nach einem »Ja« zu fragen. Ein

Einwand ist nicht das Ende. Sie müssen nur etwas mehr reden und mit dem anderen darüber sprechen, warum die Antwort »Nein« lautete.

Sie müssen hartnäckig sein, wenn Sie jemanden zu einem »Ja« bringen wollen. Ich habe in einer Zeitung einmal eine interessante Statistik gesehen. Es ging um Personen, die jemanden etwas fragten, um ein »Ja« zu erhalten, und statt dessen ein »Nein« zu hören bekamen. Hier die verschiedenen Reaktionen auf das Nein:

- ✔ 44% der Befragten gaben auf, nachdem sie das erste »Nein« erhielten, und gingen in ihr Büro zurück.
- ✔ Nach dem zweiten »Nein« gaben 22% auf und gingen in ihr Büro zurück.
- ✔ Nachdem sie das dritte »Nein« zu hören bekamen, gingen 14% zurück und gaben auf.
- ✔ Nach dem vierten »Nein« gaben 12% auf und gingen in ihr Büro zurück.

Diese Statistik zeigt, daß 66% der Menschen nach dem zweiten »Nein« aufgeben, 80% nach einem dritten »Nein«, und 92% nach dem vierten »Nein« ihre Sachen packen und gehen, ohne eine Mark verdient zu haben.

Wenn Sie also ein »Ja« für Ihr Produkt, Ihre Dienstleistung oder Ihre Idee hören möchten, sollten Sie darauf vorbereitet sein, daß es länger dauern kann. Sie sollten einplanen, eventuell fünf-, sechs- oder siebenmal nach einem »Ja« zu fragen, bevor Sie aufgeben. Nur weil jemand ein- oder zweimal »Nein« sagt, heißt das noch nicht, das er es auch beim dritten-, vierten- oder fünftenmal noch tut.

Wenn Sie nicht abgewiesen werden, haben Sie es nicht gut genug versucht. (Mein Herausgeber schrieb mir einmal folgendes: »Jeff, das trifft wohl auf meine Karriere als Schriftsteller zu. Ich bin viele Male abgewiesen worden, aber jetzt schon lange nicht mehr – wahrscheinlich weil ich schon lange keinen Artikel mehr eingeschickt habe. Ich sollte das mal wieder machen.«)

Eine Abhandlung über Meerestiere

In einem großen Aquarium war ein Barrakuda zusammen mit einem anderen Fisch, der das bevorzugte Fressen des Barrakudas war. Der Barrakuda hatte nur ein kleines Problem: Sein Fressen war in einem Glasgefäß eingeschlossen. Jedesmal, wenn der Barrakuda versuchte, sich den Fisch zu schnappen, rammte er das Glas und stieß sich die Nase. Er versuchte das immer und immer wieder, und seine Nase hatte sich schon ganz entzündet. Nach ein paar Tagen nahm man den Fisch aus dem Glasgefäß heraus, ließ ihn frei und er konnte dahin schwimmen, wohin er wollte. Der Barrakuda jedoch verhungerte.

Zustimmung ist die Voraussetzung

Zu einem »Ja« zu kommen, ist ein Prozeß, der Zustimmung voraussetzt. Wenn Sie mit jedem Einwand richtig umgehen, können Sie die Meinung des anderen über Ihr Produkt, Ihre Dienstleistung oder Idee ändern. Ihr Ziel ist, jemanden von einer gewissen Gleichgültigkeit zu einem ernsthaften Interesse an Ihrem Produkt zu bringen.

Gleichgültigkeit ist eine schwierige Hürde

Wenn jemand sagt: »Ich denke darüber nach« oder »Es eilt nicht«, ist das meistens ein Anzeichen dafür, daß er von Ihrer Idee nicht sehr angetan ist. Entweder hat Ihr Vorschlag oder Ihre Präsentation ihn nicht überzeugt, oder er ist mit der gegenwärtigen Situation nicht sonderlich unzufrieden und daher für Veränderungen nicht bereit. Solch eine Gleichgültigkeit rührt meistens von den vier grundlegenden »Kein« her:

- ✔ **Kein Vertrauen:** Ich vertraue Ihnen nicht.
- ✔ **Kein Bedarf:** Ich sehe keinen Bedarf für Ihr Produkt, Dienstleistung oder Idee.
- ✔ **Keine Hilfe:** Ich sehe zwar Bedarf, aber Sie haben mich nicht überzeugt, daß Ihr Produkt, Dienstleistung oder Idee mir hilft.
- ✔ **Keine Eile:** Okay, Sie können meinen Bedarf decken, aber mein Problem ist nicht so dringlich, daß ich jetzt unbedingt für Abhilfe sorgen muß.

Um jemanden zu einem »Ja« zu bringen, müssen Sie diese vier »Kein« erkennen und dann nacheinander aus der Welt schaffen.

Wenn Sie merken, daß eine Person gleichgültig ist, müssen Sie nachforschen: Was verursacht sein Desinteresse oder seine Unzufriedenheit? (Mehr Informationen darüber, wie man Fragen stellt, finden Sie in Kapitel 7). Die Antworten erhalten Sie, indem Sie offene Fragen stellen, also solche, die man nicht mit »Ja« oder »Nein« beantworten kann. Ihr Ziel ist, dem Gegenüber sein Problem bewußt zu machen, oder ihm klarzumachen, daß er mit etwas vollkommen unzufrieden ist. Dann können Sie ihm erklären, daß Ihr Produkt, Ihre Dienstleistung oder Idee die Lösung seines Problems ist.

Erkennen Sie das magische Moment

In jedem erfolgreichen Verkaufsgespräch gibt es ein sogenanntes *magisches Moment*, an dem der Käufer zustimmt und »Ja« sagt. Sie müssen die Signale hierfür erkennen und nutzen. Es kann eine einfache physikalische Geste – ein leichtes Vorlehnen bedeutet z.B.: »Ich bin bereit, ja zu sagen« – oder auch ein Augenzwinkern oder ein Lächeln sein. Wenn Sie ein solches Signal hören, spüren oder sehen, sollten Sie Ihre Präsentation sofort unterbrechen und versuchen, einen Abschluß zu machen.

Ihr Ziel ist, das Verkaufsgespräch mit einem »Ja« des potentiellen Kunden abzuschließen, und nicht, Ihre Präsentation zu Ende zu führen.

Fragen Sie nach dem »Wie«

Eine der effektivsten Methoden, ein Geschäft abzuschließen, ist über das »Wie« zu sprechen, nicht über das »Ob«. Bitten Sie den anderen, aktiv zu werden. Um ein Geschäft abzuschließen, müssen Sie nach einem Auftrag fragen. Wenn Sie nicht danach fragen, werden Sie keinen bekommen.

Wer darf Entscheidungen treffen?

In jedem Geschäft, ob in einem großen internationalen Konzern oder bei einem Einzelhändler, gibt es bestimmte Abläufe, wie Entscheidungen getroffen werden. Wenn Sie erfolgreich sein und ein »Ja« hören wollen, sollten Sie wissen, wie der Entscheidungsprozeß in dem jeweiligen Unternehmen abläuft.

Wenn Entscheidungen von mehr als einer Person getroffen werden, müssen Sie wissen, wer diese Personen sind, welche Funktion sie haben und inwiefern sie in den Prozeß der Entscheidungsfindung einbezogen sind.

Wenn Sie die Entscheidungsträger kennen, sollten Sie sich mit ihnen treffen oder telefonieren, um sie für sich zu gewinnen und ihnen den Nutzen Ihres Produktes, Ihrer Dienstleistung oder Ihrer Idee nahezubringen.

Wer darf »Ja« sagen?

Wenn Sie eine einzelne Person oder ein Unternehmen dazu bringen wollen, eine Entscheidung zu treffen, sollten Sie zunächst herausbekommen, wer die Entscheidungen treffen darf. Wer hat die Autorität »Ja« zu sagen? Wenn Sie das herausgefunden haben – vielleicht war er oder sie nicht Ihre erste Ansprechpartnerin bzw. Ansprechpartner - sollten Sie ihr oder ihm die Vorteile Ihres Produktes erläutern.

Wenn Sie nicht mit dem Entscheidungsträger direkt verhandeln, verschwenden Sie oft viel Zeit, Energie und Geld.

Wer darf »Nein« sagen?

In jeder Organisation gibt es Mitarbeiter, die zwar nicht genügend Kompetenz haben, um »Ja« zu sagen, die aber »Nein« sagen dürfen, und alles, was Sie anbieten, abblocken können. Sie sollten herausfinden, wer zu dieser Gruppe gehört und versuchen, sie für sich bzw. Ihr Produkt zu gewinnen.

Ein »Nein« ist nur solange ein »Nein«, bis es ein »Ja« wird

Egal wie nett, freundlich und höflich jemand ist, ein »Nein« ist nur solange ein »Nein«, bis es ein »Ja« wird. Gelegentlich kommen Sie mit Menschen in Kontakt, die Ihnen zwar alle Anzeichen für ein »Ja« geben, sich aber nie richtig festlegen. Obwohl Sie lange Telefonate führen oder persönlich mit ihnen sprechen, gehen sie keine Verpflichtung ein. Sie halten Sie hin, erhöhen Ihre Erwartungen, aber sagen immer noch nicht »Ja«. Statt dessen lassen sie Sie in der Luft hängen und sagen noch nicht einmal »Nein«.

Seien Sie auf der Hut vor diesem Typ Mensch. Er ist gefährlich. Er hat nicht den Mut, Ihnen die Wahrheit zu sagen: Er ist nicht interessiert. Oder noch schlimmer, er hat einfach nicht die Kompetenz, »Ja« zu sagen. Das Ärgerlichste ist jedoch, daß es solchen Leuten ganz egal ist, daß Sie viel Zeit, Mühe und Geld investiert haben, und sie Sie auch noch dazu ermutigt haben.

Verhandeln Sie mit jemand, der Entscheidungen beeinflussen kann

Manchmal verhandeln Sie mit einer Person, die zwar selbst keine endgültige Entscheidung treffen darf, diese aber wesentlich beeinflußt. Wenn Sie zum Beispiel mit dem Präsidenten eines Unternehmens verhandeln, muß er möglicherweise die Zustimmung des Vorstands einholen, bevor er mit »Ja« antworten darf. Oder jemand braucht erst das Ok seines Abteilungs- oder Hauptabteilungsleiters, bevor er weiterverhandeln kann. Bei Einzelpersonen kann jemand vielleicht keine Entscheidung treffen, bevor er oder sie nicht mit dem Ehepartner gesprochen hat.

In solchen Situationen müssen Sie der Person, die die Entscheidung wesentlich beeinflußt, Ihr Produkt überzeugend verkaufen. Ansonsten wird der- oder diejenige Ihre Sache den Entscheidungsträgern ohne große Begeisterung präsentieren.

Um herauszufinden, ob die Person, mit der Sie verhandeln, Entscheidungen treffen darf oder sich erst mit anderen beraten muß, sollten Sie Fragen stellen, wie z.B.

> *Müssen Sie sich noch mit jemand anderem beraten, bevor Sie die endgültige Entscheidung treffen?*

Hofieren Sie Ihre Joker

Ein »Joker« ist jemand, der in seinem Unternehmen etwas erreichen will, Prestige, Anerkennung oder sonst etwas, indem er Ihren Vorschlag unterstützt und Ihre Sache verfechtet. Wenn Sie mit mehreren Leuten zu tun haben, die am Prozeß der Entscheidungsfindung beteiligt sind, sollten Sie versuchen, diejenigen unter ihnen auszumachen, die Sie unterstützen und Ihnen helfen, Ihre Produkte, Dienstleistungen oder Ideen in ihrem Unternehmen zu fördern. Diese Leute sollten Sie dann immer über Ihre Fortschritte unterrichten.

Vorsicht vor Leuten, die Ihre Sache blockieren

Sie werden auch mit Menschen zu tun haben, die aus irgendwelchen Gründen Ihre Aktivitäten abblocken oder sabotieren und alles, was Sie angehen, zu unterbinden versuchen. Vielleicht haben diese Leute persönliche Gründe dafür oder sind einfach gegen jegliche Veränderungen, vielleicht sind sie aber auch wütend, daß es jemand anderes war, der die Idee hatte.

Um diese Leute »kalt zu stellen«, müssen Sie einen Weg finden, wie Sie um sie herum arbeiten können, so daß andere Personen stärker in den Entscheidungsprozeß einbezogen werden und die Stimme des Blockierers kaum noch Gewicht hat. Wenn so jemand jedoch Ihr einziger Ansprechpartner in einem Unternehmen ist, sollten Sie versuchen, einen anderen zu finden, ansonsten sind Sie raus aus dem Spiel. Hier könnte Ihnen Ihr »Joker« von großem Nutzen sein. Es ist immer gut, einen Coach zu haben, der Ihnen viele wichtige Ratschläge und Informationen geben kann.

Suchen Sie sich einen Coach

Irgendwann kommt jeder mal an einen Punkt, an dem er nicht mehr weiß, wie er weiter vorgehen soll. Man ist nicht sicher, wer die Entscheidungsträger sind, oder wie Entscheidungen in dem Unternehmen getroffen werden, und man braucht jemanden, der einem hilft, durch dieses unbekannte, seichte Wasser zu schiffen. Sie sollten sich jemanden suchen, der so etwas schon einmal gemacht hat; jemanden, der Ihnen Tips und Ideen liefert, Techniken und Strategien beibringt, wie Sie am besten mit der Situation umgehen. Diese Person kann Sie während des gesamten Entscheidungsprozesses hindurch als Coach begleiten.

Ihr Coach kann Ihnen helfen, Angebote und Präsentationen auszuarbeiten, Ihnen Anregungen geben, was Sie sagen und wie Sie es sagen, und Ihnen helfen, eine umfassende Strategie zu entwickeln, damit Sie am Ende ein »Ja« hören.

Wie Sie mit Einwänden effektiv umgehen

Das A und O einer Verhandlung, um am Ende ein »Ja« zu hören, ist Ihre Fähigkeit, mit Einwänden umzugehen. Das machen Sie so: Sie fragen nach allen Gründen, warum man von Ihrem Produkt, Ihrer Dienstleistung oder Idee nicht überzeugt ist. Ermutigen Sie Ihren Verhandlungspartner, ehrlich und offen zu sagen, was er will, was er nicht will, was ihm gefällt, was ihm nicht gefällt, was er braucht oder nicht braucht. Wenn Sie die Gründe, die ihn dazu veranlassen, mit »Nein« zu antworten, kennen, können Sie nacheinander jeden Einwand besprechen, und ihn davon überzeugen, daß er in seinem Interesse »Ja« sagen sollte.

Einwände sind wie ein Mienenfeld. Wenn man sie nicht einzeln lokalisiert, ausgräbt und entschärft, explodieren sie irgendwann.

Hier einige Tips, wie man am besten mit Einwänden umgeht:

- Wenn Sie eine Präsentation vorbereiten, versetzen Sie sich in den Zuhörer und machen sich eine Liste der Einwände, die er vorbringen könnte. Schreiben Sie sich auf, was Sie auf jeden dieser Einwände antworten können.
- Haben Sie keine Angst vor Einwänden. Ein Einwand zeigt oftmals ein ernsthaftes Interesse der Person, und er bedeutet eigentlich nur, daß sie in diesem bestimmten Punkt nicht mit Ihnen übereinstimmt.
- Bringen Sie den anderen dazu, Ihnen *alle* Einwände zu nennen, die er hat. Dann können Sie mit Ihm zuerst über die wichtigsten sprechen.
- Besprechen Sie nicht jeden Einwand in dem Moment, in dem er vorgebracht wird. Wenn Sie auf jeden reagieren, messen Sie ihm möglicherweise mehr Bedeutung und Gewicht zu als nötig und verschwenden kostbare Zeit damit.
- Manche Einwände lösen sich auch in Wohlgefallen auf, wenn man nicht reagiert. Nur die wirklich wichtigen werden nochmals erwähnt.

Es gibt zwei Arten von Einwänden

Einwände können in zwei Kategorien eingeteilt werden: faktische und emotionale Einwände. Der erste ist sinnvoll, der zweite kann sinnvoll sein, ist es aber nicht immer.

- **Faktische Einwände basieren auf Logik.** Ein sinnvoller Einwand basiert auf logischen und faktischen Argumenten. Er ist wertvoll, da man auf diese Weise erkennt, wie eine Person die Fakten aufgenommen hat. Selbst wenn die Aussagen nicht korrekt sind oder auf unbegründeten Behauptungen, einem Gerücht oder falschen Andeutungen basieren, ist es dennoch ein wertvoller Einwand. Faktische Einwände können im Detail besprochen werden, da man die Fakten einer bestimmten Situation analysiert. Falsche Informationen können korrigiert werden, und es kann sich ein längeres Gespräch ergeben.

✔ **Emotionale Einwände sind sehr schwer zu behandeln.** Ein emotionaler Einwand ist weder logisch noch faktisch richtig. Er basiert auf emotionalen Reaktionen und wird oft als Entschuldigung oder Vorwand benutzt. Emotionale Einwände hören sich logisch an, aber wenn Sie sich die Zeit nehmen, sie zu analysieren und darüber nachzudenken, stellen Sie fest, daß sie keinen Sinn machen.

Wenn jemand einen Einwand nach dem anderen vorbringt, und keiner davon wirklich Sinn macht, haben Sie es wahrscheinlich gerade mit jemandem zu tun, der Entscheidungen aufgrund emotionaler Gründe trifft. Ein emotionaler Einwand kann auch durch noch so viele faktische oder logische Informationen nicht aus dem Weg geräumt werden. Die Person sagt »Nein«, wird aber nie den wirklichen Grund dafür nennen.

Wenn Ihnen Ihr Gefühl sagt, daß Sie gerade emotionale Einwände hören, liegt es an Ihnen, die Unterhaltung wieder in die richtige Bahn zu lenken und über Fakten zu sprechen. Wenn Sie das nicht schaffen, sollten Sie Ihre Sachen packen und gehen.

Oftmals sagen Menschen aufgrund ihrer Emotionen »Ja«, rechtfertigen diese Entscheidung dann aber mit faktischen Informationen.

Techniken, um Einwände zu widerlegen

Während Ihres Gesprächs mit potentiellen Kunden, werden Aussagen – manchmal Einwände – gemacht, die ein Anzeichen dafür sind, daß man Ihr Produkt, Ihre Dienstleistung oder Idee nicht kaufen möchte. Um dennoch ein »Ja« zu erreichen, müssen Sie Möglichkeiten finden, was Sie auf diese Aussagen erwidern und wie Sie das Gespräch weiterführen können. Die folgenden Abschnitte erläutern einige Techniken, mit denen man Einwände überwinden kann.

Eine Frage mit einer Frage beantworten

Wenn Sie etwas gefragt werden, müssen Sie nicht unweigerlich eine direkte Antwort geben. Nutzen Sie Ihre Antwort, um dem anderen ebenfalls eine Frage zu stellen, damit Sie mehr darüber erfahren, was er oder sie denkt. Denken Sie daran: Der, der die Fragen stellt, kontrolliert das Gespräch.

Lassen Sie Ihren Gesprächspartner sprechen

Ermutigen Sie den anderen zu sagen, was er will oder nicht will, was er mag oder nicht mag, was er braucht oder nicht braucht. Widerstehen Sie der Versuchung, auf jede Aussage etwas zu erwidern. Und unterbrechen Sie den anderen nicht in seinem Redefluß.

Stimmen Sie zu, daß der angesprochene Punkt wichtig ist

Es ist in Ordnung, wenn Sie sagen: »Gut, daß Sie das ansprechen.« Das heißt nicht, daß Sie dem anderen zustimmen, aber es zeigt, daß Sie das angeschnittene Thema wichtig finden. Sie können z.B. folgendes sagen:

Ich verstehe, warum Sie das erwähnen ...

Ich verstehe Ihre Gefühle.

Da ist eine interessante Beobachtung, die Sie da gemacht haben.

Sie haben da einen wichtigen Punkt angeschnitten.

Selbst wenn Sie mit Ihrem Gegenüber nicht übereinstimmen, sollten Sie versuchen, sich positiv auszudrücken. Ein »Nein« ersetzen sie durch

Ja, aber ...

Auf diese Weise *sieht es aus*, als ob Sie der Meinung des anderen sind, in Wirklichkeit sind Sie es aber nicht.

Klären Sie solche Aussagen

Wenn Sie möchten, daß Ihnen die Person, mit der Sie reden, eine bestimmte Aussage näher erläutert, bitten Sie sie um Klärung, indem Sie z.B. sagen:

Wie kommen Sie zu diesem Schluß?

Warum fühlen Sie so?

Es scheint mir, als ob Sie einen ernsten Grund dafür haben. Würde es Ihnen etwas ausmachen, mir den Grund zu nennen?

Identifizieren Sie alle wichtigen Punkte

Je mehr Sie andere zum Reden bewegen können, desto leichter wird es Ihnen fallen, die wichtigsten Punkte zu erkennen und zu sondieren. Um den anderen zu ermutigen, weiterzureden, können Sie Fragem stellen, wie z.B.:

Gibt es sonst noch etwas, was Sie stört?

Gibt es noch andere Punkte, die Sie besprechen möchten?

Einer der Gründe, warum Sie Fragen stellen, ist, herauszufinden, was der andere *wirklich* will, und nicht, was Sie *glauben*, was er will. Wenn Sie das getan haben, ist es viel leichter, von dem anderen ein »Ja« zu hören.

Zeigen Sie Reaktionen

Um zu bestätigen, daß Sie das Gesagte verstanden haben, sollten Sie den Aussagen ein Feedback geben, indem Sie sagen:

Wenn ich Sie richtig verstanden habe, sagten Sie ...

Wenn ich Sie richtig verstanden habe, machen Sie sich Sorgen wegen ...

Wenn ich Sie richtig verstanden habe, glauben Sie ...

Schwächen Sie einen Einwand ab, indem Sie eine Konfrontation vermeiden

Egal, was jemand sagt, besonders wenn er oder sie sich aufregt, Sie sollten nicht anfangen zu argumentieren. Vielleicht gewinnen Sie den Streit, aber Sie werden es nie schaffen, der Person ein »Ja« abzuringen, es sei denn, Sie erwidern etwas wie:

Ich verstehe, warum sie so fühlen, jedoch ...

Die Umschreibung *»Ich verstehe ...«*, in einem ruhigen, freundlichen Tonfall vorgebracht, kann sehr wirksam sein, wenn eine explosive Situation oder Konfrontation entschärft werden muß, ohne daß Sie gezwungen sind zuzugeben, ob Sie der Aussage zustimmen oder nicht.

Sondieren Sie den wichtigsten Einwand

Versuchen Sie immer, den wichtigsten Einwand herauszufiltern. Gewissermaßen ist dieser Einwand der einzige Grund, warum der andere jetzt keine Entscheidung trifft. Wenn Sie mit diesem Einwand richtig umgehen, ist der andere bereit, »Ja« zu sagen. Um diesen Einwand zu sondieren, können Sie z.B. sagen:

Gibt es noch andere Gründe außer diesem Einwand, warum Sie sich nicht entschließen können, das Ok für eine weitere Zusammenarbeit zu geben?

Wenn ich Sie richtig verstehe, (Name), wären Sie bereit, uns jetzt ein Ok für eine weitere Zusammenarbeit zu geben, wenn ich Ihnen darlege, wie unser (Produkt, Dienstleistung, Konzept, Idee) Ihnen sehr viel Zeit (Geld) einspart?

Atmen Sie immer tief durch, bevor Sie sprechen

Bevor Sie etwas auf einen Einwand erwidern, sollten Sie stets tief durchatmen. So schlagen Sie zwei Fliegen mit einer Klappe: Sie füllen Ihre Lungen mit Luft, so daß Ihre Stimme tiefer und imposanter klingt, und Sie haben etwas Zeit, um Ihre Gedanken zu ordnen.

Geben Sie Ihrem Gesprächspartner einen Stift, wenn Sie einen Punkt besonders hervorheben möchten

Möchten Sie einen Punkt besonders betonen, geben Sie Ihrem Kunden einen Stift und ein Blatt Papier, und bitten Sie ihn, sich Notizen zu machen. So erreichen Sie, daß man Ihnen die Aufmerksamkeit schenkt und gut zuhört.

Das Beispiel eines Versicherungsvertreters

Ein Freund von mir, ein Vertreter für Lebensversicherungen, erzählte mir einmal voller Stolz, wie effektiv er alle Einwände aus dem Weg geräumt hat, die einer seiner aussichtsreichen Kunden vorgebracht hatte. Er war so stolz, weil er glaubte, daß es eine tolle Leistung war, jede Frage zu beantworten. Als ich ihn aber fragte, über welche Höhe der Kunde eine Lebensversicherung abgeschlossen hatte, sah Bob mich befremdet an, fing an zu stammeln und schaute auf seinen Schreibtisch. »Also,« sagte er verlegen, »er hat gar keine Lebensversicherung abgeschlossen.« »Aber du sagtest doch gerade, daß es dir so toll gelungen ist, alle seine Einwände zu widerlegen.« »Ja, das schon, aber ...« »Aber Bob«, sagte ich, »er kaufte dir keine Lebensversicherung ab, also hast du seine Einwände nicht widerlegt.« Bob schaute mich mit diesem »Es-ist-Zeit-daß-du-jetzt-gehst-Blick« an, und daraufhin ging ich.

Wenn Sie eine Reihe von Zahlen addieren oder mehrere Zahlen multiplizieren müssen, geben Sie Ihrem potentiellen Kunden Stift und Papier, und lassen Sie ihn die Rechnungen anstellen. (Wenn es viel zu addieren, subtrahieren, multiplizieren oder dividieren gibt, geben Sie ihm einen Taschenrechner).

Auf diese Weise nimmt der Kunde aktiv teil und kann selbst sehen und verstehen, wie Sie zu den Ergebnissen kommen. Wenn der Kunde selbst rechnet und schreibt, weiß er, daß die Ergebnisse korrekt sind. Es sind dann nicht Ihre Zahlen, sondern seine.

Wenn Sie einen bestimmten Nutzen Ihres Produktes, Ihrer Dienstleistung oder Idee besonders hervorheben möchten, bitten Sie den Kunden, die Punkte, die Sie diktieren, nacheinander zu notieren.

Eine Pro- und Kontra- Aufstellung als großartiges Verkaufsmittel

Wenn Sie möchten, daß Ihr Kunde die Gründe auflistet, warum er etwas von Ihnen kaufen soll, lassen Sie ihn eine Art Bilanz erstellen. Sie geben ihm Stift und Papier und bitten ihn, oben eine waagerechte Linie und in der Mitte eine senkrechte Linie zu ziehen. Über die linke Spalte soll er *Pro* und über die rechte *Kontra* schreiben (siehe Abbildung 8.1).

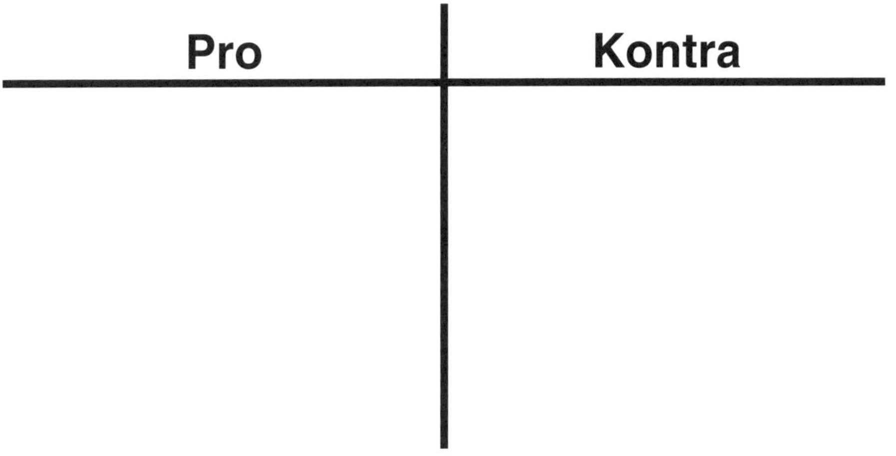

Abbildung 8.1: Eine Pro- und Kontra-Aufstellung

Dann bitten Sie den Kunden, die Vorteile Ihres Produktes aufzulisten, einen Punkt nach dem anderen. Wenn er Probleme hat, diese zu formulieren, diktieren Sie und er schreibt. Während Ihr Kunde schreibt, nutzen Sie die Gelegenheit, jedes Detail zu betonen. Hören Sie nicht auf, bevor die Liste 20 Punkte umfaßt.

An dieser Stelle kommt der lustige Teil. Wenn Sie und Ihr Kunde an dem Punkt angelangt sind, an dem Ihnen keine positiven Aspekte mehr einfallen, sagen Sie:

> *So, und jetzt listen wir die Nachteile auf, die Sie haben, wenn Sie das Produkt/die Dienstleistung/die Idee nicht benutzen/kaufen/befolgen.*

Jetzt werden Sie unsichtbar. Sie sagen nichts mehr. Sie sitzen nur da und beobachten, wie er versucht, die Kontra-Spalte auszufüllen.

Wenn er fertig ist, zählen Sie die Punkte der Pro-Spalte einzeln auf und fragen ihn nach dem »Ja«. Sie sollten die einzelnen Punkte laut vorlesen. Danach machen Sie sich wieder unsichtbar und sagen nichts mehr, bis der Kunde handelt.

Hören Sie einfach auf zu reden!

Haben Sie jemals auf die Frage eines anderen geschwiegen, und als Sie nicht antworteten, hat der andere auch nichts gesagt – es war einfach still. Und je länger die Stille dauerte, um so lauter wurde sie!

Sie können Schweigen als ein sehr subtiles, ja dramatisches Verkaufsmittel einsetzen. Wenn es zur endgültigen Entscheidung kommt, ob Ihr Kunde »Ja« sagt oder nicht, stellen Sie Ihre

Frage und hören auf zu reden. Sie sagen einfach nichts mehr, Sie sitzen einfach da und warten. Sie sagen kein Wort mehr!

Schweigen erzeugt Spannung, und je länger das Schweigen dauert, desto größer wird die Spannung. Das Schweigen kann 10 oder 15 Sekunden dauern, oder so lange, daß es einem wie eine Ewigkeit vorkommt und noch länger. Sie sagen immer noch kein einziges Wort! Sie sitzen einfach nur da. Sie atmen tief durch, versuchen, ruhig auf Ihrem Stuhl zu sitzen, falten die Hände zusammen und pressen Ihre Finger aneinander, damit Sie nicht zappeln und versuchen, nicht zu sehr zu schwitzen. Und Sie warten.

Ihre Gedanken rasen. Sie fragen sich »Was wird er sagen? Was wird er tun? Was passiert jetzt?« Sie wissen es nicht, aber Sie bleiben trotzdem ruhig und warten. Und Sie denken daran: *Wer zuerst spricht, hat verloren*.

Wenn Sie warten können, bis der andere zu sprechen beginnt, sagt er meistens »Ja«. Dann kauft er, was auch immer Sie verkaufen.

Vermitteln Sie ein Gefühl von Dringlichkeit

Ein Mensch ist motiviert, Entscheidungen zu treffen, wenn er merkt, daß er ansonsten eine Gelegenheit verpaßt. Wenn Sie mit einem Zauderer verhandeln, ist es wichtig, daß Sie nicht nur den Nutzen Ihres Produktes, Ihrer Dienstleistung oder Idee demonstrieren, sondern auch, wie wichtig es ist, die Entscheidung JETZT zu treffen. Und um das zu tun, müssen Sie eine gewisse Dringlichkeit vermitteln. Helfen Sie dem Zögerer, die Gelegenheit zu ergreifen.

Zehn Möglichkeiten, wie man den plötzlichen Umschwung eines Verkaufsgesprächs vermeidet

Nachdem Sie viel Mühe aufgewendet haben, um den Kunden zu einem »Ja« zu bewegen, wollen Sie bestimmt nicht in letzter Minute alles zerstören, indem Sie etwas Verkehrtes sagen oder tun. Die meisten Menschen werden nervös, wenn eine Entscheidung gefällt oder ein Papier unterschrieben werden muß, also müssen Sie es dem Kunden einfach machen. Im folgenden finden Sie die wichtigsten Wendungen, die eine Unterhaltung oder ein Verkaufsgespräch zerstören können. Sie sollten lieber Wörter und Wendungen benutzen, die den Prozeß der Entscheidungsfindung weniger bedrohlich machen.

- ✔ Sie fragen den anderen nicht, ob er bereit ist, »Ja« zu sagen, sondern Sie *setzen* es einfach *voraus*.
- ✔ Sie bitten den Kunden nicht, etwas zu kaufen. Statt dessen sagen Sie »Lassen Sie uns weitermachen« oder »Bringen wir den Stein ins Rollen« oder »Warum versuchen wir es nicht einfach?«. Währenddessen holen Sie Ihren Bestellblock, einen Vordruck oder einen Antrag heraus. Dann fragen Sie »So, wie schreibt sich Ihr Name?«

- ✔ Sie unterschreiben nie einen Vertrag. Sie unterschreiben ein Abkommen oder bitten um ein Einverständnis.
- ✔ Verträge sind Schreibkram.
- ✔ Sie sprechen nicht über Kosten und Ausgaben, sondern über Investitionen, Gewinn oder Nutzen.
- ✔ Wenn Sie über Kosten reden, sollten Sie diese in monatlichen oder täglichen Beträgen nennen; einen Gewinn drücken Sie als Summe pro Jahr aus. Ausgaben werden in niedrigen Zahlen, Gewinne und Einkünfte in hohen Zahlen ausgedrückt.
- ✔ Sprechen Sie in Kategorien, die die Leute kennen und verstehen. Die meisten Menschen zahlen bar oder in monatlichen Raten, Einkünfte jedoch sind in jährlichen Beträgen geläufig.
- ✔ Man kauft nicht etwas, man besitzt es.
- ✔ Sie verkaufen keine Produkte oder Dienstleistungen, Sie verkaufen Nutzen und Problemlösungen.
- ✔ Es gibt keine Probleme, nur Punkte, die beachtet werden müssen.

Machen Sie sich nach dem Gespräch genaue Notizen

Im Laufe der Jahre merkte ich, wie nützlich es ist, sich detaillierte Notizen über alle Besprechungen und Gespräche zu machen, um nicht zu vergessen, was dem anderen besonders wichtig war. Dann habe ich die Notizen unter der jeweiligen Person abgelegt, damit ich sie schnell wiederfand. So hatte ich dauerhafte Aufzeichnungen darüber, was besprochen wurde, welche Entscheidungen getroffen wurden und wer was wann tun sollte. Die Notizen enthielten meine persönlichen Anmerkungen, Gedanken und Meinungen.

Das ist ein weiterer Grund, warum Sie ACT! (wie in Kapitel 4 erklärt) wirklich gut nutzen können. Mit ACT! können Sie alle Ihre Notizen elektronisch in Ihrem PC speichern und müssen sie nicht mehr auf kleine Zettelchen schreiben, die auf Ihrem Schreibtisch herumfliegen und in dem ganzen Chaos in Ihrem Büro verlorengehen.

Nach dem »Ja« fängt der Spaß erst richtig an: das Verhandeln

Nur weil jemand »Ja« gesagt hat, heißt das noch lange nicht, daß Ihre Arbeit jetzt vorbei ist. Jetzt geht es erst richtig los. Sie müssen nun die Bedingungen des Geschäfts verhandeln, nach Möglichkeit ohne dabei Ihre ganze Firma zu verkaufen. Sie wollen über die Bedingungen des Geschäfts *verhandeln*, keine Kompromisse oder Konzessionen machen. Ihr Ziel ist, ein für beide Seiten befriedigendes Übereinkommen zu erreichen, von dem Sie und Ihr Geschäftspartner finden, daß jeder das beste erreicht hat. Wenn Sie finden, daß Sie übers Ohr gehauen wurden, dann haben Sie zuviel vergeben.

Wenn Sie verhandeln, geben Sie nie etwas her, ohne etwas anderes dafür zu erhalten.

Verhandeln Sie als der Stärkere

Jede Verhandlung beginnt damit, daß beide Parteien eine Vorstellung ihrer Position und der der anderen hat. Wenn Sie beginnen, die einzelnen Punkte, Bedingungen und Konditionen des Geschäfts zu besprechen und verhandeln, zeigen Sie Vertrauen und vermitteln Sie den Eindruck, daß Sie aus einer starken Position heraus verhandeln.

Wenn Sie einen guten Start haben, können Sie die andere Seite glauben machen, daß Ihre Position in dem Geschäft etwas stärker ist, als sie glaubte und Sie werden wahrscheinlich in der gesamten Verhandlung besser dastehen.

Bringen Sie alle Punkte auf den Tisch

Eine Verhandlung kann nur dann effektiv sein, wenn zunächst alle Aspekte, wichtige und weniger wichtige, auf den Tisch gebracht werden. Das heißt, daß Sie sich die Zeit nehmen müssen, zunächst eine komplette Liste mit allen zu verhandelnden Punkten zu erstellen, bevor Sie die verschiedenen Themen verhandeln. Je mehr Variablen zur Verfügung stehen, desto besser können Sie ein Übereinkommen aushandeln, das beide Seiten zufriedenstellt.

In jeder Verhandlung halten Sie und die andere Partei manche Themen für wichtiger als andere. Ihr Ziel ist, sich Möglichkeiten zu verschaffen, bei denen Sie kleine Konzessionen machen können, für die Sie aber im Gegenzug etwas zurückbekommen möchten, das für Sie von großem Nutzen ist. Wenn jeder kleine Zugeständnisse machen konnte, die für den anderen von großem Nutzen sind, hatten Sie eine erfolgreiche und effektive Verhandlung, und beide Seiten haben gewonnen.

Eine grundlegende Voraussetzung für eine effektive Verhandlung ist, daß Sie für jedes Zugeständnis, das Sie machen, immer etwas im Gegenzug erhalten. Sie sollten nie einseitige Konzessionen machen. Es ist einfacher, von dem anderen etwas im Gegenzug zu erhalten, wenn Sie ihm mehrere Alternativen bieten, die für alle akzeptabel sind.

Deswegen ist Verhandeln so ein lustiges Spiel, da Sie beide mit dem Gefühl weggehen, gewonnen zu haben. Während Sie also die Bedingungen Ihres Abkommens verhandeln, sollten Sie immer neue Variablen suchen, die Sie besprechen können. Je mehr Themen Sie auf dem Tisch haben, desto besser sind Ihre Chancen, ein Paket zusammenzustellen, das für Sie beide akzeptabel ist.

Ein Wort über Konzessionen (oder auch zwei)

An dieser Stelle möchte ich etwas dazu sagen, wie man Konzessionen macht. Vor allen Dingen darf man sie nicht zu bereitwillig machen. Selbst wenn Sie sich schnell entschließen können, ein Zugeständnis zu machen, nehmen Sie sich einen Moment oder zwei – oder sogar mehrere Tage – Zeit, um Ihre Entscheidung abzuwägen. Tun Sie so, als wenn Sie diese Konzession sehr schmerzt. Wenn Sie zu schnell darauf eingehen, wird die andere Seite denken, daß sie nichts Besonderes erreicht hat, und versuchen, beim nächsten Punkt ein wichtiges Zugeständnis herauszuholen. Egal wie gut das Geschäft für die andere Seite gelaufen ist, sie wird nicht zufrieden sein und die Verhandlungen gehen auseinander. Die beste Art, eine Verhandlung aufrechtzuerhalten, ist, keinen Wünschen nachzugeben oder Konzessionen zu machen. Dann sollten Sie zumindest *etwas* im Gegenzug verlangen, oder Sie weigern sich, weiterzuverhandeln. Auf diese Weise kann man am besten das gesamte Paket schnüren.

Verhandeln Sie nicht einen Punkt nach dem anderen

Wenn Sie die Bedingungen eines Geschäfts verhandeln, gibt es vielleicht nur eine Handvoll oder aber auch mehrere Tausend Themen, die besprochen und ausgehandelt werden müssen. Wenn Sie aber jeden Punkt unabhängig von den anderen verhandeln, sind die Ergebnisse oft unbefriedigend. Wenn Sie versuchen, einen Punkt nach dem anderen zu verhandeln, haben Sie eine Situation geschaffen, aus der es nur drei Auswege gibt, die aber alle nicht sehr befriedigend sind: Sie gewinnen – die andere Seite verliert. Die andere Seite gewinnt – Sie verlieren. Sie treffen sich in der Mitte – beide verlieren. Das einzige, das Sie erreicht haben, ist die Gelegenheit, zum nächsten Punkt überzugehen und das Spiel weiterzuspielen.

Wessen Ochse wird aufgespießt?

Wenn Sie der Verkäufer sind, führt das Verhandeln jedes einzelnen Punktes unweigerlich zu einem Desaster. Wenn Sie jedoch der Käufer sind, ist dies eine effektive Taktik, weil Sie die andere Seite dazu zwingen können, einseitige Konzessionen zu machen. Ich gebe Ihnen ein Beispiel, was Ihnen als Verkäufer passiert, wenn Sie einen Punkt nach dem anderen verhandeln:

Ein zukünftiger Käufer sagt, daß er 10.000 Stück Ihres Produktes kaufen möchte, aber den Preis zu hoch findet. Er sagt Ihnen, daß, wenn Sie mit dem Preis um 10% runtergehen, er den Auftrag erteilt. Sie sagen Ok.

Nachdem er es geschafft hat, den Preis herabzusetzen, besprechen Sie die Verschiffungstermine. Sie sagen ihm, daß Sie den gesamten Auftrag in 60 Tagen liefern können. Er aber hätte die Lieferung gern ihn 15 Tagen, also einigen Sie sich auf 30 Tage. Sie haben wieder verloren.

Und schließlich diskutieren Sie über die Zahlungsbedingungen. Ihre normalen Bedingungen sind 50% Anzahlung bei Auftragserteilung, den Rest bei Lieferung. Er erklärt, daß seine Firma das so nicht machen kann, denn deren übliche Zahlungsbedingungen sind 50% bei Auftragserteilung, den Rest in 30 Tagen. Sie sprechen beide darüber und schließlich einigen Sie sich auf sofortige Zahlung von 25%, 50% bei Lieferung und den Rest in 30 Tagen.

Da die Bedingungen dieses Geschäfts unabhängig voneinander verhandelt wurden, haben Sie jeden der Punkte verloren, auch wenn Sie noch so begeistert sind, weil man Ihnen 10.000 Stück abkaufen möchte.

Aber überlegen Sie, wie Sie die Bedingungen dieses Geschäftes – Preis, Lieferdatum und Zahlungsbedingungen – hätten besser aushandeln können, wenn Sie alle gleichzeitig verhandelt hätten. Hier einige andere Szenerien:

- ✔ Als der andere Sie bat, den Preis zu senken, hätten Sie ihn fragen können, wie er die Ware zu bezahlen beabsichtige und sagen können: »Ich kann mit dem Preis 10% runtergehen, bei einer sofortigen Anzahlung von 75% und der Restzahlung bei Lieferung in 60 Tagen.

- ✔ Wenn er zuerst gesagt hätte, daß er die Ware in 15 Tagen benötigt, hätten Sie sagen können: »Unsere normalen Lieferzeiten liegen bei 60 Tagen. Wir können jedoch in 15 Tagen liefern, aber nicht zu dem Preis. Ich muß Ihnen dann 10% aufschlagen, unsere normalen Zahlungsbedingungen sind 50% sofort und der Rest bei Lieferung.«

Ich bin sicher, daß Sie verstanden haben, worauf ich hinaus will. Wenn Sie diese drei Punkte alle zusammen diskutieren, kommen viele verschiedene Möglichkeiten ins Spiel. Die endgültigen Bedingungen können so aussehen: Lieferung in 21 Tagen, 8% Preiserhöhung, 30% Zahlung sofort, 50% bei Lieferung und den Rest in 30 Tagen. Beide Seiten können mit dieser Vereinbarung leben und finden, daß die Verhandlung zu einem guten Ergebnis geführt hat, und jeder fühlt sich als Gewinner.

Einen Punkt nach dem anderen zu besprechen, ist eine unbefriedigende Methode, um die Bedingungen eines Geschäfts zu verhandeln, da die einzelnen Konditionen nicht unabhängig voneinander existieren. Sie sind alle ein Teil des ganzen Pakets, dessen Details ausgehandelt werden müssen.

Bevor Sie zu verhandeln beginnen, sollten Sie sich die Zeit nehmen, Fragen zu stellen, so daß Sie die verschiedenen Punkte, die diskutiert werden müssen, kennen. Auf diese Weise bekommen Sie ein Gespür für die wirklichen Bedürfnisse und Ziele der anderen Seite. Und während Ihrer Unterhaltung lassen Sie die andere Seite wissen, daß Sie bereit sind, über alles zu reden, aber machen Sie keine Zugeständnisse, bevor Sie nicht alle Verhandlungspunkte kennen.

Teil III

Verbessern Sie Ihre Fähigkeit, Informationen zu kommunizieren

In diesem Teil ...

In den nächsten Kapiteln werde ich Ihnen eine Menge Tips, Ideen, Techniken und Strategien liefern, die den Informationsaustausch mit allen wichtigen Personen in Ihrem Geschäftsleben vereinfachen.

Zuerst zeige ich Ihnen, wie Sie Ihr Telefon effektiver nutzen. In Kapitel 10 helfe ich Ihnen dann, mehr aus Ihrem Voice-Mail-System zu machen. Kapitel 11 enthält Tips, wie Sie Briefe, Memos und Berichte besser schreiben. Und in Kapitel 12 schließlich gebe ich Ihnen einige Tips, wie Sie weniger Zeit mit Ihren E-Mails verbringen.

Machen Sie das Telefon zu Ihrem Freund

9

In diesem Kapitel

- So machen Sie am Telefon einen guten Eindruck
- So legen Sie den Grund eines Anrufes fest
- So telefonieren Sie für Geld

Sie kommunizieren immer

Wenn Sie sich Ihre täglichen Aktivitäten anschauen, stellen Sie fest, daß es außer dem Tod und den Steuern zwei weitere unabwendbare Dinge gibt:

- ✔ Sie verbringen viel Zeit in Besprechungen.
- ✔ Wenn Sie nicht in Besprechungen sitzen, dann hängen Sie am Telefon.

In Kapitel 6 haben wir besprochen, wie Sie Ihre Besprechungen kürzer und produktiver machen können. Jetzt, da wir uns das Telefon vorknöpfen, lassen Sie uns einen Schritt zurückgehen und uns den ursprünglichen Zweck, dem das Telefon dient, ansehen: die Möglichkeit, Informationen mit anderen Leuten auszutauschen.

Denken Sie einmal darüber nach, wie weit wir in den letzten 40 Jahren mit dem Telefon gekommen sind. Früher hatten wir Telefone mit Wahlscheibe (wir sagen immer noch, wir »wählen« eine Nummer, aber wann haben Sie das letzte Mal wirklich eine Nummer »gewählt«?), heute haben wir Tastentelefone mit Tonwahl und den Computer, der für uns wählt. Als ich ein Kind war, hatten wir zwei Telefone im Haus. Ein Telefon war unten, das andere oben. Heute haben wir schnurlose Telefone, die wir überall im Haus oder im Garten benutzen können, und Mobiltelefone, die wir in unsere Autos installieren oder in der Tasche bei uns tragen. Was für Telefone werden wohl im 21. Jahrhundert angeboten werden?

Aber lassen wir einmal all diesen phantastischen High-Tech Kram für einen Moment außer acht. Das Telefon ist immer noch ein Mittel, das wir benutzen, um miteinander zu kommunizieren.

Wie wirken Sie am Telefon?

Ich weiß, Sie können seit Ihrem vierten Lebensjahr telefonieren, aber haben Sie jemals darüber nachgedacht, wie Sie am Telefon wirken? Und egal wie gut Sie am Telefon sind, Sie können immer noch besser werden.

Ihre Gefühle und Regungen kommen klar und deutlich rüber

Sind Sie jemals richtig wütend gewesen und dann ans Telefon gegangen, um jemanden anzurufen, der gar nichts mit Ihrer Wut zu tun hatte und haben an dieser armen, unschuldigen Seele Ihre Wut ausgelassen? Ich kann mich gut daran erinnern, dies getan zu haben, und nachher fühlte ich mich immer so schlecht, daß ich wieder angerufen habe, um mich für mein schlechtes Benehmen zu entschuldigen.

Nun, egal was für Gefühle Sie hegen, ob Sie glücklich, traurig, erfreut oder deprimiert sind, diese Gefühle spiegeln sich in Ihrer Stimme wider, sobald Sie den Hörer in die Hand nehmen und mit jemandem sprechen. Wenn Sie ein persönliches Gespräch führen, kann Ihr Gegenüber Ihre nonverbalen Nachrichten wie Ihren Gesichtsausdruck, die Bewegung Ihrer Augen, Ihre Körperhaltung und Gesten sehen und darauf antworten.

Am Telefon kann die Person am anderen Ende diese nonverbalen Gesten zwar nicht sehen, aber Ihre Einstellung, Gefühle, Gedanken und Meinungen werden durch den Klang und die Höhe Ihrer Stimme, die Geschwindigkeit, mit der Sie sprechen, und sogar die Wortwahl übermittelt. Also egal, wann Sie telefonieren, Sie überbringen eine Nachricht. Es kann eine Nachricht sein, die anzeigt, daß Sie glücklich sind und die Unterhaltung weiterführen wollen oder daß Sie gelangweilt oder desinteressiert sind und im Moment lieber etwas anderes tun möchten.

Lächeln Sie

Sie werden es nicht glauben wollen, aber Sie kommen am Telefon wesentlich besser an, wenn Sie ein Lächeln auf Ihren Lippen haben und dieses Lächeln an die Person, mit der Sie sprechen, während des Gespräches weitergeben. Die Leute tauen auf, wenn Sie ihnen bei einem persönlichen Gespräch mit einem Lächeln begegnen, und das Gleiche passiert, wenn Sie sie durch das Telefon anlächeln.

Seit vielen Jahren habe ich das Bild eines lächelnden Gesichtes vor mir hängen, das mich daran erinnern soll zu lächeln, wenn ich telefoniere. Es hilft mir, am Telefon freundlicher und offener zu klingen. Mein Vorschlag: Stellen Sie einen kleinen Spiegel auf Ihren Schreibtisch, damit Sie sich beobachten können, während Sie telefonieren.

Seien Sie enthusiastisch

Haben Sie sich jemals mit Leuten unterhalten, die so klingen, als kämen sie gerade von einer Beerdigung oder einer Totenwache? Sie sprechen mit einer sehr dumpfen, rührseligen und monotonen Stimme. Ihre Stimme ist vollkommen leb- und kraftlos, auch dann, wenn sie anrufen, um Ihnen eine gute Nachricht mitzuteilen. Wenn ich einen solchen Anruf erhalte, möchte ich mich am liebsten unter meinem Schreibtisch verstecken.

Lassen Sie also Ihre Stimme so interessant klingen, daß die Person am anderen Ende der Leitung hören möchte, was Sie zu sagen haben. (In Kapitel 13 habe ich einen Absatz geschrieben: »Lassen Sie Ihre Stimme interessant klingen.«, der davon handelt, wie Sie die Reichweite Ihrer Stimme vergrößern können, wenn Sie vor einem Auditorium sprechen.)

Seien Sie fröhlich, wenn Sie telefonieren. Seien Sie Sie selbst. Lassen Sie Ihren Sinn für Humor durchblicken, und vergessen Sie nicht zu lachen. Lachen kann Eis brechen.

Holen Sie immer tief Luft, bevor Sie anfangen zu sprechen. Wenn Sie Ihre Lungen mit Luft gefüllt haben, klingt Ihre Stimme tiefer und kräftiger. (Und wenn Sie gar keine Luft in Ihren Lungen haben, sind Sie mit ziemlicher Wahrscheinlichkeit tot.)

Hören Sie sich so, wie die anderen Sie hören

Ich weiß, daß Sie bis jetzt wahrscheinlich noch nie über Ihre Telefontechniken nachgedacht haben, aber es kann Ihnen die Ohren öffnen, wenn Sie einige Ihrer Telefonate einmal aufzeichnen und sich anhören, wie die anderen Sie hören. Sie würden erstaunt sein, wie oft Sie in einem Satz so Dinge wie: »Wissen Sie« oder »ehm« sagen. Dann gibt es Sätze, die Sie anfangen, aber nie zu Ende führen. Und schließlich Ihre Stimme; wie hört sie sich an? Ist sie energiegeladen und enthusiastisch oder kommt sie wie ein schlapper Waschlappen rüber?

Aber egal wie sich Ihre Stimme heute anhört, mit nur ein bißchen Übung ist es sehr einfach, Ihren Ausdruck und Ihre Kommunikationsfähigkeit zu verbessern. Wenn Sie sich Ihre Telefonate vorspielen und hören, was Sie sagen und wie Sie es sagen, werden Sie sich Ihrer Sprechgewohnheiten wesentlich bewußter. Sie können diese Angewohnheiten ablegen und klarer sprechen. Als erstes wird Ihnen auffallen, wie oft Sie Sachen wie »Wissen Sie« oder »ehm« sagen. So etwas wird Ihnen danach nicht mehr über die Lippen kommen.

Für nur ein paar Mark können Sie sich in einem Elektroladen ein Mikrophon kaufen, mit dem man Telefongespräche aufnehmen kann. Das Mikrophon wird mit einem winzigen Sauger an Ihrem Telefonhörer befestigt und in die Mikrophonbuchse Ihres Kassettenrecorders eingesteckt.

Bevor Sie jedoch in einen Elektroladen gehen, sehen Sie nach, ob Ihr Anrufbeantworter über die Funktion verfügt, Gespräche aufzuzeichnen. Viele Anrufbeantworter haben diese Funktion. (Bevor Sie allerdings Gespräche aufzeichnen, sollten Sie sich erkundigen, ob Sie gesetzlich dazu verpflichtet sind, Ihrem Gesprächspartner mitzuteilen, daß Sie das Gespräch aufzeichnen.)

Als ich zum ersten Mal ein Gespräch aufzeichnete, war ich entsetzt, wie sich meine Stimme anhörte. Bis heute höre ich meine Stimme nicht gerne auf Band. Aber als ich darüber nachdachte, stellte ich fest, daß ich seit Jahren mit Leuten rede, und die meisten von ihnen sprechen gerne mit mir, manchmal sogar stundenlang. Also war die Sorge um meine Stimme ganz allein mein Problem.

Was ist der Zweck des Anrufes?

Sich darüber klar zu werden, wie Sie sich am Telefon anhören und wie Sie am Telefon herüber kommen, ist eine Sache, aber warum machen Sie diesen Anruf überhaupt? In der heutigen Leistungsgesellschaft können wir uns nicht den Luxus erlauben, Zeit zu verplempern. Eine große Zeitverschwendung ist ein Telefonanruf, der keinen sichtbaren Grund hat. Immer wenn Sie einen Anruf tätigen, sollten Sie sich folgende Fragen stellen:

- ✔ Warum mache ich diesen Anruf?
- ✔ Welche Informationen will ich bekommen?
- ✔ Welche Informationen möchte ich weitergeben?
- ✔ Wieviel von der Zeit meines Gesprächspartners brauche ich?
- ✔ Was mache ich, wenn die Person nicht da ist und ich die Sekretärin, die Assistentin oder die Telefonzentrale am Apparat habe? (Darauf werde ich noch in diesem Kapitel zu sprechen kommen.)
- ✔ Was mache ich, wenn sich die Voice-Mail meldet? (Über die Voice-Mail werde ich im nächsten Kapitel sprechen.)

Hier sind einige Tips, wie Sie sich auf Ihre Telefonate vorbereiten können:

- ✔ Notieren Sie sich, was Sie besprechen wollen.
- ✔ Ordnen Sie Ihre Stichpunkte nach ihrer Wichtigkeit.
- ✔ Legen Sie sich die Akten oder andere Unterlagen zurecht, die Sie während des Telefonates benötigen.
- ✔ Wenn Sie einen wichtigen oder schwierigen Anruf machen wollen und sich nicht ganz sicher sind, was Sie sagen sollen oder wie, dann schreiben Sie sich alles auf.

✔ Aber Vorsicht: Wenn Sie die betreffende Person am Apparat haben, halten Sie Ihre Notizen bereit, aber lesen Sie sie nicht ab.

Nehmen Sie sich ein paar Sekunden Zeit, um über jeden Anruf nachzudenken und sich darauf vorzubereiten, bevor Sie ihn machen. Behandeln Sie jeden Anruf so, als ob es eine persönliche Besprechung wäre.

Wenn Sie meinen, daß Ihr Anruf länger als ein paar Minuten dauern wird, dann könnten Sie zu Anfang vielleicht so etwas sagen wie:

> *Herr Müller, ich freue mich, daß ich Sie endlich erreiche. Ich habe einige Sachen, über die ich gerne mit Ihnen sprechen möchte, aber das könnte fünf oder zehn Minuten (oder wie lange auch immer) dauern. Haben Sie jetzt etwas Zeit, oder sollen wir einen Termin für ein Konferenzgespräch für heute nachmittag oder morgen früh ausmachen?*

Wenn Sie wissen, daß Sie mindestens eine Stunde brauchen, um alles mit Ihrem Gesprächspartner zu besprechen, vereinbaren Sie ein Konferenzgespräch, damit Sie beide in Ihren Kalendern Zeit reservieren können. Sie sollten die andere Person auch im voraus wissen lassen, worüber Sie sprechen wollen, damit sie sich auf das Gespräch vorbereiten kann.

Wenn Sie anrufen, um einen Termin zu vereinbaren, bieten Sie Ihrem Gesprächspartner immer zwei Termine an verschiedenen Tagen an. Sie können z.B. sagen: »Haben Sie Montag nachmittag Zeit oder wäre Dienstag morgen besser?« Dann lautet die Frage nicht mehr, ob der andere Sie sehen will, sondern wann.

Kämpfen Sie gegen alle Widrigkeiten

Weil heutzutage jeder so beschäftigt ist, ist es fast unmöglich, jemanden beim ersten Versuch ans Telefon zu bekommen. Meistens spielen wir »Telefon-Verstecken« miteinander. Sie wissen, wie das Spiel geht: Ich rufe Sie an und hinterlasse eine Nachricht, dann rufen Sie mich an und hinterlassen mir eine Nachricht, und so geht das dann immer weiter. Vielleicht sprechen wir irgendwann miteinander, oder aber wir verstricken uns in andere Aufgaben und vergessen das Ganze.

Aber es gibt einige Fakten über das Telefon, derer Sie sich bewußt sein sollten. Die Chancen, eine Person beim ersten Versuch zu erreichen, betragen weniger als 20%. Ich will damit sagen, daß die Chancen 1 zu 5 stehen, daß die Person, die Sie zu erreichen versuchen, Ihren Anruf entgegennehmen kann. Die Wahrscheinlichkeit, daß die Person in einer Besprechung oder am Telefon sitzt, liegt bei 80%. Wenn Sie also jemand Speziellen sprechen wollen, müssen Sie beharrlich bleiben und einkalkulieren, daß Sie es mindestens fünfmal versuchen müssen.

Hinterlassen Sie keine Nachrichten

Wenn Sie jemanden sprechen wollen, ist es Ihre Aufgabe, ihn aufzuspüren. Die Tatsache, daß Sie eine Nachricht hinterlassen haben, bedeutet nicht, daß Sie zurückgerufen werden – für Sie ist der Anruf wesentlich wichtiger als für denjenigen, den Sie angerufen haben. Außerdem, sollten Sie tatsächlich zurückgerufen werden, ist die Wahrscheinlichkeit recht gering, daß Sie da sind, um den Anruf entgegenzunehmen.

Für den Fall, daß Sie jemanden dringend sprechen müssen, erkläre ich Ihnen jetzt einige Techniken, mit denen Sie Ihre Chancen durchzukommen verbessern können.

- ✔ **Arbeiten Sie mit der Sekretärin zusammen**. Wenn die Person, die Sie zu erreichen versuchen, in einer Besprechung ist, versuchen Sie herauszufinden, wann sie Zeit hat, um mit Ihnen zu telefonieren. Sollte die Person gerade telefonieren, fragen Sie die Sekretärin, ob sie eine Ahnung hat, wie lange das Gespräch dauern wird. Dann fragen Sie, ob es besser ist, am Apparat zu bleiben oder in fünfzehn Minuten wieder anzurufen. Antwortet die Sekretärin: »Geben Sie mir Ihre Nummer, ich sorge dafür, daß Herr Soundso Sie zurückruft.«, sagen Sie einfach: »Danke, ich rufe später noch einmal an.«, denn der Soundso wird Sie nicht zurückrufen.
- ✔ **Lassen Sie sich die Durchwahl geben.** Versuchen Sie, die Durchwahlnummer zu bekommen, damit Sie die Sekretärin, den Assistenten oder die Telefonzentrale umgehen können.
- ✔ **Rufen Sie am frühen Morgen an**. Viele Geschäftsleute sind bereits um 7.00 Uhr in ihrem Büro. Fragen Sie die Sekretärin, ob derjenige, mit dem Sie sprechen wollen, früh ins Büro kommt.
- ✔ **Rufen Sie nach der Arbeit an**. Viele Leute arbeiten länger als 17.00 Uhr, vielleicht erreichen Sie also jemanden, wenn Sie nach 17.30 Uhr anrufen.
- ✔ **Rufen Sie während der Mittagspause an.** Viele Leute arbeiten auch während der Mittagspause oder essen an ihrem Schreibtisch. Geben Sie sich einen Ruck, und versuchen Sie Ihr Glück um 12.30 Uhr.

Auch hier hat ACT! meine Produktivität wirklich verbessert. Erstens kann ich keinen Anruf vergessen. Wenn ich jemanden heute nicht erreiche, dann überträgt ACT! diesen Anruf automatisch auf morgen. Zweitens klicke ich einfach meinen Popup-Kalender an und ändere das Datum für den Anruf, wenn mir gesagt wird, daß jemand zwei Wochen nicht im Büro ist. In zwei Wochen erscheint dann der Name der Person wieder. Und drittens liebe ich die Alarmmeldung von ACT! Wenn mir gesagt wird, daß jemand die nächsten 20 Minuten in einer Besprechung ist, aktiviere ich die Alarmmeldung, und 20 Minuten später werde ich an den Anruf erinnert.

Machen Sie sich zu jedem Gespräch Notizen

Ich weiß, daß ich es bereits gesagt habe, und ich werde es wahrscheinlich noch einmal wiederholen, bevor dieses Buch zu Ende ist, aber wenn Sie telefonieren, sollten Sie sich immer Notizen zu dem Gespräch machen und diese in der Akte der entsprechenden Person abheften. Auch wenn Sie mit einem ausgezeichneten Gedächtnis gesegnet sind, wird es im Laufe der Zeit schwierig werden, sich an alles zu erinnern, was jemand wann gesagt hat.

Wenn Sie den Hörer auflegen, sollten Sie sich eine kurze Notiz machen und zusammenfassen, was Sie besprochen haben und wer was wann machen soll. Diese Notiz sollte dann in der entsprechenden Akte abgelegt werden. Sollte Ihnen eine Aufgabe zuteil geworden sein, notieren Sie sie auf Ihrer Master-Liste.

Auch auf diesem Gebiet ist ACT! unschlagbar. Nach einem Anruf geben Sie Ihre Notizen in den Notizblock zu der betreffenden Person ein, und wenn sich für Sie eine Arbeit ergibt, können Sie einen entsprechenden Stichpunkt auf Ihrer Aufgabenliste eintragen. Das Ganze dauert nur ein paar Sekunden. Kein Chaos, kein Theater und keine Blätter, die abgelegt werden müssen.

Wie Sie mit einem Fremden telefonieren

Ab und zu müssen Sie jemanden anrufen, den Sie absolut nicht kennen. Wenn Sie im Verkauf tätig sind, kommt das fast täglich vor. Wenn nicht, kann es für Sie eine schreckliche Erfahrung sein, einen Fremden anzurufen; nun, ich weiß nicht, warum Sie diese fremde Person anrufen, aber vielleicht wollen Sie Spenden für Ihre Lieblingsstiftung sammeln, oder es ist an der Zeit, sich neue Karrierechancen zu eröffnen, und Sie suchen eine neue Stelle. Was auch immer der Grund sein mag, hier einige Tips, wie Sie mit einem Fremden sprechen:

- ✔ **Finden Sie den Namen der Person heraus.** Als allererstes müssen Sie den Namen der Person, mit der Sie sprechen wollen, herausfinden. Dazu sollten Sie einen Erkundungsanruf bei der Telefonzentrale der Firma tätigen und denjenigen, der ans Telefon geht (vielleicht eine Telefonistin, der Operator oder eine Sekretärin), fragen: »Wie heißt die Person, die der ... (Präsident der Gesellschaft, Leiter der Personalabteilung und so weiter) ist?«
- ✔ **Wie schreibt sich der Name?** Dann fragen Sie nach der korrekten Schreibweise des Namens der Person.
- ✔ **Warum wollen Sie diese Infos?** Wenn Ihnen die Person, die Sie um Auskunft bitten, viele Fragen stellt, wie z.B.: »Wer sind Sie?« und: »Was wollen Sie?«, sagen Sie einfach: »Ich möchte Herrn Soundso einen Brief schreiben.« Dann sagen Sie: »Vielen Dank für Ihre Hilfe« und legen den Hörer auf.

- **Rufen Sie später am Tag oder am nächsten Tag noch einmal an.** Haben Sie den Namen der Person herausgefunden, dann rufen Sie später noch einmal an oder am nächsten Morgen, und fragen Sie, ob er oder sie zu sprechen ist.
- **Hat die Person eine Durchwahlnummer?** Wenn Sie fragen, ob Herr Soundso da ist, können Sie ohne weiteres fragen: »Ach übrigens, wie ist die Durchwahl?«

Wenn Sie jetzt tatsächlich durchgestellt werden, kann Ihnen folgendes passieren:

- Die Person ist an ihrem Platz und nimmt Ihren Anruf tatsächlich entgegen.
- Sie sind mit dem Voice-Mail System verbunden.
- Die Sekretärin geht dran und wehrt den Anruf ab.

Lassen Sie uns die einzelnen Situationen näher untersuchen.

Sie werden durchgestellt

Nehmen wir einmal an, Ihr Anruf wird durchgestellt, und die betreffende Person geht selbst an den Apparat. Sie sagt: »Hallo.«, und Sie geraten in Panik. Holen Sie tief Luft und sagen Sie: »Ist Herr Soundso zu sprechen?« (Sie stellen diese Frage, weil Sie Herrn Soundso dazu bringen wollen, »Ja« zu sagen.) Er sagt: «Ja, am Apparat.« Und Sie sagen: »Herr Soundso, mein Name ist Soundso von (Name Ihrer Firma oder sonst ein Bezug), und ich wüßte gerne, ob Sie einen Moment Zeit haben?« (Sie stellen diese Frage, weil Sie gerne wüßten, ob er jetzt Zeit für Sie hat oder ob es besser ist, wenn Sie später noch einmal anrufen.) Wenn er sagt, daß er einen Moment Zeit hat, dann legen Sie los.

Wenn er beschäftigt ist, fragen Sie einfach: »Kann ich Sie heute nachmittag noch einmal anrufen oder wäre morgen früh besser?« Jetzt wird er Sie vielleicht fragen, warum Sie anrufen, und Sie sollten ihm dann eine kurze Antwort geben und sagen: »Danke, daß Sie sich Zeit genommen haben, um mit mir zu sprechen. Ich werde Sie wieder anrufen, wenn Sie etwas mehr Zeit haben.« (Wenn Sie Frau Soundso anrufen und nicht Herrn Soundso, dann denken Sie bitte daran »er« durch »sie« zu ersetzen und »ihn« durch »sie«.)

Sie sind mit der Voice-Mail verbunden

Ein anderes Beispiel: Sie versuchen, jemanden zu erreichen und haben die Mailbox dran. Sie müssen sich jetzt entscheiden, ob Sie eine Nachricht hinterlassen oder nicht. Sollten Sie eine Nachricht hinterlassen, dann gehen Sie nicht davon aus, daß Sie zurückgerufen werden. (Über die Voice-Mail werde ich noch im nächsten Kapitel sprechen.)

Sie haben die Sekretärin am Apparat

Eine gute Sekretärin ist trainiert, Anrufe für ihren Chef abzuwimmeln. Deshalb sollten Sie sich auf ein paar Fragen vorbereiten, damit Sie nicht freiwillig zu viele Informationen preisgeben. Wenn die Sekretärin sagt: »Hallo, hier ist das Büro von Herrn Soundso.«, fragen Sie: »Ist Herr Soundso zu sprechen?« (Mit dieser Frage versuchen Sie herauszufinden, ob er im

Büro, am Telefon, in einer Besprechung oder kurz aus dem Büro ist.) Die Sekretärin fragt dann: »Mit wem spreche ich bitte?« Worauf Sie antworten: »Mein Name ist Herr Soundso.« (Wenn Sie eine Frau sind, sagen Sie bitte Frau Soundso.) »Ist er zu sprechen?« (Sie wiederholen Ihre Frage, weil Sie Informationen von der Sekretärin haben wollen und nicht freiwillig selbst welche geben wollen.)

Jetzt stellt die Sekretärin Sie vielleicht durch, oder sie legt Ihr Gespräch in die Warteschleife, weil sie ihrem Chef sagen will, daß Sie in der Leitung sind. (Wenn die Sekretärin zurückkommt und nach dem Namen Ihrer Firma und dem Grund Ihres Anrufes fragt und dann wieder wegschaltet, ist das ein sicheres Zeichen dafür, daß der Chef Anrufer abwimmeln läßt. Eine andere Möglichkeit ist, daß die Sekretärin Ihnen weitere Fragen stellt. Dann ist es an der Zeit, daß Sie versuchen, sich mit der Sekretärin anzufreunden.)

Die meisten Sekretärinnen meinen, es sei ihre Aufgabe, ihren Chef vor ungewollten Anrufen zu schützen, und sie sind geschult, jedem Anrufer »nein« zu sagen.

Werden Sie gut Freund mit der Sekretärin

Jetzt müssen Sie gut Freund mit der Sekretärin werden. Stellt die Sekretärin Ihnen Fragen, sollten Sie zu allererst sagen: »Mit wem spreche ich bitte? Sind Sie die Sekretärin von Herrn Soundso oder seine Assistentin?« (Schreiben Sie sich den Namen auf, damit Sie ihn nicht vergessen.) Wenn Sie mit einer Vertretung sprechen oder jemandem, der gerade nur aushilft, sagen Sie: »Vielen Dank, ich rufe später noch einmal an.« (Sie sollten Ihre Zeit nicht mit jemandem verplempern, der Ihnen nicht weiterhelfen kann, und so schnell wie möglich das Gespräch beenden.)

Wenn Sie mit der Sekretärin sprechen, wird sie Sie fragen, wer Sie sind und warum Sie anrufen. Auf diese Fragen sollten Sie kurze und knappe Antworten geben und noch einmal fragen: »Ist er zu sprechen?« Zu diesem Zeitpunkt wird die Sekretärin wahrscheinlich sagen, daß die Person in einer Besprechung ist und fragen, ob Sie eine Nachricht hinterlassen wollen.

Jetzt haben Sie zwei Möglichkeiten: Entweder Sie hinterlassen eine Nachricht, oder Sie lassen es bleiben, das ist halt die Frage. Wie Sie sich entscheiden, hängt ganz von der Situation ab und davon, wie Sie mit der Sekretärin klarkommen. Vielleicht möchten Sie ins Detail gehen und sagen, warum Sie anrufen, um zu sehen, ob die Sekretärin Ihnen hilfreich sein kann. Vielleicht kann sie Sie an jemand anderen in der Firma verweisen. Oder Sie sagen einfach: »Vielen Dank für Ihre Hilfe, ich rufe später noch einmal an. Wird Herr Soundso heute nachmittag zu sprechen sein, oder wäre es besser, wenn ich morgen früh noch einmal anrufe? Ist Herr Soundso früh im Büro?« (Auch hier möchten Sie herausfinden, wann die Person zu sprechen ist.)

- Versuchen Sie nicht, der Sekretärin Ihre Produkte, Ideen oder Dienste zu verkaufen. Der Chef ist derjenige, der die Entscheidungen trifft, nicht die Sekretärin. Ihre Aufgabe ist, sich selbst so gut zu verkaufen, daß die Sekretärin Sie zu der Person durchstellt, mit der Sie sprechen wollen.
- Wenn Sie nicht an der Sekretärin vorbeikommen, versuchen Sie, in einer anderen Abteilung anzurufen, vielleicht gibt Ihnen da jemand die Durchwahlnummer des Chefs.
- Rufen Sie im Büro einer Person an, die höher gestellt ist als die Person, die Sie eigentlich sprechen wollen, und benutzen Sie anschließend den Namen dieser Person als Bezug. Dann können Sie etwa sagen: »Ich habe mit Frau Großerchef gesprochen, und sie hat vorgeschlagen, daß ich mit Herrn Kleinerchef spreche. Ist er zu sprechen?«

Telefonieren Sie für Geld

Wenn Sie in einem Geschäftszweig tätig sind, bei dem Sie viel Zeit am Telefon verbringen müssen, dann sollten Sie wissen, daß es bestimmte Zeiten am Tag gibt, zu denen sich die Person wahrscheinlich an ihrem Schreibtisch befindet und Anrufe entgegennehmen kann. Im allgemeinen sind die Leute von 9.00 bis 11.00 Uhr und von 14.00 bis 16.00 Uhr in ihrem Büro. Sie sollten sich diese Zeiten immer in Ihrem Kalender reservieren, damit Sie Ihre Anrufe erledigen können.

Verplempern Sie Ihre kostbare Telefonzeit nicht damit, Aufgaben zu erledigen, die auch zu einer anderen Zeit von jemand anderem oder auch gar nicht erledigt werden können.

Was machen Sie, wenn Ihr Telefon klingelt?

Bis jetzt habe ich nur darüber gesprochen, wie Sie durchkommen können, wenn Sie jemanden anrufen. Was aber machen Sie, wenn Ihr Telefon klingelt? Sie brauchen einige Tips für Ihre eingehenden Anrufe, und genau davon handeln die nächsten Absätze.

Sie müssen nicht jedesmal ans Telefon gehen

Nur weil das Telefon klingelt, bedeutet dies nicht, daß Sie drangehen müssen. Egal, wann das Telefon klingelt, es ist eine Unterbrechung. Wenn Sie gerade mitten in einer wichtigen Sache stecken, dann ist das letzte, was Sie wollen, daß Sie unterbrochen werden.

Es ist völlig in Ordnung, wenn Sie Anrufe von Ihrem Voice-Mail System, Ihrem Anrufbeantworter, Ihrer Sekretärin oder der Telefonzentrale entgegennehmen lassen. Wenn Sie jedesmal ans Telefon gehen, wenn es klingelt, dann bekommen Sie nie Ihre Arbeit getan.

Nutzen Sie die Anzeigefunktion Ihres Voice-Mail Systems, um zu sehen, wer Sie anruft. Sie können dann die Mailbox den Anruf entgegennehmen lassen oder, wenn es wichtig ist, selbst den Hörer abnehmen. Es ist nicht wichtig? Dann arbeiten Sie weiter.

Steigern Sie Ihre Produktivität, indem Sie einen Telefon-Kopfhörer benutzen

Wird Ihr Nacken immer steif, wenn Sie den Telefonhörer zwischen Ohr, Wange und Schulter einklemmen? Finden Sie es schwierig, sich beim Telefonieren Notizen zu machen, weil Sie nicht wissen, wie Sie den Hörer bequem an Ihr linkes Ohr halten, gleichzeitig mit Ihrem linken Ellbogen den Notizblock festhalten, mit Ihrer rechten Hand schreiben und dabei auch noch bequem sitzen sollen?

Wenn Sie all diese Fragen mit »Ja« beantwortet haben, sollten Sie einen Telefon-Kopfhörer anstelle eines normalen Hörers benutzen. Selbst wenn Sie wenig telefonieren, sollten Sie einen Telefon-Kopfhörer benutzen. Ich benutze seit Jahren einen und habe festgestellt, daß das nicht nur bequemer ist, sondern auch meine Produktivität und Effizienz gesteigert hat.

Heutzutage sind Kopfhörer so leicht und bequem, daß Sie schnell vergessen, daß Sie einen tragen. Wenn Sie telefonieren, haben Sie beide Hände frei, so daß Sie sich auf Ihr Gespräch konzentrieren können anstelle auf den Schmerz im Nacken oder Ohr.

Wer ruft an?

Wenn Sie ans Telefon gehen, müssen Sie auf zwei Fragen eine Antwort bekommen: »Wer ruft an?« und »Was wollen Sie?« (Sie können ruhig etwas taktvoller und weniger barsch sein, aber Sie müssen herausfinden, wer der Anrufer ist und was der Grund seines Anrufes ist.)

Wenn der Anrufer sich nicht zu erkennen gibt oder den Grund seines Anrufes nicht genau sagt, dann ist es in Ordnung, wenn Sie »Auf Wiedersehen« sagen und auflegen.

Wenn Sie mit dem Anrufer sprechen wollen, sollten Sie fragen: »Wie lange wird es ungefähr dauern?« Wenn das Gespräch nur kurz sein wird, können Sie es sofort erledigen. Anderenfalls vereinbaren Sie einen Termin. Wichtig ist, daß Sie Gespräche über 30 Minuten vermeiden, wenn Sie gerade bei einer wichtigen Arbeit sind.

Wimmeln Sie lästige Anrufer ab

Manchmal habe ich das Gefühl, jedesmal, wenn ich ans Telefon gehe, ist am anderen Ende der Leitung jemand, der mir eine Krankenversicherung, Kleinanlagen der Vancouver Börse, einen neuen Telefonservice oder irgend etwas anderes verkaufen will, was ich nicht brauche oder überhaupt nicht haben will. Sie können diese Leute recht schnell identifizieren, weil sie ihre Gespräche immer auf die gleiche Art anfangen:

Anrufer:	*Ist Herr Mayer da?*
Ich:	*Ja, am Apparat.*
Anrufer:	*Wie geht es Ihnen?*

Wenn der Anrufer fragt: »Wie geht es Ihnen?«, dann wissen Sie, daß er Ihnen etwas verkaufen will.

Wenn Sie diesen Leuten erlauben, Ihnen ihre Verkaufsleier vorzuspielen, wird es schwierig, sie abzuwimmeln – wenn Sie nicht grob werden wollen – weil sie Ihnen immer Fragen stellen, die Sie unmöglich mit »Nein« beantworten können, z.B.: »Wie würde Ihnen eine Anlage gefallen, die eine hohe Rendite ohne Risiko bringt?« Das Beste, was Sie dann noch tun können, ist ihnen das Wort abzuschneiden und zu sagen: »Ich bin nicht interessiert!«, und den Hörer aufzulegen.

Nun, die zwei oder drei Minuten, die ein ungefragtes Telefonat dauert, hören sich nicht viel an. Aber multiplizieren Sie diese Zeit einmal mit einigen Dutzend Anrufen pro Tag, und Ihnen geht eine Menge Zeit verloren, die Sie für Ihre wichtigen Projekte brauchen. (Und Sie wundern sich, warum Sie nie etwas geschafft bekommen.)

Versuchen Sie nächstes Mal folgendes, wenn Sie einen ungefragten Anruf erhalten: Legen Sie das Gespräch in die Warteschleife, und beobachten Sie, wie lange der Vertreter braucht, um zu merken, daß Sie nicht mehr am Apparat sind.

Sagen Sie nie zu einem Vertreter: »Ich habe jetzt keine Zeit, schicken Sie mir Ihre Unterlagen.« Erstens brauchen Sie keine zusätzliche Werbepost, die Sie doch nur wegwerfen, und zweitens, nachdem die Ihnen ihre Unterlagen geschickt haben, werden sie Sie erneut anrufen und fragen, ob Sie schon Zeit hatten, sich die Unterlagen anzusehen.

Schneiden Sie einem langatmigen Anrufer das Wort ab

Manchmal bekomme ich Anrufe von Leuten, die furchtbar gerne lange reden. (Haben die keine Arbeit?) Hier also ein paar Tips, wie Sie das Gespräch wieder in die Hand nehmen können:

- ✔ Hören Sie der Person zu, und warten Sie geduldig auf die erste Gelegenheit, das Gespräch an sich zu nehmen. Wenn der Anrufer eine Pause macht, um Luft zu holen, ergreifen Sie die Gelegenheit und sagen Sie: »Was kann ich für Sie tun?«
- ✔ Sagen Sie dem Anrufer zu Beginn des Gespräches, daß Sie gerade aus dem Büro gehen wollten und nur eine Minute Zeit haben.
- ✔ Sagen Sie, daß Sie jemanden im Büro haben und sich kurz fassen müssen.
- ✔ Sagen Sie, daß Sie ein Ferngespräch auf der anderen Leitung haben.
- ✔ Wenn sich das Gespräch in die Länge zieht, sagen Sie dem Anrufer, er solle einen Moment in der Leitung bleiben. Wenn Sie das Gespräch wieder fortsetzen, sagen Sie ihm, daß Sie auf der anderen Leitung ein Ferngespräch führen müssen.

Führen Sie nicht zu viele Privatgespräche

Ich weiß, daß es nett ist, mit Freunden zu plauschen, aber wenn Sie das während der Arbeitszeit machen, läuft Ihnen die Zeit davon. Wenn Sie sich pro Gespräch auch nur fünf Minuten über Privates unterhalten, können Sie leicht an einem Tag eine oder zwei Stunden verlieren. Und vergessen Sie nicht diese 5-Minuten-Gespräche, die dann schließlich eine Stunde dauern. Also reduzieren Sie Ihre Privatgespräche, und halten Sie die Zeit im Auge, wenn Sie telefonieren.

Niemand hat im Laufe eines Arbeitstages ausreichend Zeit. Um mehr Zeit zu haben, sollten Sie die Anzahl und die Länge der Privatgespräche reduzieren. Als Alternative zu einem Telefonat sollten Sie sich zum Mittag- oder Abendessen verabreden.

Wie geht man mit verärgerten Anrufern um?

Manchmal telefoniert man mit jemandem, der sehr wütend oder aufgeregt ist. Wenn Sie nicht der Grund für den Ärger dieser Person sind, sollten Sie sich vor Augen halten, daß sich der Anrufer wegen einer Situation oder eines Problems aufregt. Nehmen Sie also nichts persönlich, was die Person über Sie, Ihre Firma oder Ihre Produkte sagt. Lassen Sie solche Anrufer ihren Gefühlen Luft machen und einigen Dampf ablassen. Nach ein paar Minuten werden sie sich abreagiert und ihre Fassung wieder haben. Wenn sich der Anrufer beruhigt hat, sollten Sie versuchen, sein Problem zu lösen.

Wenn ein Anrufer tobt und tobt, können Sie sagen: »Ich kann verstehen, wie Sie sich fühlen ...« oder »Ich verstehe, daß Sie verärgert sind ...« (Diese Bemerkung bedeutet nicht, daß Sie dem zustimmen, was der andere sagt.) Tun Sie Ihr Möglichstes, sich nicht auf einen Streit einzulassen, denn das wird Sie nur aufregen und eine ohnehin schon gespannte Situation zum Explodieren bringen.

Sie müssen eine primitive oder obszöne Sprache nicht tolerieren. Wenn ein Anrufer ausfallend wird, ist es vollkommen in Ordnung, wenn Sie sagen: »Herr/Frau Ungehobelt, ich bin wirklich bereit, mich um Ihre Beschwerde zu kümmern, aber ich bin nicht bereit, mich hier beleidigen zu lassen. Wenn Sie nicht aufhören, werde ich das Gespräch beenden.« Wenn der Anrufer dann nicht sofort aufhört, legen Sie auf.

Wie man mit einem schwierigen Gespräch fertig wird

Ich weiß nicht, wie es Ihnen geht, aber manchmal bin ich in ein schwieriges Telefonat verstrickt, aus dem ich nicht mehr herauskomme. Manchmal laufen die Dinge einfach nicht so, wie ich es möchte, und in meinem Kopf herrscht eine vollkommene Leere. Hier sind ein paar Tips, wie Sie mit einer solchen Situation fertig werden können:

- ✔ **Legen Sie das Gespräch in die Warteschleife.** Wenn Sie einen Moment brauchen, um sich wieder zu kramen oder damit die andere Person sich wieder beruhigt, schalten Sie das Gespräch einfach für ein paar Sekunden in die Warteschleife. Wenn Sie sich dann wieder einschalten, sind Sie besser vorbereitet, um Ihr Wortgefecht weiterzuführen.
- ✔ **Legen Sie auf.** Wenn bei einem Gespräch alles schief läuft, hängen Sie mitten in einem Ihrer Sätze auf. Die andere Person wird dann meinen, daß die Leitung zusammengebrochen ist. Und das machen Sie so: Während Sie selber etwas Wichtiges sagen, legen Sie auf, mitten in einem Satz. Wenn Sie dann später das Gespräch fortsetzen, hatten Sie ein paar Minuten Zeit, um über das Thema des Gespräches nachzudenken. (Je nachdem, wie die Situation ist, müssen Sie entscheiden, ob Sie sofort zurückrufen, einige Minuten warten und dann zurückrufen oder warten, bis die andere Person Sie anruft.)

Danken Sie dem Anrufer für seine Beschwerde

Wenn sich jemand die Zeit nimmt, um sich zu beschweren, dann möchte er weiterhin Geschäfte mit Ihnen machen. Wenn die Leute sich beschweren, dann sagen sie Ihnen, was sie von Ihnen wollen oder brauchen. Werden Sie nicht ablehnend oder fangen an zu argumentieren, wenn sich jemand beschwert. Danken Sie ihm, daß er Ihnen sagt, womit er nicht zufrieden ist, und dann sagen Sie etwas wie: »Ich danke Ihnen, daß Sie sich die Zeit genommen haben, mich anzurufen. Ich bin froh, daß Sie mich darauf aufmerksam gemacht haben. Wir werden unser Bestes tun, um dieses Problem zu lösen.«

Nehmen Sie nur bei Ihrem Telefon den Hörer ab

Haben Sie schon einmal im Büro eines Kollegen den Hörer abgenommen, als da das Telefon klingelte, und haben sich gedacht, daß es doch nett von Ihnen ist, ans Telefon zu gehen? Aber nachdem Sie den Hörer abgenommen hatten, haben Sie arge Kopfschmerzen bekommen. Der Anrufer hatte ein Problem, und er oder sie wollte, daß Sie ihm/ihr helfen, es zu lösen. (Tja, das sind Sie selbst Schuld, Sie haben den Hörer abgenommen!) Oder der Anrufer wollte eine detaillierte Nachricht hinterlassen, aber Sie konnten keinen Stift oder kein Blatt finden, also haben Sie versucht, sich die Nachricht zu merken, haben dann aber leider vergessen, die Nachricht weiterzuleiten.

Also, wenn Sie nächstes Mal das Telefon eines Kollegen klingeln hören, lassen Sie es einfach klingeln und arbeiten weiter. Nach mehrmaligem Klingeln wird der Anruf mit der Mailbox oder der Telefonzentrale verbunden. Und wenn niemand drangeht, legt der Anrufer wieder auf.

Verbessern Sie Ihre Produktivität durch Voice-Mail

10

In diesem Kapitel

- So benutzen Sie Voice-Mail
- So umgehen Sie die Voice-Mail-Falle
- So nehmen Sie Ihre Ansage auf
- Tips, wie Sie Voice-Mail-Nachrichten hinterlassen

Manchmal sehne ich mich nach den guten alten Zeiten zurück, als jeder noch eine Sekretärin hatte, die immer da war und Nachrichten entgegennahm. Aber die Zeiten haben sich geändert. Die Sekretärinnen gibt es nicht mehr, wir schreiben alle unsere Briefe selbst und haben Apparate, die unsere Anrufe entgegennehmen, wenn wir nicht da sind. Setzt man diese Apparate richtig ein, können sie unsere Produktivität wirklich verbessern. Werden sie aber nicht richtig eingesetzt, können Sie zum Alptraum werden.

Warum sollte man eine Voice-Mail benutzen?

Das Telefon hat einen schrecklichen Nachteil: Beide Personen, der Anrufer und der Angerufene müssen am Apparat sein, um ein Gespräch zu führen. Laut Statistik werden fast 80% aller Geschäftsanrufe nicht beim ersten Versuch erledigt. Bei mindestens 50% dieser Anrufe sollen Informationen nur in eine Richtung geleitet werden, und fast zwei Drittel aller Anrufe sind unwichtiger als die Arbeit, die sie unterbrechen. Hier sind also einige Gründe, warum Sie eine Voice-Mail benutzen sollten:

- ✔ Mit Hilfe der Voice-Mail können Sie Informationen austauschen, ohne mit der anderen Person persönlich zu sprechen.
- ✔ Die Voice-Mail läßt Sie ohne Berücksichtigung der Uhrzeit Informationen austauschen. Sie müssen nicht bis Mittag warten, um 6 Uhr aufstehen oder bis Mitternacht aufbleiben, um jemanden in Asien oder Amerika anzurufen.
- ✔ Voice-Mail Nachrichten sind meistens kürzer als ein Telefonat.
- ✔ Die Voice-Mail ist 24 Stunden am Tag erreichbar, sieben Tage in der Woche. (Einige Systeme rufen den Empfänger einer Voice-Mail-Nachricht sogar zu Hause an, wenn eine Nachricht nach den üblichen Bürostunden oder am Wochenende eingeht.)

- ✔ Die Voice-Mail kann die Zeit reduzieren, die Sie in der Warteschlange verbringen müssen.

Würden Sie eine Nachricht lieber bei einer Person oder auf einem Anrufbeantworter hinterlassen?

Eine kürzlich vom Voice Messaging Educational Committee of Morris Plains, New Jersey, durchgeführte Untersuchung ergab, daß 58% der befragten Anrufer eine Nachricht lieber auf der Voice-Mail hinterlassen als bei der Sekretärin oder der Telefonzentrale:

- ✔ Fast die Hälfte befürchtete, daß die Sekretärin oder die Zentrale Einzelheiten vergißt, während sie die Nachricht aufnimmt.
- ✔ 18% waren der Meinung, daß durch die Voice-Mail mehr Einzelheiten übermittelt werden können.
- ✔ 16% übermitteln Ihre Informationen lieber selber.

Lassen Sie Ihre Anrufer nicht in die Voice-Mail-Falle tappen

Ist es Ihnen schon einmal passiert, daß Sie jemanden angerufen haben und eine Voice-Mail Ansage vernahmen, wie etwa: »Der Teilnehmer mit der Nummer 1234 ist zur Zeit nicht erreichbar. Bitte hinterlassen Sie Ihre Nachricht nach dem Tonsignal.« Und Ihnen wurde keine Alternative geboten? Sie wußten nicht, wie Sie die Telefonzentrale erreichen konnten. Sie wußten nicht, wie Sie den Assistenten der betreffenden Person erreichen konnten! Sie zögerten, eine Nachricht zu hinterlassen, weil Sie sich nicht sicher waren, ob die Person mit der Durchwahl 1234 wirklich die Person war, mit der Sie sprechen wollten. Also legten Sie auf, waren wütend und frustriert, und als Sie auf den Timer Ihres Telefons schauten, sahen Sie, daß 58 Sekunden vergangen sind, ohne daß etwas passiert war. Sie waren in die Voice-Mail-Falle getappt.

Oder vielleicht haben Sie mal jemanden angerufen, und als die Ansage ablief, hörten Sie folgendes: »Hallo, hier spricht Franziska Scholl, ich bin zur Zeit nicht im Büro. Wenn Sie mit meinem Assistenten sprechen wollen, wählen Sie die 0. Sie können auch nach dem Tonsignal eine Nachricht hinterlassen.« Also wählten Sie die 0 und ein paar Sekunden später waren Sie mit Frau Scholls Assistenten Reger verbunden, dessen Nachricht lautete: »Hallo, hier ist Tim Reger, ich bin zur Zeit nicht erreichbar. Wenn Sie mir eine Nachricht hinterlassen, rufe ich Sie zurück, sobald ich wieder da bin. Wenn Sie mit der Zentrale sprechen wollen, wählen Sie die 0.« Als Sie dann die 0 wählten, wurden Sie mit der Zentrale verbunden, aber niemand nahm den Hörer ab. Also legten Sie auf, waren wütend und frustriert, und als Sie dann auf die Uhr sahen, stellten Sie fest, daß dieser Anruf Sie 2 Minuten und 25 Sekunden kostete und nichts passiert ist. Wieder einmal sind Sie in die Voice-Mail-Falle getappt.

Beim ersten Beispiel hat die Person, die die Nachricht aufgenommen hat, Ihnen keine Möglichkeit genannt, aus dem Voice-Mail-System herauszukommen. Dafür gibt es keine Entschuldigung. Im zweiten Beispiel wurden Ihnen zwar detaillierte Instruktionen gegeben, aber leider war niemand da, der Ihren Anruf entgegennehmen konnte.

Die größte Beschwerde, die Anrufer über das Voice-Mail System äußern, ist, daß Sie nie jemanden live ans Telefon bekommen.

Hier sind einige Tips, was für Informationen Ihre Voice-Mail Ansage beinhalten sollte:

- ✔ Hinterlassen Sie immer Anweisungen, damit der Anrufer jemand anderen erreichen kann. (»Wählen Sie 48, und Sie werden mit meinem Assistenten Tim Reger verbunden. Wenn Sie die 0 wählen, werden Sie mit dem Operator verbunden.«)
- ✔ Hinterlassen Sie Anweisungen, wie die Anrufer ihre Nachrichten hinterlassen können, ohne jedesmal Ihre Ansage hören zu müssen. (»Wenn Sie diese Ansage beim nächsten Mal überspringen wollen, wählen Sie die 1.«)

So nehmen Sie Ihre Ansage auf

Viele Leute nehmen ihre Ansage einmal auf und ändern sie nie. Andere ändern Ihre Ansage täglich, und hinterlassen somit dem Anrufer genaue Informationen darüber, was sie zur Zeit machen. Diese Ansagen sind sowohl für den Anrufer als auch für den Angerufenen sehr hilfreich, denn sie erhöhen die Chancen, sich gegenseitig zu erreichen, weil der Anrufer weiß, wann der Angerufene voraussichtlich wieder an seinem Schreibtisch sein wird. Lassen Sie mich Ihnen ein paar Beispiele für gute Voice-Mail-Ansagen geben:

- ✔ Hallo, hier ist Fred Reith. Es ist Freitag, der 20. Januar, und ich werde heute und am Montag nicht im Büro sein. Bitte hinterlassen Sie mir Ihren Namen, Ihre Telefonnummer und eine kurze Nachricht. Ich werde über Tag meine Voice-Mail abhören. Wenn Sie sofort mit jemandem sprechen wollen, wählen Sie die 0.
- ✔ Hallo, hier ist Carolin Ziegler von der Bauherren Gesellschaft. Heute ist Dienstag, der 22. August. Es tut mir leid, daß ich Ihren Anruf nicht entgegennehmen kann. Ich bin heute nicht im Büro. Wenn Sie wegen der Erstellung des Industriegutachtens anrufen und dafür noch etwas Zeit benötigen, hinterlassen Sie mir bitte eine Nachricht, und sagen Sie mir, wann Sie glauben, daß Sie mir das Gutachten schicken können. Wenn Sie Fragen haben, die Sie sofort beantwortet haben wollen, rufen Sie bitte Kerstin Krause in Kassel an. Ihre Nummer ist 123-456-7890. Wenn Sie aus einem anderen Grund anrufen, hinterlassen Sie bitte eine Nachricht, und ich werde Sie so bald wie möglich zurückrufen. Wenn Sie eine Auskunft brauchen, wählen Sie bitte die 0.

- Hallo, hier spricht Sabine Heinen. Heute ist Montag, der 17. Oktober, und ich bin den ganzen Tag in Besprechungen. Ich werde später alle Nachrichten abhören, also hinterlassen Sie mir bitte eine Nachricht, und ich werde Sie so bald wie möglich zurückrufen. Wenn Sie sofort Auskunft brauchen, wählen Sie bitte die 0.

Hier einige Tips, die Sie beachten sollten, wenn Sie Ihre Voice-Mail Ansage aufnehmen:

- Ihre Nachricht sollte informativ, höflich und kurz sein, und den Anrufer ermutigen, eine Nachricht zu hinterlassen.
- Lächeln Sie, bevor Sie anfangen zu sprechen, denn die Wärme Ihres Lächelns wird sich auf Ihre Stimme übertragen. So wird Ihre Begrüßung freundlicher.
- Um Ihre Voice-Mail Ansage lebendiger und enthusiastischer zu gestalten, erheben Sie sich von Ihrem Stuhl, dehnen Sie sich, bringen Sie Ihren Kreislauf auf Trab, und nehmen Sie dann die Ansage auf. Sie möchten doch sicher nicht, daß Ihre Ansage klingt, als hätten Sie sie aufgenommen, bevor Sie zu einer Beerdigung gingen.
- Wenn Sie Ihre Voice-Mail Ansage aufnehmen, sprechen Sie langsam, klar und deutlich.
- Wenn Sie Leute bitten, Ihnen eine Nachricht zu hinterlassen, müssen Sie die Nachrichten während des Tages abhören und die Anrufer auch zurückrufen.
- Hören Sie sich Ihre Voice-Mail Ansage noch einmal an, nachdem Sie sie aufgenommen haben, damit Sie wissen, wie sie sich anhört. Ist sie lebendig und enthusiastisch genug? Ist sie kurz und knapp? Gibt sie wieder, was Sie sagen wollen? Wenn nicht, nehmen Sie sie noch einmal auf.

Tips, wie man eine Voice-Mail-Nachricht hinterläßt

Eine Voice-Mail Ansage-aufzunehmen ist eine Sache, aber Nachrichten zu hinterlassen ist eine andere, wesentlich wichtigere Angelegenheit. In der heutigen Geschäftswelt hat fast jeder eine Voice-Mailbox, wenn Sie also einen Anruf tätigen, sollten Sie darauf vorbereitet sein, eine Nachricht hinterlassen zu müssen. Das bedeutet, daß Sie darüber nachdenken sollten, was Sie sagen wollen und wie Sie es tun wollen – und zwar bevor Sie den Anruf tätigen. Hier sind einige Tips, wie Sie bessere Voice-Mail-Nachrichten hinterlassen:

- Sprechen Sie erst nach dem Signalton. (Ich weiß, daß fast jeder dies wissen sollte, aber Sie wären erstaunt, wie viele Leute anfangen zu sprechen, bevor die Ansage beendet ist.)

- ✔ Bevor Sie anfangen zu sprechen, holen Sie tief Luft, damit sich Ihre Lungen mit Luft füllen. So hört sich Ihre Stimme tiefer und imposanter an.
- ✔ Wenn Sie sprechen, sprechen Sie langsam, klar und deutlich, damit die andere Person verstehen kann, was Sie sagen. Verschlucken Sie nichts.
- ✔ Machen Sie Ihre Stimme interessant. Legen Sie Enthusiasmus in Ihre Stimme. Legen Sie Energie in Ihre Stimme.
- ✔ Wenn Sie Ihren Namen hinterlassen, sollten Sie ihn zusätzlich buchstabieren. (»Hier spricht Jeffrey Mayer, M-A-Y-E-R.«)
- ✔ Nennen Sie Ihre Telefonnummer zweimal. Einmal am Anfang und einmal am Ende. Auch wenn viele der Leute, die Sie anrufen, Ihre Nummer bereits haben, hören sie die Nachrichten vielleicht von unterwegs ab und haben Ihre Nummer nicht bei sich.
- ✔ Wenn Sie Ihre Nachricht hinterlassen, nennen Sie die wichtigsten Punkte zu Anfang und die weniger wichtigen zum Schluß.
- ✔ Wenn Sie Ihre Postanschrift hinterlassen, sprechen Sie langsam, und buchstabieren Sie den Namen Ihrer Straße und Stadt, nachdem Sie die Adresse genannt haben. (»50 East Bellevue Place, B-E-L-L-E-V-U-E, Chicago, Illinois.«)
- ✔ Hinterlassen Sie einen bestimmten Zeitpunkt oder ein Zeitfenster, zu dem Sie einen Rückruf entgegennehmen können. Zum Beispiel: »Ich werde morgen früh in meinem Büro sein.« Oder: »Ich bin nach 14.00 Uhr immer in meinem Büro zu erreichen.«

Seien Sie kraftvoll und enthusiastisch. Lassen Sie Ihren Charakter eine Bereicherung für den Tag des anderen sein.

Was, wenn meine Voice-Mail-Nachrichten nicht beantwortet werden?

Wenn Sie einer Person mehrmals eine Nachricht hinterlassen haben und nicht zurückgerufen wurden, sollten Sie mit dem Assistenten dieser Person, jemand anderem in der Abteilung oder der Telefonzentrale sprechen, um herauszufinden, ob die Person überhaupt zur Zeit erreichbar ist. Wenn Sie die Person nicht erreichen können, lassen Sie sich den Namen von jemand anderem geben, mit dem Sie sprechen können.

Wenn Sie mehrmals jemandem eine Nachricht hinterlassen haben und nicht zurückgerufen wurden, versuchen Sie, den Assistenten dieser Person oder jemand anderen in der Abteilung zu erreichen. Finden Sie heraus, wann die Person, mit der Sie sprechen wollen, erreichbar ist, um mit Ihnen zu reden. Sitzen Sie nicht herum und warten auf einen Rückruf, der nie kommen wird.

Aber ich bekomme zu viele Nachrichten

Eine der häufigsten Klagen, die ich bezüglich der Voice-Mail zu hören bekomme, ist, daß die Leute zu viele Nachrichten erhalten, und es zu lange dauert, bis sie alle abgehört haben. Hier sind einige Tips, wie Sie mit diesem Problem fertig werden können:

- ✔ Erhöhen Sie die Wiedergabegeschwindigkeit Ihrer Nachrichten. Wenn Sie Ihre Nachrichten abhören, lassen Sie sie schneller laufen, damit Sie schneller durch sind. (Diese Funktion haben nicht alle Voice-Mail-Systeme oder Anrufbeantworter.)
- ✔ Begrenzen Sie die Aufnahmezeit für eine Nachricht. Wenn sich Ihre Anrufer nicht kurz fassen können, begrenzen Sie die Aufnahmezeit auf 60, 90 oder 120 Sekunden. (Wenn Sie Ihre Ansage aufnehmen, teilen Sie Ihren Anrufern mit, daß ihnen nur 60 Sekunden für ihre Nachricht zur Verfügung stehen.)
- ✔ Begrenzen Sie die Aufnahmekapazität Ihrer Voice-Mailbox. Ich weiß, daß dieser Tip eigentlich nicht im Sinne der Erfinder der Voice-Mail ist, aber wenn Sie zu viele Anrufe erhalten, begrenzen Sie die Aufnahmekapazität Ihrer Voice-Mailbox. Wenn Ihre Mail Box voll ist, sollte der Anrufer eine Ansage vernehmen, z.B.: »Die Mailbox ist voll.« Der Anrufer kann dann jemand anderen anrufen, sich später noch einmal melden oder einen Brief oder eine E-Mail schicken.
- ✔ Wenn Sie eine Nachricht erhalten, die nicht Ihr Aufgabengebiet betrifft, leiten Sie sie an die entsprechenden Personen weiter.

Seien Sie gewissenhaft

Wenn Sie Nachrichten erhalten haben, müssen Sie etwas mit ihnen tun. Sie werden Ihnen nicht viel helfen, wenn Sie sie nur in Ihrem Voice-Mail-Archiv lagern. Hier sind ein paar Vorschläge:

- ✔ Wenn sich für Sie eine Aufgabe ergibt, notieren Sie sie auf Ihrer Master-Liste oder in ACT!.
- ✔ Wenn die Information wichtig ist, sollten Sie sie auf einem großen Blatt Papier – eine Notiz pro Seite – notieren und in den entsprechenden Akten ablegen. (Vergessen Sie das Datum nicht!)

Wenn Sie Ihre Nachrichten abgehört haben, löschen Sie sie.

Schreiben Sie effektivere Korrespondenz

11

In diesem Kapitel

- Wer ist Ihre Leserschaft?
- So verbessern Sie Ihren Schreibstil
- So schreiben Sie bessere Briefe

Vor noch gar nicht so langer Zeit waren Computer eine Neuheit, und wir benutzten noch Rechenmaschinen und Taschenrechner. Aber die Zeiten haben sich geändert. Heute hat fast jeder Berufstätige einen Computer auf dem Schreibtisch stehen, und wir müssen mittlerweile Dinge damit tun, die wir zuvor nie getan haben: Briefe, Memos und Berichte schreiben, Präsentationen vorbereiten, E-Mail-Nachrichten senden und beantworten. Ich bin daher der Auffassung, daß es nur angemessen ist, ein Kapitel darüber zu schreiben, wie man seine Schreibfähigkeiten verbessert, weil ein Großteil unserer Kommunikation in schriftlicher Form vonstatten geht.

Wer ist Ihre Leserschaft?

Ein guter Ausdruck erleichtert es Ihnen, anderen Menschen Ihre Ideen mitzuteilen und ihnen zu helfen, bessere Geschäftsentscheidungen zu treffen. In der heutigen Berufswelt hat niemand mehr Zeit zum Lesen, daher wollen die Leute, die in Eigenverantwortung Geschäftsentscheidungen treffen, die notwendigen Informationen durch ihre Briefe, Memos, Berichte und E-Mail Nachrichten erhalten und möglichst zügig Entscheidungen treffen. Also machen Sie jedem das Leben leichter, wenn Sie Ihre Gedanken und Ideen gut zu Papier bringen können, Wörter benutzen, die der Leser versteht und Informationen in einer präzisen und gewissenhaften Form zusammenstellen, die leicht verständlich ist.

Außerdem müssen Sie bedenken, für wen Sie Ihren Brief, Ihr Memo oder Ihren Bericht schreiben. Wenn der Bericht z.B. für den Direktor Ihrer Gesellschaft, den Vorsitzenden oder den Vorstand ist, sollte er anders geschrieben sein als ein wöchentlicher Lagebericht für Ihren Gruppen- oder Abteilungsleiter. Ebenso sollte ein Brief an einen Kunden nicht im Stil einer E-Mail-Nachricht abgefaßt sein.

Ihr Ziel ist nicht nur, anderen Leuten Informationen zu geben, sondern auch, eine vernünftige Antwort von ihnen zu erhalten.

Ein guter Schreibstil ist nicht leicht

Ein guter Schreibstil erfordert harte Arbeit. Es ist ein mühsamer und langwieriger Prozeß, weil wir wesentlich schneller denken, als wir schreiben. Und deswegen ist heute das Schreiben mit unseren superschnellen Computern und extrem leistungsfähigen Textverarbeitungssystemen wesentlich einfacher, als es vor einem Jahrhundert war, als noch Tinte und Feder benutzt wurden, oder selbst vor zehn Jahren, als wir noch elektronische IBM-Schreibmaschinen benutzten. Heute räumt der Computer Ihnen Zeit ein, darüber nachzudenken, was Sie schreiben wollen, anstatt sich Gedanken über die Formatierung des Textes zu machen oder gar zu versuchen, mit einer Rasierklinge Wörter, Sätze oder Absätze von einem Teil eines Dokumentes auszuschneiden und an einer anderen Stelle einzukleben.

Nehmen Sie sich viel Zeit

Beim Schreiben kommen Ihnen viele Ideen, und das hilft Ihnen, sich darauf zu konzentrieren, was Sie wirklich sagen wollen. Deshalb ist es wichtig, daß Sie sich viel Vorlaufzeit nehmen, wenn Sie schreiben. Nachdem Sie etwas geschrieben haben, sollten Sie es immer kurz beiseite legen und später noch einmal lesen. Wenn Sie ein Schriftstück noch einmal durchlesen, werden Sie merken, wie Sie das, was Sie zu Papier gebracht haben, noch verbessern können.

Wenn Sie einen Brief, ein Memo oder einen Bericht schreiben, vergewissern Sie sich, daß das Dokument so formuliert ist, daß es ausdrückt, was Sie sagen wollen. Ihr Ziel ist, ein gutes Schriftstück zu verfassen, und das nicht unbedingt schnell.

Immer wenn ich etwas schreibe, auch wenn es nur ein kurzer Brief, ein Fax oder Memo ist, drucke ich es aus, lese es durch und lege es beiseite. Wenn ich es mir später noch einmal durchlese, bin ich immer der Meinung, daß es nicht genau das aussagt, was ich sagen wollte. Also überarbeite ich es noch einmal, mache einige Änderungen und schicke es dann ab.

Wenn Sie etwas schreiben und nicht weiterkommen, legen Sie es für einen Moment beiseite, und arbeiten Sie später daran weiter. Wenn Sie eine Pause machen und sich ein bißchen Zeit nehmen, über Ihr Problem nachzudenken, können Sie es meistens ohne größere Anstrengung lösen.

Drucken Sie Ihr Dokument aus. Ein Text sieht als Ausdruck häufig anders aus als auf dem Bildschirm und liest sich anders. Wenn Sie also ein Dokument erstellen, drucken Sie es aus, und Sie werden wahrscheinlich Fehler feststellen, die Sie auf dem Bildschirm nicht bemerkt haben.

Verwenden Sie geläufige Wörter und Ausdrücke

Hatten Sie schon mal nach der Lektüre eines Briefes nicht die geringste Ahnung, was er Ihnen sagen sollte? Also lesen Sie ihn ein zweites oder drittes Mal, und er verschließt sich Ihnen immer noch? Das ist frustrierend, oder?

Wenn Sie Ihre Briefe, Memos oder Berichte schreiben, sollten Sie es Ihrem Leser einfach machen, Sie zu verstehen. Schreiben Sie daher kurze Sätze und Absätze, und benutzen Sie Wörter, die Ihrem Leser geläufig sind.

In unserer heutigen, schnellebigen und hektischen Welt haben die meisten von uns keine Zeit, die Bedeutung der Wörter, die ihnen nicht geläufig sind, nachzuschlagen.

Wenn Sie Ihre Wortwahl treffen, fordern Sie sich selbst heraus. Benutzen Sie ein Wörterbuch oder einen Duden, damit Sie bessere und treffendere Wörter suchen können, um Ihre Gedanken und Ideen auszudrücken. Aber verwenden Sie keine Wörter, die Sie vorher noch nie gesehen haben und die Ihr Leser wahrscheinlich auch nicht kennt.

Schreiben Sie im Gesprächsstil

Schreiben ist nicht mehr, als gesprochene Worte zu Papier zu bringen. Sie können es sich wesentlich einfacher machen, wenn Sie sich vorstellen, Sie würden mit der Person, an die Sie schreiben, ein persönliches Gespräch führen, wie zwei Freunde, die in einem Café sitzen und sich nett unterhalten. Hier einige Tips:

- ✔ Bevor Sie anfangen zu schreiben, fragen Sie sich: »Was ist die wichtigste Information, die ich dem Leser geben will?«
- ✔ Kommen Sie schnell zu den wichtigen Punkten. Nennen Sie den Grund Ihres Briefes, Memos oder Berichts im ersten Satz des ersten Abschnittes. Der Leser hat nicht die Zeit, sich durch drei Absätze oder drei Seiten Text zu kämpfen, um in Erfahrung zu bringen, warum Sie den Brief hauptsächlich schreiben.
- ✔ Kurze Sätze sind einfacher zu lesen. Geben Sie Ihre Gedanken und Ideen in kurzen Salven wieder, und achten Sie darauf, daß Ihre Sätze nicht länger als 15 bis 20 Wörter sind.

Jedoch müssen Sie etwas abwechslungsreich schreiben. Schreiben Sie einige kurze Sätze und ab und zu einen längeren.

- Verknüpfen Sie Ihre Gedanken richtig. Schreiben Sie klar und verständlich, und bringen Sie die Sache auf den Punkt.
- Um Abwechslung in Ihre Briefe, Memos oder Berichte zu bringen, bauen Sie Tabellen, Graphiken, Illustrationen oder Bilder ein. Solche Layouts machen oft einen langen Text unnötig.
- Wenn Sie Schwierigkeiten haben, Ihre Gedanken zu Papier zu bringen, lesen Sie sich die Sätze laut durch, und wenn Sie zu der Stelle kommen, an der Sie Schwierigkeiten haben, stellen Sie sich einfach vor, Sie würden jemanden ansehen, und dann fragen Sie sich: »Was würde ich als nächstes sagen?«
- Wenn Sie Abkürzungen verwenden, z.B. für die Eigenschaften des neuesten Produktes Ihrer Firma, erklären Sie dem Leser, was diese Abkürzungen bedeuten.
- Wenn Sie Initialen für die Namen von Organisationen verwenden, sollten Sie den Namen erst ausschreiben und die Abkürzung in Klammern schreiben. Danach können Sie die Initialen der Organisation verwenden. (Um das Einfügen von langen Namen in ein Dokument zu erleichtern, benutzen Sie die Such- und Ersetzen-Funktion Ihres Textverarbeitungsprogramms. Schreiben Sie in Ihrem Text eine Abkürzung für den langen Namen, und wenn Sie fertig sind, lassen Sie die Abkürzungen suchen und durch die langen Namen ersetzen.)
- Je mehr freier Platz desto besser: Je mehr freien Platz Sie auf einer gedruckten Seite haben, desto besser ist sie zu lesen. Ihr Ziel beim Schreiben ist, dem Leser so viele Informationen in so wenig Worten wie möglich zu geben. Und das ist Arbeit. Wie Abraham Lincoln es einmal sagte: »Ich hätte einen kürzeren Brief geschrieben, aber ich hatte keine Zeit.«
- Lassen Sie Ihr Rechtschreib- und Grammatikprogramm über den Text laufen, bevor Sie die Endversion Ihres Dokumentes ausdrucken. Wegen der heutigen Textverarbeitungsprogramme gibt es keine Entschuldigung mehr für falsch geschriebene Wörter oder typographische Fehler. Fehler machen einen schlampigen Eindruck und erschweren es dem Leser, durch das Dokument zu kommen. (Aber setzen Sie nicht zu viel Vertrauen in diese neumodischen Hilfsmittel. Ihre Rechtschreibung mag perfekt sein, aber Sie könnten ein falsches Wort benutzen (z.B. mein, dein, sein). Ein Grammatikprogramm nutzt Ihnen gar nichts, wenn Sie keine Ahnung von Grammatikregeln haben. Es gibt keinen Ersatz dafür, alles noch einmal durchzulesen, bevor Sie es präsentieren.)
- Lassen Sie jemand anderen Ihre Dokumente lesen. Manchmal sind wir blind für Rechtschreib-, Interpunktions- oder Grammatikfehler, Fehler, die jemand anders beim Korrekturlesen leicht entdeckt.

- ✔ Hören Sie sich den Klang Ihrer geschriebenen Worte an. Was sich gut anhört, liest sich auch gut. Um Ihrem Geschriebenen den letzten Schliff zu geben, sollten Sie es sich laut durchlesen.
- ✔ Setzen Sie sich künstliche Abgabetermine. Wenn ein Bericht am 15. des Monats fällig ist, setzen Sie sich einen Termin für den 10. Das wird Sie motivieren, früh genug anzufangen, und Sie werden genügend Zeit haben, über Ihre Arbeit nachzudenken und sie zu überarbeiten. Ihr Ziel ist, ein großartiges Endprodukt zu haben und nicht einen großartigen ersten Entwurf.

Kürzen Sie Briefe, Präsentationen und Berichte

Ihre Arbeit noch einmal zu lesen, neu zu schreiben und zu kürzen, ist Teil eines guten Schreibstils. Ein guter Schreibstil ergibt sich aus dem ständigen Bemühen, unnötige Worte zu finden und zu streichen, egal wie kurz sie sind. Wenn Sie Ihre Arbeit kürzen, sollten Sie sich immer folgende Fragen stellen:

- ✔ Ist jeder Satz vollständig?
- ✔ Ist jeder Absatz vollständig?
- ✔ Ist jeder Teil vollständig?
- ✔ Ist meine Interpunktion richtig?
- ✔ Liest sich mein Text flüssig?
- ✔ Habe ich meine Argumente, Ideen und Beziehungen gut erläutert?
- ✔ Habe ich die Namen der Personen und Organisationen richtig geschrieben? (Mein Herausgeber ist der Meinung, daß dies ein besonders wichtiger Punkt ist.)

Fesseln Sie die Aufmerksamkeit des Lesers

Niemand hat Zeit, lange Briefe, Memos, Berichte oder andere Dokumente zu lesen. Dafür sind wir alle viel zu beschäftigt. Wenn Sie also wollen, daß jemand das liest, was Sie schreiben, müssen Sie es ihm leicht machen. Ein Punkt ist z.B., daß Sie die wichtigste Information an den Anfang Ihres Dokumentes setzen.

Die Aufmerksamkeit des Lesers müssen Sie bereits mit dem ersten Wort des ersten Satzes des ersten Absatzes wecken. Wenn Sie das nicht schaffen, wird Ihr Schriftstück beiseite gelegt und nie wieder in die Hand genommen.

Schreiben Sie Ihre wichtigsten Informationen sofort zu Beginn, und bringen Sie Ihre zusätzlichen Fakten und Informationen in den folgenden Sätzen und Absätzen unter. So können Sie die Lesezeit verkürzen, weil der Leser nicht jeden Absatz untersuchen muß, um herauszufinden, was Sie sagen wollen.

Wenn Sie einen ersten Entwurf Ihres Dokuments machen, stehen Ihre wichtigsten Punkte wahrscheinlich am Ende und Ihre Zusatzinformationen am Anfang. Wenn Sie also Ihre Arbeit überarbeiten, holen Sie die Hauptpunkte und Schlußfolgerungen vom Ende des Dokumentes an den Anfang.

Wenn Sie ein langes Dokument schicken, schreiben Sie einen einseitigen Begleitbrief, in dem Sie die Informationen des Dokumentes zusammenfassen.

Hassen Sie es auch, im Postamt in der Schlange zu stehen, um Briefmarken zu kaufen? Erkundigen Sie sich am Schalter, ob Sie die Briefmarken auch per Post beziehen können.

Schreiben Sie bessere Briefe

Jeden Tag schreiben wir Briefe. Das gehört zu unserem Berufsleben dazu. Im folgenden Teil werde ich Ihnen einige Tips geben, wie Sie Ihre Chancen, daß Ihre Briefe geöffnet und gelesen werden, verbessern können.

So erreichen Sie, daß Ihre Briefe geöffnet werden

Wenn Sie einen Brief verschicken, dann möchten Sie, daß der Empfänger nicht nur den Umschlag öffnet, sondern sich auch die Zeit nimmt, ihn zu lesen und zu beantworten. Hier sind einige Tips, wie Sie den Empfänger dazu bringen, Ihre Briefe zu öffnen:

- ✔ Tippen Sie Ihren Absender direkt auf den Umschlag. Verwenden Sie keine Klebeadressen. Schreiben Sie nach Möglichkeit Namen und Adresse des Empfängers handschriftlich. Eine handgeschriebene Adresse fällt immer auf. (Wenn ein Umschlag mit einem fast unleserlichen Gekritzel auf meinem Schreibtisch erscheint, öffne ich ihn immer zuerst.)
- ✔ Benutzen Sie Sondermarken für Ihre Briefe. Große, bunte Sondermarken lassen Ihre Post interessanter aussehen.
- ✔ Schreiben Sie »persönlich« anstelle von z. Hd. (Das mache ich bereits seit Jahren, und es klappt gut!)

So erreichen Sie, daß Ihre Briefe gelesen werden

Wenn Sie also schon so erfolgreich waren, daß jemand Ihren Brief öffnet, dann möchten Sie natürlich auch, daß Ihr Brief gelesen wird. Hier einige Tips:

- ✔ Der erste Satz Ihres Briefes sollte ins Auge fallen und das Interesse des Lesers wecken, damit er oder sie auch den Rest des Briefes lesen will.
- ✔ Fügen Sie ein Postskriptum hinzu. Das Postskriptum ist normalerweise das erste oder zweite, was eine Person liest, also formulieren Sie Ihr Postskriptum so, daß der Leser daran interessiert ist, den ganzen Brief zu lesen.
- ✔ Fangen Sie einen Brief immer mit dem Wort »Sie« an. So erreichen Sie, daß der Leser weiterlesen will.
- ✔ Erwähnen Sie den Namen der Person und des Unternehmens im ganzen Brief. So wird Ihr Brief persönlicher und freundlicher. Auch das ist ein wirksames Mittel, um die Aufmerksamkeit des Lesers zu wecken.
- ✔ Betonen Sie die Vorteile, die der Leser hat, wenn er Ihren Brief liest. Sagen Sie, was für den Leser drin ist. »Sie erhalten dies ...«, »Sie erhalten das ...«
- ✔ Streichen Sie das Wort »Ich« aus Ihren Briefen. »Ich« ist das uninteressanteste Wort im Deutschen.

Machen Sie Ihre Briefe leicht leserlich

Nachdem Sie jemanden dazu bekommen haben, den Umschlag zu öffnen, den Eingangssatz und das Postskriptum zu lesen, möchten Sie, daß die Person auch noch den Rest des Briefes liest. Hier einige Tips:

- ✔ Rücken Sie Ihre Absätze ein. So sind sie leichter zu lesen. Lassen Sie zwischen zwei Absätzen eine Zeile frei.
- ✔ Verwenden Sie eine Serifenschrift. Die Schrift sollte einen Schriftgrad von mindestens 12 Punkten haben. So wird sie leichter lesbar.
- ✔ Schreiben Sie linksbündig und benutzen Sie keinen Blocksatz.
- ✔ Halten Sie Ihre Briefe kurz und knapp, und schreiben Sie nicht mehr als eine Seite. (Wenn Sie eine handschriftliche Notiz schicken, schreiben Sie nicht mehr als drei Sätze. Denken Sie darüber nach, was Sie sagen wollen, sagen Sie es, und unterschreiben Sie es.)
- ✔ Erwähnen Sie am Ende des Briefes, daß Sie etwas tun werden: »Ich werde Sie in ein paar Tagen anrufen, um Ihre Meinung zu hören.«
- ✔ Unterschreiben Sie Ihre Briefe handschriftlich.

Denken Sie immer an die drei Zaubersätze: »Danke.« »Herzlichen Glückwunsch« und »Ich denke an Sie«.

Alles über E-Mail

12

In diesem Kapitel

- So schreiben Sie gute Mails
- So sieht die E-Mail-Netiquette aus
- So reservieren Sie Zeit für die Lektüre Ihrer E-Mail-Nachrichten
- So nutzen Sie E-Mails intelligent

Die E-Mail ist ein elektronisches Medium, das Millionen von Menschen nutzen, um Informationen auszutauschen. In der Geschäftswelt erfreut sich dieses Medium großer Beliebtheit, denn es ist effizienter als das Telefon, informeller als ein Brief und natürlich wesentlich schneller als die Schneckenpost. Wenn Sie E-Mail richtig nutzen, können Sie massig Zeit sparen, denn Sie können in Sekundenschnelle mit jemandem Informationen austauschen, egal ob sich dieser jemand im Stockwerk unter Ihnen oder auf der anderen Erdhalbkugel befindet. Wenn Sie allerdings eine, zwei oder sogar drei Stunden am Tag damit verbringen, Ihre E-Mail-Nachrichten zu beantworten, dann vergeuden Sie zusätzlich kostbare Zeit, die Sie anderen Arbeiten widmen sollten.

Schreiben Sie kurz und bündig

Der Grundgedanke, der hinter der E-Mail steckt, ist, daß sie schnell, kurz und bequem ist. Sie brauchen sich keine Gedanken über Rechtschreibung, Interpunktion oder grammatikalische Fehler zu machen. Sie müssen sich nicht druckreif äußern oder Ihre Nachricht Korrektur lesen. Schreiben Sie einfach Ihre Nachricht und schicken Sie sie ab. Sehen Sie die E-Mail wie eine Art elektronischer Notizblock.

Schreiben Sie übersichtlich

Auch wenn die meisten E-Mail-Nachrichten weniger als drei Absätze umfassen, sollten Sie die wichtigsten Informationen zu Beginn des ersten Absatzes aufführen und Ihre Hintergrund- oder Zusatzinformationen in den folgenden Absätzen anschließen.

Nutzen Sie die Betreff-Zeile

Die Betreff-Zeile ist der wichtigste Teil Ihrer E-Mail-Nachricht. Sie ist das erste, was der Empfänger liest, deshalb sollte sie kurz, präzise und informativ sein. Wenn Sie vom Leser eine Reaktion erwarten, dann schreiben Sie dies im Betreff, z. B. »Mit der Bitte um Teilnahme an Besprechung am Dienstag« oder »Erwarte Antwort bis Donnerstagmorgen«.

Gestalten Sie Ihren Betreff so interessant, daß er die Aufmerksamkeit der Leser erregt – dann lesen sie Ihre Nachricht vielleicht zuerst. Meistens stehen Ihnen 25 bis 35 Zeichen für den Betreff zur Verfügung – machen Sie das Beste daraus!

Schreiben Sie einfache Nachrichten

Wenn Sie eine E-Mail-Nachricht schreiben, schreiben Sie kurze, einfache Sätze und Absätze. Bringen Sie die wichtigsten Informationen in den ersten Sätzen des ersten Absatzes. Hier einige Tips:

- ✔ Versuchen Sie, nicht mehr als eine Bildschirmseite zu schreiben. Kürzen Sie, falls nötig.
- ✔ Wenn Sie eine Liste mitschicken, benutzen Sie Aufzählungszeichen für die einzelnen Punkte oder numerieren Sie sie; dann wird die Liste übersichtlich (so wie diese).
- ✔ Wenn Sie eine lange Nachricht senden müssen, fügen Sie die Datei als Anlage bei. Schreiben Sie im Betreff eine kurze Beschreibung der Nachricht. Die E-Mail-Nachricht selbst sollte eine detailliertere Beschreibung der beigefügten Datei sein.
- ✔ Wenn Sie ein Dokument als Anlage zu einer E-Mail-Nachricht verschicken wollen, schreiben Sie eine kurze, aber genaue Beschreibung des Dokumentes, das Sie schicken. Vergessen Sie nicht, den Zweck des Dokumentes, detaillierte Anweisungen dazu, was der Empfänger mit dem Dokument machen soll und den Termin für eine Antwort anzugeben. Dieser Geschäftspunkt sollte dann in Ihre Master-Liste oder in ACT! eingetragen werden.

Wenn Sie eine E-Mail-Nachricht erhalten, deren Empfang quittiert werden soll und die Sie deshalb nicht öffnen wollen, schicken Sie sich einfach selbst eine Kopie der Nachricht und lesen Sie die Kopie.

Die E-Mail-Netiquette

Es gibt alle möglichen informellen Regeln und Vorschriften und andere Voraussetzungen, um E-Mail-Nachrichten richtig zu verfassen. Hier sind einige von ihnen:

- ✔ Verschicken Sie keine Kopie (Cc) Ihrer Nachrichten an Leute, die die Nachricht nicht sehen *müssen*.
- ✔ Verschicken Sie nicht unbedacht Blindkopien (Bcc); man könnte Ihnen unterstellen, daß Sie jemanden hintergehen wollen.
- ✔ Verlangen Sie keine Empfangsbetätigung, wenn diese nicht unbedingt notwendig ist. Sie könnten damit den Empfänger beleidigen, weil Sie ihm unterstellen, daß er Ihre Nachrichten nicht liest.
- ✔ Keine Panikmache! Benutzen Sie den Vermerk 'Dringende Mitteilung' nur sehr selten. Wenn Sie ihn zu häufig verwenden, könnten Ihre Nachrichten in Zukunft ignoriert werden.
- ✔ Verwenden Sie nicht durchgängig Großbuchstaben! WENN SIE IHRE NACHRICHTEN IN GROSSBUCHSTABEN SCHREIBEN, DANN IST DAS, ALS WÜRDEN SIE IHRE NACHRICHT IN DIE E-MAIL-WELT HINAUSSCHREIEN, und die Leute haben es nicht besonders gern, wenn sie angeschrien werden. Benutzen Sie Groß- und Kleinbuchstaben so, wie Sie es in einem altmodischen Brief tun würden.
- ✔ Schreiben Sie die Nachnamen der Adressaten in den Zeilen »An:«, »Kopie:« und »Blindkopie:« in alphabetischer Reihenfolge. So können Sie nie jemanden, z.B. Ihren Chef oder Vorgesetzten, versehentlich beleidigen, weil Sie ihn an der falschen Stelle aufgeführt haben. (Wenn Sie schon jemanden beleidigen, dann tun Sie es wenigstens absichtlich!)
- ✔ Strapazieren Sie Ihren Verteiler nicht allzusehr. Schicken Sie Ihre Nachrichten nur an diejenigen, die sie wirklich brauchen. Sie werden zu einem glaubwürdigen E-Mail Sender, wenn Sie Ihren Verteiler kürzen. Je weniger Nachrichten Sie verschicken, desto größere Aufmerksamkeit wird ihnen geschenkt.
- ✔ Schicken Sie nur Nachrichten, die Ihre Arbeit betreffen. Nachrichten wie Witze oder Einladungen zu privaten Veranstaltungen geben Sie besser außerhalb der E-Mail weiter.
- ✔ Schreiben Sie positive Nachrichten, damit Ihre Leser sie gerne lesen. Auch wenn Sie etwas Negatives mitteilen müssen, tun Sie alles, um es positiv auszudrücken.
- ✔ Wenn Ihre Nachricht sehr wichtig, strittig oder vertraulich ist oder sie leicht mißverstanden werden kann, benutzen Sie lieber das Telefon, oder vereinbaren Sie einen Termin zu einem persönlichen Gespräch.

Schreiben Sie E-Mail-Nachrichten, auf die man leicht antworten kann

Machen Sie es den Leuten leicht, Ihre E-Mail-Nachrichten zu beantworten. Wenn Sie Ihre Nachricht schreiben, achten Sie darauf, daß sie ausreichende Informationen enthält, damit die Empfänger Ihnen schnell antworten können. Formulieren Sie Ihre Nachrichten so, daß die Leser mit einem einfachen 'Ja' oder 'Nein' antworten können. Wenn Sie um eine Antwort bitten, erwähnen Sie dies im Betreff.

Hilfe, ich bekomme zu viel E-Mails!

Wenn Sie zu viele E-Mail-Nachrichten bekommen oder Sie zu viele Stunden am Tag benötigen, um Sie zu beantworten, dann könnte das daran liegen, daß da jemand das E-Mail-System nicht so nutzt, wie es eigentlich gedacht ist. Also lassen Sie mich Ihnen eine Frage stellen: Wieviel Zeit würden Sie investieren, um diese Nachrichten zu lesen und sie zu beantworten, wenn Sie Ihnen auf altmodische Weise – etwa auf Papier – zugeschickt worden wären?

Würden Sie sich dann derart beeilen, um sie zu beantworten und vom Tisch zu haben? Würden Sie alles stehen- und liegenlassen und sie sofort bearbeiten? Natürlich nicht! Früher schmorten diese Papiermemos tage-, wenn nicht wochenlang in Ihrem Postfach, bevor Sie sich mit ihnen befaßten, und die Welt ist trotzdem nicht untergegangen.

Aber da die gleiche Nachricht Sie nun auf dem elektronischen Weg erreicht, verspüren Sie diesen Urtrieb, die Nachricht sofort zu lesen und zu beantworten. Beeilen Sie sich so, Ihre E-Mail-Nachrichten zu lesen, weil sie so furchtbar wichtig sind oder weil Sie wissen, daß sie Ihnen über den Kopf wachsen oder Sie sogar unter sich begraben, wenn Sie sie nicht regelmäßig durchforsten? Hier einige Tips, wie Sie mit dem E-Mail-Ansturm fertig werden können:

- ✔ Reservieren Sie bestimmte Zeiten am Tag, zu denen Sie Ihre E-Mail durchsehen, damit Sie wissen, was angekommen und was davon wichtig ist. Unterbrechen Sie nicht jedes Mal Ihre Arbeit, wenn eine E-Mail-Nachricht ankommt.
- ✔ Wenn es nicht nötig ist, daß Sie auf jede einzelne E-Mail-Nachricht antworten, die Sie erhalten, dann lassen Sie es einfach sein!
- ✔ Wenn Sie auf eine E-Mail-Nachricht antworten müssen, antworten Sie kurz und bündig. Antworten Sie wenn möglich mit »Ja« oder »Nein«. Wenn Sie in ein paar Sätzen oder Absätzen antworten müssen, halten Sie diese kurz, und bringen Sie die Sache schnell auf den Punkt.
- ✔ Wenn Sie eine Kopie (Cc) oder eine Blindkopie (Bcc) von E-Mail-Nachrichten erhalten, die nicht wirklich Ihre Arbeit oder täglichen Verpflichtungen betreffen, dann bitten Sie diejenigen, die Ihnen diese Nachrichten schicken, Sie von ihrem Verteiler zu streichen.

- ✔ Lassen Sie sich nicht durch das Eintreffen von E-Mail bei einer wichtigen Arbeit unterbrechen. Wenn Ihr Computer jede neue E-Mail-Nachricht ankündigt, indem er piept oder einen Trompetenstoß von sich gibt, dann stellen Sie diese Funktion ab. Und falls die Festplatte Ihres Computers immer surrt, wenn eine E-Mail-Nachricht eintrifft, dann dürfen Sie ruhig auch Ihre E-Mails ausschalten.

Sehen Sie Ihren E-Mail-Eingang regelmäßig durch. Anderenfalls geht Ihnen der Vorteil, den die elektronische Post gegenüber der Schneckenpost bietet, verloren.

Gehen Sie sorgsam mit der Freiheit der E-Mail um

Auch wenn die E-Mail ein unkonventioneller Bereich sein soll, sollten Sie sich nicht gehen lassen. Es ist ein großer Unterschied, ob Sie Ihrem Chef, Ihren Kollegen oder Ihren Mitarbeitern eine E-Mail-Nachricht schreiben oder eine anonyme Nachricht im Internet. Wenn Sie innerhalb Ihrer Firma oder Organisation E-Mail-Nachrichten verschicken, dann sollten Sie die gleiche überlegte Ausdrucksweise verwenden wie bei einem Telefonat oder in einer persönlichen Unterredung.

Rasten Sie nicht aus

Wenn Sie sich verletzt oder beleidigt fühlen oder verärgert sind, dann schreiben Sie Ihre Gedanken nicht als E-Mail-Nachricht und verschicken Sie sie, vor allem dann nicht, wenn Sie sich über Ihren Chef oder Vorgesetzten ärgern. Im E-Mail-Fachjargon gibt es einen Ausdruck für diesen Gebrauch der E-Mail – »flaming« was so viel bedeutet wie »verfluchen«.

Wenn Sie Ihren Gefühlen freien Lauf lassen und dementsprechend heftige E-Mail-Nachrichten verschicken, dann »flamen« Sie (Ihr Temperament geht sozusagen mit Ihnen durch.). Und wenn der Empfänger dieser Nachricht eine ebenso leidenschaftliche Anwort abfeuert, dann haben Sie sich selbst in einen sogenannten »flame war« verstrickt. (In der Schule trugen wir solche Auseinandersetzungen mit nassen Schwämmen aus, aber jetzt leben wir in den 90ern und sind etwas zivilisierter geworden.)

Halten Sie sich vor allem im Büro möglichst aus einem »flame war« heraus – Sie haben sicher Wichtigeres zu tun! Meistens ist es sowieso so, daß der Absender (vielleicht Sie selber) nur eine mißverständliche Nachricht verschickt hat, oder er hat vielleicht einfach nur etwas Dummes geschrieben. Wenn Sie mit jemandem ein Problem haben, dann greifen Sie zum Telefon, oder vereinbaren Sie einen Termin für ein persönliches Gespräch, damit Sie sich aussprechen können.

Emoticons verbessern die E-Mail-Kommunikation :-)

Weil einige E-Mail-Nachrichten mißverstanden oder falsch ausgelegt werden können, benutzen die E-Mail-Junkies oft sogenannte Emoticons, um Gefühle oder Stimmungen auszudrücken.

Um ein Emoticon sehen zu können, müssen Sie Ihr linkes Ohr auf Ihre linke Schulter legen und seitlich auf den Monitor schauen. Es gibt mittlerweile Hunderte von Emoticons. Hier sind ein paar von ihnen mit ihrer Bedeutung:

Emoticon	Bedeutung	Emoticon	Bedeutung
:-)	glücklich	8-0	schockiert
:-(	traurig	;-)	zwinkern
:-||	wütend	:'-(	weinen
%-)	verrückt vor Glück	:-*	Kuß
		X-(	geistig abgetreten

Schützen Sie sich vor E-Mail Diebstahl

Wenn Sie Ihren Computer unbeaufsichtigt lassen, sorgen Sie dafür, daß in Ihrer Abwesenheit niemand Ihr E-Mail-Programm benutzen kann. Sicher wollen Sie nicht, daß jemand anders Ihrem Chef einen Brief schickt und schreibt, was Sie von ihm denken. Und geben Sie niemals Ihren E-Mail-Benutzernamen und Ihr Paßwort an andere weiter.

Es gibt keinen Ersatz für persönliches Handeln. Anstatt einem Mitarbeiter per E-Mail eine Frage zu stellen, sollten Sie hin und wieder von Ihrem Stuhl hochkommen und sich in das Büro des anderen bewegen. Dort können Sie es sich dann gemütlich machen und die Pause genießen, die Sie sonst wahrscheinlich nicht gemacht hätten.

Sichern Sie wichtige Informationen

Wenn Sie wichtige Informationen per E-Mail verschicken oder erhalten, dann drucken Sie die Nachricht aus und heften sie in einem entsprechenden Ordner ab, damit Sie sie zu gegebener Zeit wiederfinden.

"Auf Ihr drahtloses E-Mail-System bin ich wirklich gespannt, Meier."

Teil IV

Die Suche nach der Nummer Eins

The 5th Wave **By Rich Tennant**

"Die kurze Antwort auf Ihre Anfrage nach einer Gehaltserhöhung lautet: 'Nein'. Die lange Antwort lautet: 'Nein und verschwinden Sie aus meinem Büro!' "

In diesem Teil ...

Bei dem gegenwärtigen Stellenabbau müssen alle, Menschen wie Du und ich, im Berufsleben selbst nach sich sehen. Die Tage der Lebensanstellungen sind vorbei. Es gibt keinen mildtätigen Arbeitgeber mehr, der uns durch unsere ganze Karriere begleitet. Wenn wir nicht selbst nach unseren Vorteilen gukken, wer soll es dann tun?

In Kapitel 13 zeige ich Ihnen, wie Sie Ihre Fähigkeit, Ihre Ideen einer Gruppe von Leuten mitzuteilen, verbessern können. Ich weiß, daß die meisten von uns, mich selbst eingeschlossen, Todesängste ausstehen, wenn Sie vor einem Auditorium stehen und eine Präsentation durchführen. Wenn Sie aber Ihre Angst überwinden, können Sie die Leute von Ihrer Meinung überzeugen, und das wird Ihnen helfen, Ihre Ideen, die Produkte und Leistungen Ihres Unternehmens und natürlich sich selbst zu fördern.

In Kapitel 14 helfe ich Ihnen, sich selbst zu fördern. Sie fangen damit an, Empfehlungsschreiben von zufriedenen Kunden und Mitarbeitern zu sammeln. Um als Experte auf Ihrem Gebiet anerkannt zu werden, versuchen Sie, in der Lokalzeitung zitiert zu werden. Schreiben Sie Artikel für Zeitungen, Zeitschriften und Handelsblätter und schließlich das ultimative Buch. Öffentlich zu sprechen, ist eine andere Möglichkeit, sich selbst zu fördern. Am Ende gebe ich Ihnen einige Tips, wie Sie mehr aus Ihrer Visitenkarte machen.

In Kapitel 15 zeige ich Ihnen, wie Sie die richtigen Ergebnisse erzielen, wenn Sie das Richtige machen. Sich ein Ziel zu setzen, ist eine erfreuliche und herausfordernde Erfahrung. Sie können sich selbst vernünftige Ziele setzen, Sie erreichen und sich dann dazu motivieren, andere Ziele zu erreichen.

In Kapitel 16 ist es an der Zeit, erfolgreich zu werden. Mein guter Freund Jim Paglia sagt über mich: »Jeffrey Mayer hat den Schlüssel zum Erfolg entdeckt: Nutze Deine Zeit zu Deinem Vorteil.« Der Schlüssel zum Erfolg bedeutet, eine gewinnende Einstellung und eine gute Arbeitsmoral zu haben. Sie müssen sich selbst herausfordern, die Verantwortung für das, was Sie tun, zu übernehmen, sich mit erfolgreichen Leuten umgeben und das meiste aus Ihrer Zeit machen, um mehr Zeit mit Ihrer Familie und Ihren Freunden zu verbringen.

Halten Sie überzeugende Präsentationen

13

In diesem Kapitel

- So werden Sie mit Ihrem Lampenfieber fertig
- So wärmen Sie Ihre Zuhörer auf
- So stellen Sie eine Beziehung zu Ihrem Auditorium her
- So klingt Ihre Stimme besser
- So verbessern Sie Ihre Präsentationen
- So gestalten Sie das Besprechungszimmer rednerfreundlich
- So ordnen Sie die Tische und Stühle an

Die meisten von uns haben noch nie darüber nachgedacht, aber die Kunst, vor einem Publikum eine Präsentation zu halten und wirklich zu verblüffen, ist extrem wichtig. Ich weiß, daß Sie sich wahrscheinlich nicht als öffentlichen Redner betrachten, aber wenn Sie vor einem Publikum sprechen, sind Sie einer. Erstatten Sie Ihrem Chef, Ihren Kollegen oder Mitarbeitern Bericht, werden Sie zu einem öffentlichen Redner (auch wenn Sie dabei sitzen). Sitzen Sie in einer Besprechung und Ihre Meinung ist gefragt, werden Sie zu einem öffentlichen Redner. Nehmen Sie an einem Brainstorming teil und ergreifen das Wort, dann sind Sie kein Beobachter mehr, sondern ein aktiver Teilnehmer – und ein öffentlicher Redner.

Eine Präsentation ist eine Show

Wenn Sie anfangen zu sprechen, sind Sie das Zentrum der Aufmerksamkeit. Alle Augen schauen auf Sie, alle beugen sich vor, um zu hören, was Sie zu sagen haben. Ich weiß, das ist beängstigend. Und Sie sind wahrscheinlich erschrocken, weil das Licht auf Sie gerichtet ist. Aber dies ist Ihre Chance, Ihre Gedanken, Ihre Ideen und sich selbst zu verkaufen. Betrachten Sie daher diese Möglichkeit, zu reden und Informationen zu präsentieren, als eine Vorführung, eine Show.

Ob Sie es nun wollen oder nicht, für die kurze Zeit, in der Sie eine Präsentation vor einer oder einigen hundert Personen halten, sind Sie ein Schauspieler. Sie stehen im Zentrum der Bühne, Sie sind der Star. Die Prinzipien, die für eine erfolgreiche Bühnen- oder Leinwandvorstellung gelten, greifen auch für eine erfolgreiche Präsentation. Sie werden aufregend und unterhaltend sein, Sie werden nützliche Informationen liefern, und Sie werden Ihr Auditorium dazu bringen, Ja zu sagen.

Werden Sie diese Schmetterlinge im Bauch los

Es ist vollkommen natürlich, daß Sie Schmetterlinge im Bauch haben, wenn Sie aufstehen, um vor einem Publikum zu sprechen, oder wenn Sie sich an einer Diskussion mit Ihren Kollegen und Mitarbeitern beteiligen. Viele professionelle Athleten, Schauspieler, Sänger und Musiker brechen regelrecht in Panik aus, bevor sie einen Auftritt haben, also warum sollte es Ihnen anders gehen? Aber sobald Sie angefangen haben, ebbt Ihre Angst ab. Wenn Sie nicht nervös, angespannt oder ängstlich wären, wären Sie kein Mensch.

Mit etwas Übung können Sie diese Schmetterlinge loswerden und die nervöse Energie dazu nutzen, die Qualität Ihrer Präsentation zu verbessern. Hier sind einige Tips:

- ✔ Während Sie darauf warten, daß Sie Ihre Präsentation halten können, sollten Sie sich »aufwärmen«. Denken Sie über Ihre Eingangsbemerkung oder Einleitung nach, und gehen Sie Ihre Unterlagen oder Notizen noch einmal durch.
- ✔ Wenn Sie vor einer Gruppe sprechen sollen und darauf warten, daß Sie vorgestellt werden, lesen Sie sich die erste Seite (oder auch noch die zweite) Ihrer Präsentation durch.
- ✔ Achten Sie darauf, viel Energie und Enthusiasmus an den Tag zu legen. Lächeln Sie! Denken Sie daran, daß diese Leute Ihre Freunde sind.
- ✔ Beruhigen Sie sich durch Ihre Atmung. Eine kontrollierte Atemtechnik ist ein gutes Mittel, um sich zu entspannen. Atmen Sie tief durch die Nase ein und mit geschürzten Lippen wieder langsam durch den Mund aus, so, als wollten Sie Geburtstagskerzen mit einem Atemzug auspusten. Beim Ausatmen fühlen Sie, wie sich Ihr Zwerchfell (der Muskel, der die Luft in die Lunge pumpt) zusammenzieht und straffer wird. Je nervöser Sie sind, desto stärker sollten Sie ausatmen und Ihr Zwerchfell zusammenziehen. Diese Technik wird Ihnen helfen, Nervosität abzubauen.
- ✔ Stecken Sie einen Groschen oder ein Markstück in Ihre Tasche. Wenn Sie nervös werden, können Sie die Münze durch die Finger gleiten lassen.

Wie möchten Sie vorgestellt werden?

Wenn Sie vor einer Gruppe sprechen, werden Sie normalerweise Ihrem Auditorium vorgestellt. Eine richtig formulierte Einführung kann sofort eine Beziehung zwischen Ihnen und Ihrem Auditorium herstellen, und Sie können es für sich gewinnen, bevor Sie überhaupt angefangen haben zu sprechen. Hier sind einige Tips, die Ihnen helfen werden, daß die Person, die Sie vorstellt, auch garantiert das Richtige sagt:

- ✔ Schreiben Sie die Einführung selbst, damit derjenige, der Sie vorstellt, nicht einfach drauflosredet.
- ✔ Die Einführung sollte mit einem doppelten Zeilenabstand und in einem Schriftgrad von mindestens 18 Punkten geschrieben sein (so kann man sie einfacher lesen) und nicht länger als 90 Sekunden dauern.
- ✔ Wörter und Sätze, die besonders betont werden müssen, sollten kursiv oder in Anführungszeichen geschrieben sein.
- ✔ Bitten Sie die Person, die Sie vorstellen wird, Ihre Einführung vorher mindestens zweimal laut zu lesen.
- ✔ Vergewissern Sie sich, daß Sie beide wissen, wie man den Namen des anderen richtig ausspricht.
- ✔ Testen Sie das Mikrophon, bevor Sie ans Rednerpult treten, um festzustellen, ob es funktioniert.

Wärmen Sie Ihr Auditorium auf

Wenn Sie vor einem Auditorium sprechen, sollten Sie versuchen, Ihre Zuhörer und sich selbst aufzulockern, bevor Sie beginnen. Dies gibt den Zuhörern Zeit, sich zu kramen, und bietet Ihnen die Möglichkeit, einige nervöse Energie zu verbrennen. Die folgenden Absätze beschreiben ein paar Techniken, die ich selber herausgefunden habe, um Leben in ein Auditorium zu bringen.

Die »Guten Morgen«-Begrüßung

Nachdem Sie vorgestellt wurden, sollten Sie mit einem breiten Lächeln vor die Gruppe treten und »Guten Morgen« sagen (oder welche Tageszeit gerade zutrifft). Ist die Antwort der Zuhörer sehr gedämpft – was der Fall sein wird – dann sagen Sie ein zweites Mal »Guten Morgen« und ermutigen Ihre Zuhörer, ihr »Guten Morgen« wesentlich energischer und enthusiastischer zu sagen. Machen Sie dies drei- oder viermal, und Sie werden die Energie Ihrer Zuhörer merklich steigern. Nun können Sie mit Ihrer Präsentation beginnen.

Die »Wir-bringen-unseren-Körper-in-Bewegung-Dehnung«

Die meisten von uns sitzen zu viel und bewegen sich zu wenig. Wenn Sie also etwas mehr Energie und Leben in Ihre Zuhörer bringen wollen, bitten Sie sie, aufzustehen, sich zu dehnen und ihre Arme und Beine auszuschütteln, damit das Blut wieder zirkuliert. (Diese Technik kann besonders hilfreich sein, wenn Ihre Zuhörer schon seit Stunden auf ihren Stühlen sitzen oder wenn Sie direkt nach einer Mahlzeit sprechen.)

Sie müssen recht trickreich sein, um ein Auditorium dazu zu bewegen, aufzustehen und sich zu strecken, weil Sie Ihre Zuhörer nicht einfach darum bitten können. Sie würden sich einige komische Blicke einhandeln, und niemand würde sich erheben. Sie müssen sie also stufenweise dazu bekommen.

Zuerst bitten Sie Ihre Zuhörer, die rechte Hand zu heben. Diese Hand sollen sie dann ausschütteln. Danach bitten Sie sie, die linke Hand zu heben und diese auszuschütteln. Dann sollen sie ihre Hände höher und höher heben, bis sie sich von ihren Stühlen erheben. Wenn sie einmal stehen, können Sie sie bitten, ihre Füße einzeln auszuschütteln und bevor sie sich wieder hinsetzen, die Hand ihres Nachbarn zu schütteln. Dann beenden Sie die Lockerungsübungen, indem Sie sagen: »So, jetzt ist unser Kreislauf wieder in Schwung gekommen, und wir können uns wieder hinsetzen. Es ist Zeit, daß wir anfangen.«

Eröffnen Sie mit einem Knall

Sie müssen die Einleitung genauso methodisch planen wie den Rest Ihrer Präsentation. Sie müssen die Aufmerksamkeit auf sich ziehen und eine Beziehung zu Ihren Zuhörern aufbauen, und dies bereits mit dem Einleitungssatz.

Wenn Sie irgendwelche besonderen Talente haben, nutzen Sie sie. Können Sie tanzen? Singen? Zeichnen? Geschichten erzählen? Witze erzählen? Humor kann für eine effektive Präsentation sehr wichtig sein. Lustige Geschichten, die auf einer persönlichen Erfahrung oder einer wahren Begebenheit beruhen, können wichtige Punkte illustrieren und es Ihren Zuhörern erleichtern, diese Punkte zu behalten. Denken Sie daran, Sie selbst zu sein, wenn Sie vor einer Gruppe sprechen. Versuchen Sie nicht, sich zu verstellen.

Achten Sie auf die Länge Ihrer Einleitung. Wenn sie zu kurz ist, ist Ihre Zuhörerschaft noch nicht bereit für Sie. Und wenn sie zu lang ist, werden die Zuhörer denken, Sie vergeuden ihre Zeit.

Setzen Sie Ihren Körper ein

Egal wie gut Sie vorbereitet sind, letztendlich stellt Ihre nonverbale Haltung – Ihr Auftreten – Ihre Glaubwürdigkeit her. Daher sollten Sie darauf achten, wie Sie sich einer Gruppe präsentieren:

- ✔ Stehen Sie gerade, drücken Sie Ihre Schulterblätter gegeneinander, Brust raus, heben Sie Ihre Schultern und halten Sie den Kopf hoch.
- ✔ Um mehr Gleichgewicht und Stabilität zu haben – und somit auch mehr Macht –, stellen Sie Ihre Füße fest auf den Boden. Dazu setzen Sie Ihre Füße ein paar Zentimeter weiter auseinander, als Sie es normalerweise tun, gehen leicht in die Knie und schau-

keln kurz sanft vor und zurück, damit Sie den Kontakt Ihrer Absätze, Füße und Zehen mit dem Boden spüren. So verteilen Sie Ihr Gewicht gleichmäßig auf beide Füße.

- ✔ Wenn Sie sich bewegen, machen Sie lange, gezielte Schritte in die Richtung, in die Sie gehen wollen, und dann stellen Sie die Füße wieder fest auf den Boden.

55% Ihrer Botschaften werden durch Ihre Körpersprache vermittelt, 38% durch den Klang Ihrer Stimme und nur 7% durch Ihre Worte.

Sie haben zwei Hände, benutzen Sie sie

Weil mehr als die Hälfte Ihrer Botschaft durch Ihre Körpersprache vermittelt wird, sollten Sie Ihre Hände und Ihren Gesichtsausdruck unterstützend einsetzen. Lassen Sie Ihre Zuhörer Augen und Ohren benutzen, um zu erfahren, was Sie sagen. Hier einige Tips:

- ✔ Halten Sie Ihre Hände sichtbar. Verstecken Sie sie nicht in Ihren Taschen oder hinter dem Rücken.
- ✔ Lassen Sie Ihre Gesten natürlich fließen. Sprechen Sie mit Händen und Armen. Üben Sie die Gesten vor einem Spiegel, damit Sie sich so sehen, wie andere Leute Sie sehen.
- ✔ Wenn Sie eine Aufzählung machen, halten Sie Ihre Hand hoch, und zählen Sie mit Ihren Fingern, damit Ihre Zuhörer wissen, daß Sie für sie zählen.
- ✔ Damit Sie nicht klimpern, wenn Sie umhergehen, holen Sie Schlüssel, Kleingeld und andere klimpernde Gegenstände aus Ihren Taschen.

Lächeln Sie. Die Wärme Ihres Lächelns wird Ihnen helfen, Ihre Zuhörer für sich zu gewinnen.

Bleiben Sie in Bewegung

Damit die Aufmerksamkeit Ihrer Zuhörer nicht abschweift, bleiben Sie nicht zu lange an einem Platz oder hinter Ihrem Rednerpult stehen. Bleiben Sie in Bewegung. Bringen Sie Ihre Bewegungen mit Ihren Worten in Einklang. Sind Sie aufgeregt und sprechen schneller, sollten Sie sich auch schneller bewegen und so Ihre Zuhörer aufwühlen. Wenn Sie sich wieder beruhigen und langsamer sprechen, sollten Sie auch Ihre Stimme wieder senken und sich langsamer bewegen. Ihre Zuhörer bleiben dann auf den Kanten ihrer Stühle sitzen.

- ✔ Wenn Sie eine Aufzählung machen, sagen Sie einen Punkt, machen einen Schritt, halten an, sagen den nächsten Punkt und wiederholen die Bewegungen, bis Sie mit Ihrer Liste fertig sind.

- Wenn Sie spezielle Punkte aufzählen, drehen Sie sich bei jedem Punkt um und blicken in eine andere Richtung – links, rechts, vorne, hinten.
- Wenn Sie etwas »Vertrauliches« sagen wollen, lehnen Sie sich vor, und senken Sie Ihre Stimme.
- Wenn Sie mehr Autorität haben wollen, gehen Sie einen Schritt zurück und sprechen lauter.
- Sprechen Sie alle Leute an, die Ihnen zuhören: die Leute, die vorne sitzen, die, die hinten sitzen, die, die in der Mitte sitzen und die, die links und rechts außen sitzen.
- Wenn jemand eine Frage stellt, gehen Sie auf die Person zu.

Wenn Sie eine Frage beantworten, hören Sie sich erst die Frage an und wiederholen sie für die anderen Zuhörer, bevor Sie antworten.

Schauen Sie Ihre Zuhörer an

Wenn Sie mit jemandem sprechen, schauen Sie ihn oder sie an. Blickkontakt ist sehr wichtig, um eine Beziehung zwischen Menschen herzustellen. Häufig können Sie erkennen, wie eine Person zu Ihnen steht, wenn Sie ihr in die Augen sehen.

Wenn Sie zu einer Gruppe sprechen, sollten Sie zu jedem einzelnen eine Beziehung aufbauen. Sie sollten sich mit ihnen verbunden und befreundet fühlen. Versuchen Sie, jeden für sich zu gewinnen. Lassen Sie Ihre Zuhörer die Wärme Ihrer Gegenwart und Ihres Lächelns fühlen.

- Wenn Sie vor einer kleinen Gruppe sprechen, messen Sie den Raum mit Ihren Augen ab und versuchen Sie, einen Blickkontakt zu möglichst vielen Zuhörern herzustellen, besonders mit denen, die nicht lächeln oder zustimmend nicken. Suchen Sie sich eine Reihe aus und suchen diese mit Ihren Augen von links nach rechts (nicht von vorne nach hinten) ab, und wenn Sie jeden in der Reihe angeschaut haben, gehen Sie die nächste Reihe durch, von rechts nach links, bis Sie sich durch das ganze Auditorium gearbeitet haben. Dann sollten Sie die Leute ansehen, die vorne sitzen und wieder von vorne anfangen. Geben Sie allen Zuhörern das Gefühl, sie direkt anzusprechen.
- Wenn Sie vor einem großen Auditorium sprechen, ist es Ihnen vielleicht nicht möglich, jeden einzelnen anzusehen. Sie sollten dann versuchen, den Blickkontakt mit verschiedenen Abschnitten im Raum herzustellen und zu halten und dabei, wie oben beschrieben, vorgehen. Fangen Sie vorne an und schauen Sie von links nach rechts, dann den nächsten Abschnitt von rechts nach links, bis Sie alle durch haben und wieder vorne anfangen.

✔ Um ein bißchen Abwechslung zu haben, können Sie mit sich selbst Spiele spielen, wenn Sie den Blickkontakt mit Ihrem Auditorium herstellen. Sie können zum Beispiel alle mit einem kräftigen Haarwuchs ansehen, jeden mit kurzem Haar, die mit Glatze. Dann schauen Sie die an, die in grün, rot oder schwarz gekleidet sind, die, die jeweils in der Mitte eines Abschnittes sitzen. (Wenn Sie Leute mit gelbem, grünem, orangefarbenem oder rotem Haar sehen, dann starren Sie sie nicht an, sonst vergessen Sie, daß Sie in einer Präsentation sind.) Wenn Sie die Aufmerksamkeit einiger Zuhörer verlieren - sie fangen an zu dösen, scheinen zu träumen oder sprechen mit ihrem Nachbarn - dann müssen Sie sie wieder zurückgewinnen. Gehen Sie auf sie zu, verstärken Sie den Blickkontakt, und beachten Sie sie mehr.

Wenn Sie wollen, daß Ihre Augen mehr beachtet werden, tragen Sie einen sehr hellen Puder um sie herum auf. Um Ihrem Mund mehr Aufmerksamkeit zu schenken, benutzen Sie Vaseline oder Lip-Gloss.

Wenn Sie jemandem in die Augen sehen, versuchen Sie nicht, in beide Augen gleichzeitig zu sehen. Dadurch springt Ihr Blick nur von einem Auge zum anderen, und die andere Person sieht Ihren Blick hin- und herwandern. Statt dessen sollten Sie nur in ein Auge blicken, damit Ihre Augen ruhig bleiben.

Achten Sie darauf, wie schnell Sie sprechen

Sprechen Sie nicht zu langsam, sonst langweilen Sie Ihre Zuhörer zu Tode. Aber sprechen Sie auch nicht zu schnell, sonst bekommt man nicht alles mit, was Sie sagen. Versuchen Sie einfach genauso schnell zu sprechen, als telefonierten Sie mit einem Freund, ungefähr 150 bis 200 Wörter pro Minute.

Variieren Sie Ihr Sprechtempo

Variieren Sie Ihr Sprechtempo, und passen Sie es dem Inhalt oder der Stimmung dessen an, was Sie sagen. Wenn Sie über etwas sprechen, das spannend ist, klingen Sie spannend und sprechen etwas schneller. Und wenn Sie über etwas sehr Ernstes sprechen, klingen Sie ernst und sprechen langsam.

Heben und senken Sie Ihre Stimme

Damit Ihre Zuhörer interessiert verfolgen, was Sie zu sagen haben, sollten Sie die Lautstärke variieren, mit der Sie sprechen. Wenn Sie sich aufregen, ist es in Ordnung, wenn Sie lauter und schneller sprechen, und wenn Sie etwas sehr Wichtiges sagen wollen, sprechen Sie in einem sanften Ton oder flüstern sogar, und jeder wird sich vorlehnen, um angestrengt zu verfolgen, was Sie sagen. Wenn Sie flüstern, hört Ihnen jeder zu!

Sprechen Sie alle Wörter klar und deutlich aus

Versuchen Sie, die Anfänge Ihrer Wörter sauber und klar auszusprechen, und halten Sie genügend Luft in Ihren Lungen, damit Sie Ihre Sätze kraftvoll beenden können, wenn Sie die Betonung auf die letzte Silbe des letzten Wortes legen. Versuchen Sie, immer kraftvoll und überzeugend zu sprechen.

Holen Sie immer tief Luft, bevor Sie anfangen zu sprechen. Zu Beginn seiner Rede bekommt der Redner häufig einen Adrenalinstoß und spricht schneller und schneller und schneller. Wie bei einem Güterzug ist es dann schwierig, die Geschwindigkeit zu drosseln, wenn man einmal in Fahrt ist. Also holen Sie immer tief Luft, bevor Sie einen neuen Satz beginnen, und atmen Sie vor jedem neuen Absatz tief ein. So haben Sie einen kurzen Moment, um Ihre Gedanken zu sammeln, und Sie werden nicht zu schnell sprechen. Denken Sie daran: Wenn Ihre Lungen mit Luft gefüllt sind, hört sich Ihre Stimme tiefer an und ist kraftvoller.

Wo war ich stehengeblieben?

Für die meisten Menschen ist es eine Herausforderung, ihre Notizen festzuhalten, ihre Zuhörer anzusehen und die ganze Zeit die gleiche Stellung einzubehalten. Hier sind ein paar Gedanken dazu:

- ✔ Wenn Sie Ihren Entwurf ausarbeiten, notieren Sie sich nur die wichtigsten Wörter oder Sätze. Schreiben Sie keine vollständigen Sätze.
- ✔ Schreiben Sie Ihre Notizen leicht leserlich. Drucken Sie sie auf Papier oder Karteikarten aus, und benutzen Sie eine große, leicht leserliche Schrift, z.B. Times New Roman, 18 Punkt. (Sie können eine Präsentationssoftware benutzen, um Ihre Notizen zu schreiben. Über die Präsentationssoftware werde ich im Abschnitt »Benutzen Sie Bilder, Graphiken und Listen, um Ihre Präsentation zu verbessern.« schreiben.
- ✔ Halten Sie die Notizen in Ihrer linken Hand, und wenn Sie sprechen, rutschen Sie mit Ihrem Daumen, Zeile für Zeile nach unten, damit er immer den nächsten Stichpunkt Ihrer Präsentation anzeigt.
- ✔ Wenn Sie Ihre Augen von Ihren Notizen nehmen, schauen Sie Ihre Zuhörer an, dann auf Ihren Daumen und Sie wissen genau, wo in Ihrer Präsentation Sie gerade sind.
- ✔ Lassen Sie Ihre Stimme interessant klingen.

Die meisten Leute treffen ihre Entscheidungen nicht aufgrund dessen, was eine Person sagt, sondern wie sie es sagt. Wenn Sie vor einer Gruppe sprechen und Ihr Vortrag spannend ist, dann wird die Präsentation spannend, und Ihr Auditorium hört Ihnen zu. Wenn Sie jetzt noch Ihre Stimme interessanter klingen lassen, indem Sie z.B. Lautstärke, Tonlage, Tonfall und Intonation variieren, wird es leichter, die Aufmerksamkeit der Zuhörer zu fesseln. Die nächsten Absätze bieten Ihnen einige Tips, wie Sie Ihre Stimme effektiv einsetzen können.

Legen Sie als zusätzliche Betonung Pausen ein

Wenn Sie eine Präsentation machen, überwältigen Sie leicht Ihre Zuhörer mit Informationen. Sie geben ihnen so viele verschiedene Dinge an die Hand, über die sie nachdenken müssen, daß es fast unmöglich ist, alles zu verarbeiten. Eine Möglichkeit, wie Sie Ihren Zuhörern helfen können, alles aufzunehmen, was Sie sagen, ist, Stille als Präsentationstechnik einzusetzen.

- ✔ Wenn Sie einen bestimmten Stichpunkt betonen wollen, machen Sie vor und nach dem Punkt einen Herzschlag lang Pause. (Ein Herzschlag dauert – wenn Sie sich in Ruheposition befinden, nicht wenn Sie vor einem Auditorium stehen – ungefähr eine Sekunde.)
- ✔ Wenn Sie den Übergang von einem Gedanken zu einem anderen besonders betonen wollen, machen Sie zwei Herzschläge lang eine Pause.
- ✔ Um Ihren Zuhörern einen kurzen Moment zu geben, um über die unübliche, komplexe, wichtige, provokative oder beziehungsreiche Feststellung nachzudenken, die Sie gerade gemacht haben, machen Sie eine Pause von vier Herzschlägen.
- ✔ Wenn Sie etwas Dramatisches hervorheben wollen, machen Sie Ihre Feststellung, und hören Sie dann auf zu sprechen. Nach ein paar Sekunden wird sich eine Spannung aufbauen, und wenn diese dann schließlich ihren Höhepunkt erreicht hat, sollten Sie weiter sprechen.

Um zu verhindern, daß sich Ihre Präsentation wie aus der Konserve anhört, weil Sie sie schon so oft gehalten haben, sollten Sie gelegentlich eine Pause von drei oder vier Herzschlägen einlegen, an die Decke sehen und Ihr Kinn mit der Hand reiben, so, als ob Sie versuchen, sich an etwas zu erinnern oder Sie einfach nur nach dem richtigen Wort suchen. Dies ist besonders wirkungsvoll, wenn jemand eine Frage stellt, die Sie schon tausendmal beantwortet haben.

Arbeiten Sie an Ihrer Stimme

Hier sind ein paar einfache Übungen, die Ihnen helfen werden, Ihre Stimme tiefer und kraftvoller klingen zu lassen:

- ✔ **Summen Sie.** Um die normale Tonhöhe Ihrer Stimme zu senken, summen Sie die Tonleiter bis zur tiefsten Note, die Sie erreichen können, hinunter, und halten Sie diesen

Ton so lange wie möglich. Das machen Sie täglich drei- bis viermal, wenn Sie sich morgens anziehen. Innerhalb weniger Wochen werden Sie merken, daß Ihre Stimme tiefer geworden ist.

- ✔ **Machen Sie Ihre Stimme interessanter.** Damit Ihre Stimme interessanter wird, sollten Sie regelmäßig laut zählen. Zählen Sie immer wieder von 1 bis 10 (und dann von 1 bis 20 und von 1 bis 30). Wenn Sie die Zahlen sagen, lassen Sie jede Zahl anders klingen als die vorherige. Sagen Sie einige lauter, andere weicher, einige mit einer hohen Stimme und andere mit einer tiefen Stimme. Versuchen Sie, jede interessant klingen zu lassen. Machen Sie das ein paar Wochen lang, und Ihre Zuhörer werden gespannt auf den Kanten Ihrer Stühle sitzen, während Sie ein Telefonbuch vorlesen.
- ✔ **Erhöhen Sie die Kapazität Ihrer Lungen.** Wenn Ihre Lunge leer ist, halten sie ungefähr 1 Liter Luft, wenn sie gefüllt ist ungefähr 5 Liter und wenn Sie einfach nur vor dem Fernseher sitzen, ungefähr 2,5 Liter. Je mehr Luft Sie in Ihrer Lunge haben, desto tragender und tiefer ist der Klang Ihrer Stimme.

Um die Kapazität Ihrer Lunge zu erhöhen, atmen Sie tief ein, und dann fangen Sie langsam an, im Flüsterton zu zählen. Bei Ihrem ersten Atemzug können Sie vielleicht bis 6, 7 oder 8 zählen. Atmen Sie erneut ein, und Sie sollten bis 10, 12 oder 13 zählen können. Beim dritten Atemzug kommen Sie bis 15 oder 16. Mit Ihrem fünften oder sechsten Atemzug müßten Sie bis 20 kommen. Machen Sie das zwei Wochen lang zweimal täglich, und Sie kommen bald mit einem einzigen Atemzug bis 30, 35, 40 oder sogar noch weiter.

Mit diesen einfachen Übungen werden Sie die Kapazität Ihrer Lunge verbessern, Ihre Stimme tiefer und kräftiger klingen lassen.

Enthusiasmus bringt Energie

Wie ein Lachen ist auch Enthusiasmus ansteckend. Lassen Sie also die Begeisterung über Ihre Arbeit, Karriere, Produkte, Dienstleistungen oder Ihr Geschäft in Ihrer Stimme, Ihren Gesten und Ihrer Energie widerspiegeln, wenn Sie vor Ihrem Auditorium stehen. Wenn Sie offensichtlich erfreut und begeistert vom Gegenstand Ihrer Präsentation sind, werden Ihnen die Zuhörer interessiert zuhören.

Verwenden Sie Bilder, Graphiken und Listen, um Ihre Präsentation zu verbessern

Wenn Sie Ihre Präsentation planen, sollten Sie sich immer fragen: »Welche visuellen Mittel kann ich einsetzen, um meine Präsentation zu verbessern?« Möchten Sie zusätzlich zu Ihren Handouts mit Dias, Folien oder Flip Charts arbeiten? Visuelle Mittel verbessern Ihre Präsentation und sprechen mehr Sinne der Zuhörer an, weil sie ein Bild von dem, was Sie beschreiben, vor sich haben. Mit Hilfe von visuellen Mitteln können Sie mit Ihren Zuhörern Schritt für Schritt durch die Einzelheiten Ihrer Präsentation wandern. Hier einige Tips, wie Sie visuelle Mittel für sich arbeiten lassen können:

- ✔ Bevor Sie Ihre Präsentation beginnen, gehen Sie zum 20. Mal Ihre Dias oder Folien durch und vergewissern sich, daß sie in der richtigen Reihenfolge und mit der Vorderseite nach oben liegen.
- ✔ Sprechen Sie mit Ihren Zuhörern. Sprechen Sie nicht mit der Leinwand, dem Overhead-Projektor oder dem Flip Chart. Schauen Sie nur kurz auf die Leinwand, um nachzusehen, ob Sie die richtige Folie aufgelegt haben, und dann schauen Sie wieder Ihre Zuhörer an und sprechen weiter.

Erstellen Sie Ihre Dias, Folien, Listen und Redenotizen mit dem Computer

Sie können eine Präsentationssoftware verwenden, um professionelle Dias, Folien oder Listen zu erstellen, ohne das Büro verlassen zu müssen. Sie können Listen, Graphiken, Zeichnungen und Illustrationen erstellen und damit eine professionelle Diashow, Overhead-Folien, Handouts für Besprechungen und andere Informationen, die Sie zu Papier bringen wollen, machen. In kürzester Zeit können Sie beeindruckende und erfolgreiche Präsentationen erstellen.

Nehmen Sie Ihren Computer mit in Besprechungen

Anstatt Dateien in Overhead-Folien oder Dias umzuwandeln, sollten Sie Ihren Computer mit in die Besprechung nehmen und ihn an einen Desktop Projektor anschließen. Ein Desktop Projektor ist ein kleines, leichtes LCD-Projektionsfeld, das auf einem Overhead-Projektor sitzt und durch ein Kabel mit dem Computer verbunden wird. Dieses Projektionsfeld gibt jedes Bild, das auf dem Computerbildschirm erscheint, Handouts, Listen, Graphiken, Projektzeitpläne, Dokumente, animierte Graphiken, Illustrationen und sogar Videobilder wieder und läßt sie sofort auf dem Overhead-Projektor erscheinen. (Mit der Dia-Show-Funktion Ihrer können Sie Ihre Präsentationen direkt vom Computer aus machen.

Welche Handouts möchten Sie verteilen?

Wenn Sie vor einer Gruppe sprechen, sollten Sie immer ein Handout vorbereiten, das die Zuhörer mitnehmen können. Es muß nicht sehr detailliert oder kompliziert sein, meistens reicht ein einfacher Umriß, eine Aufzählung oder ein Vordruck, der ausgefüllt werden kann.

Sie sollten diese Handouts als Gedankenstütze für Ihre Hauptpunkte und als Werbeblatt nutzen. Hier sind einige Tips:

- ✔ Wenn Sie mehrseitige Handouts haben, sollten Ihr Name, das Firmenlogo und der Titel Ihrer Präsentation deutlich auf der ersten Seite hervorgehoben werden. Auf den folgenden Seiten sollten Ihr Name, Adresse und Telefonnummer in der Kopf- oder Fußzeile stehen. Sie können Werbung für Ihre Firma machen, aber wenn, dann verhalten.
- ✔ Die Blätter sollten numeriert sein, damit sie wieder in der richtigen Reihenfolge zusammengelegt werden können, wenn sie durcheinander geraten.
- ✔ Wenn Sie einzelne Blätter verteilen, schreiben Sie Ihren Namen, den Namen Ihrer Firma, die Geschäftsadresse und Telefonnummer oben oder unten auf jedes Blatt. So können die Leute anschließend einfacher mit Ihnen in Verbindung treten.
- ✔ Wenn Sie Autor eines Buches sind, schreiben Sie den Titel Ihres Buches auf eines der Blätter, die Sie verteilen. (Auch wenn das Buch nichts mit dem Thema zu tun hat, sollten Sie es erwähnen. Es erhöht Ihre Glaubwürdigkeit.)

Gestalten Sie den Besprechungsraum sprecherfreundlich

Die meisten von uns denken nicht unbedingt über die Einrichtung eines Besprechungsraumes nach. Aber da »Zeitmanagement für Dummies« ein Nachschlagewerk ist, das jetzt die nächsten Jahre in Ihrem Regal stehen wird, könnte dieser Abschnitt sehr wichtig für Sie werden, wenn Sie gebeten werden, vor einem Publikum zu sprechen. (Es kann auch hilfreich sein, wenn Ihnen einmal die Aufgabe übertragen wird, einen Besprechungsraum für einen Redner einzurichten.)

Wenn Sie eine Besprechung in einem Konferenzzimmer leiten oder eine Präsentation vor mehreren hundert Leuten in einem Auditorium halten, sollten Sie dafür sorgen, daß die Bedingungen im Besprechungszimmer Ihren Vorstellungen entsprechen. Gehen Sie nicht davon aus, daß der Raum schon in einer für Ihre Präsentation günstigen Weise eingerichtet ist.

Die Anordnung der Sitzgelegenheiten und der Lichtquellen und die Akustik eines Raumes können eine bedeutende Rolle spielen, wenn Sie eine Beziehung zu Ihren Zuhörern aufbauen wollen. Wenn alles gut angeordnet ist, wird eine großartige Präsentation fabelhaft, eine gute Präsentation großartig und eine nicht so gute Präsentation wird sogar ganz OK. Aber wenn alles falsch angeordnet ist, dann kann selbst eine großartige Präsentation zu einem Flop werden.

Arbeiten Sie mit den Leuten zusammen, die Ihren Besprechungsraum einrichten

Sagen Sie demjenigen, der die Besprechung vorbereitet oder der für die Einrichtung des Besprechungszimmers verantwortlich ist, einige Wochen vor Ihrer Präsentation, wie Sie den Raum eingerichtet haben wollen. Fertigen Sie eine Zeichnung mit der gewünschten Anordnung der Tische und Stühle an. Erstellen Sie eine Liste, was Sie an Audio- und Videoausstattung benötigen werden. Nach dem ersten Gespräch bestätigen Sie alles Besprochene schriftlich und fügen Zeichnungen oder Diagramme hinzu, die Sie für die Ausstattung des Raumes gemacht haben.

Hier ist eine Liste der Dinge, an die Sie wahrscheinlich noch nie gedacht haben, die Sie aber abklären sollten, bevor Sie eine Präsentation machen:

- ✔ Wie groß ist der Raum? Sie möchten immer nahe bei Ihren Zuhörern sein, also: je kleiner der Raum desto besser. Die Nähe zu Ihren Zuhörern macht es wesentlich einfacher, Energie, Enthusiasmus und Spannung zu erzeugen.
- ✔ Wie viele Stühle sollen aufgestellt werden? Sie wissen nie, wie viele Leute zu Ihrer Präsentation erscheinen werden, aber als allgemeine Regel gilt: Sie sollten 30% weniger an Stühlen aufstellen, als Sie Teilnehmer erwarten. So können Sie sicher sein, daß der vordere Teil des Raumes zuerst voll ist und Ihre Zuhörer nahe bei Ihnen sitzen.
- ✔ Stellen Sie zusätzliche Stühle bereit. Stapeln Sie sie irgendwo im hinteren Teil des Raumes, damit sie bei Bedarf aufgestellt werden können. Wenn zusätzliche Stühle aufgestellt werden, werden Sie merken, daß diese Aufregung in letzter Minute Energie und Spannung im Raum hervorruft, die jedem den Eindruck vermittelt, daß die Veranstaltung wirklich wichtig ist, weil die Beteiligung so überwältigend groß ist, daß in letzter Minute noch zusätzliche Stühle aufgestellt werden müssen.
- ✔ Wenn Sie feststellen, daß mehr Stühle als Leute vorhanden sind, weisen Sie die Leute, die für die Präsentation verantwortlich sind, an, die Leute beim Hereinkommen zu bitten, vorne Platz zu nehmen, bevor sie es sich hinten auf einem Stuhl bequem machen.
- ✔ Wie hell ist der Raum? Sorgen Sie dafür, daß der Raum hell erleuchtet ist, damit Sie Ihre Zuhörer gut sehen können und Ihre Zuhörer Sie.
- ✔ Hat der Raum einen Dimmer? Wenn Sie Dias zeigen oder anderes audiovisuelles Material benutzen, sollten Sie einen Dimmer verwenden können, damit die Zuhörer ihre Notizen nicht im Dunkeln machen müssen.
- ✔ Suchen Sie sich jemanden, der das Licht dimmt. Wenn Sie Ihre Präsentation nicht unterbrechen wollen, sollte jemand anderes das Licht dimmen, wenn Sie Ihre Dias oder Folien zeigen.
- ✔ Wenn Sie etwas auf ein Flip Chart schreiben wollen, bitten Sie jemanden aus Ihrer Zuhörerschaft, zu Ihnen zu kommen und die Informationen, die Sie diktieren, aufzu-

schreiben. So können Sie sich weiter auf Ihre Zuhörer konzentrieren. Wenn Sie selbst schreiben, schreiben Sie schnell und deutlich. Und denken Sie daran, Ihre eigenen Marker einzupacken.

- ✔ Sorgen Sie dafür, daß alle Ihre visuellen Hilfsmittel groß genug sind, damit jeder sie deutlich sehen kann.
- ✔ Wenn Sie Poster oder andere Dinge an die Wand hängen wollen, bringen Sie eine eigene Rolle Klebeband mit. Um ein Poster aufzuhängen, nehmen Sie vier 30 cm lange Streifen und machen daraus eine Rolle, mit der Klebeseite nach außen. Dann kleben Sie in jede der vier Ecken des Posters eine Rolle und kleben es an die Wand.
- ✔ Halten Sie den Raum kühl. Die Temperatur eines Raumes ist wichtig. Wenn Sie viele Leute erwarten, halten Sie den Raum etwas zu kühl, ungefähr bei 20 bis 21° C, aber nicht so kalt, daß Ihre Zuhörer ihre Mäntel, Schals und Fausthandschuhe anziehen müssen. Wenn es zu warm im Raum wird, können sich die Zuhörer nicht mehr konzentrieren und fangen vielleicht sogar an zu dösen. (Die Temperatur wird um so wichtiger, wenn Sie Ihre Präsentation nach dem Essen machen.)
- ✔ Was sehen Sie, wenn Sie aus dem Fenster schauen? Wenn der Besprechungsraum eine wundervolle Aussicht hat, z. B. auf den Swimmingpool des Hotels, müssen Sie etwas dagegen unternehmen. Wenn Sie die Vorhänge nicht schließen können, versuchen Sie, einen anderen Raum zu bekommen, oder stellen Sie die Tische und Stühle anders hin.
- ✔ Überprüfen Sie die technische Ausstattung. Vergewissern Sie sich, daß alles funktioniert und Sie Ersatzglühbirnen für Ihren Overhead- und Diaprojektor haben. Wenn Sie nicht Ihren eigenen Diaprojektor benutzen, bringen Sie Ihr eigenes 8 m Verlängerungskabel für die Fernbedienung mit. Wenn Sie auf wirklich alles vorbereitet sein wollen, bringen Sie ein 30 m langes Verlängerungskabel mit.

Die Anordnung der Tische (und Stühle)

Je näher Sie an Ihren Zuhörern sind, desto mehr Energie können diese von Ihnen aufnehmen und Sie von ihnen. Traditionsgemäß werden die Sitzgelegenheiten wie in einem Klassenzimmer in Reihen angeordnet. Oft ist ein Gang in der Mitte der Reihen. Aber denken Sie mal kurz über diese Anordnung nach: Sie ist nachteilig für den Redner.

Wenn die Stühle in Reihen stehen, können die Zuhörer keinen Blickkontakt mit anderen Zuhörern aufnehmen und die Leute sehen, die Fragen stellen. Und wenn ein Gang durch die Mitte des Raumes führt, direkt zum Redner hin, dann wird das Auditorium zweigeteilt. Wenn Sie geradeaus sehen, sehen Sie nur die rückwärtige Wand des Raumes.

Stellen Sie die Stühle in einen Halbkreis

Als Alternative zu den Reihen können Sie die Stühle in einem Halbkreis aufstellen, und Sie als Redner stehen fast im Zentrum. Diese Anordnung erlaubt den Zuhörern nicht nur, den Redner zu sehen, sondern auch die anderen Leute im Publikum. Auch diejenigen, die am Ende des Ganges sitzen, kommen so näher zum Redner. Diese Anordnung ist wesentlich intimer und persönlicher.

Ordnen Sie die Tische winkelförmig an

Wenn Stühle und Tische aufgestellt werden müssen, sollten sie nicht in Reih' und Glied stehen. Die Tische sollten so angeordnet werden, daß sie winkelförmig zum Redner stehen. So können die Zuhörer sowohl den Redner als auch die anderen sehen, während sie sich Notizen machen. Um zu vermeiden, daß ein Gang durch die Mitte des Raumes führt, sollten die Tische so angeordnet sein, daß sie sich an den Ecken berühren.

Variationen zum Thema

Es gibt verschiedene Arten, wie man einen Raum einrichten kann, und ich werde hier nicht alle aufzählen. Ich möchte nur, daß Sie über die verschiedenen Möglichkeiten nachdenken, wie Sie die Interaktion zwischen Auditorium und Sprecher verbessern können.

Ich kann nicht ruhig stehen bleiben!

Stehen Sie lieber hinter einem Rednerpult, oder gehen Sie lieber herum? Wenn Sie gerne hinter einem Rednerpult stehen, ist das dort befestigte Mikrophon vollkommen ausreichend. Aber wenn Sie gerne umhergehen, sollten Sie ein tragbares Mikrophon um Ihren Hals tragen – eins mit einem langen Kabel – oder ein schnurloses Mikrophon. Wenn Sie ein schnurloses Mikrophon benutzen, sollten Sie immer eins mit Kabel in Reserve haben, für den Fall, daß Sie den Taxifunk oder die Landeinstruktionen des nahegelegenen Flughafens auffangen.

Und vergessen Sie nicht: Wenn Sie ein schnurloses Mikrophon benutzen, bitten Sie den Tontechniker, eine neue Batterie einzulegen.

Einige andere Dinge, über die Sie nachdenken sollten

Falls ich Ihnen bis jetzt noch nicht genügend Denkanstöße gegeben habe, sind hier noch einige:

- ✔ Wenn Sie ein Mikrophon benutzen, überprüfen Sie die Tonqualität und die Akustik des Raumes zweimal, bevor Sie Ihre Präsentation beginnen.
- ✔ Wenn im Raum Telefone installiert sind, lassen Sie sie abschalten.
- ✔ Wenn im Raum eine Klangberieselung ist, stellen Sie sie ab.
- ✔ Wenn es eine Lautsprecheranlage für Ansagen gibt, sorgen Sie dafür, daß keine Ansage gemacht wird, während Sie Ihre Präsentation machen.
- ✔ Wenn Sie sprechen, nachdem das Essen serviert wurde, sorgen Sie dafür, daß die Angestellten des Catering-Services die Kellner und Kellnerinnen anweisen, nicht mehr abzuräumen, wenn Sie angefangen haben zu sprechen.
- ✔ Überprüfen Sie, ob aus den Nachbarräumen, der Halle oder von draußen Geräusche eindringen können.
- ✔ Bewahren Sie Wasser, Essen oder andere Erfrischungen und Schaumaterial im Hintergrund auf.

Wenn eine Mahlzeit, kalte Getränke, Kaffee oder Brötchen serviert werden, sollten Sie einkalkulieren, daß etwas schiefgehen kann. Sie könnten z.B. das falsche Essen zur falschen Zeit im falschen Raum bekommen. Daher sollten Sie am Tag vor der Besprechung und am Tage der Besprechung selbst mit der für das Catering verantwortlichen Person noch einmal alles durchsprechen. Wenn die Besprechung für 8.00 Uhr angesetzt ist, vergewissern Sie sich, daß der Catering-Service weiß, daß Sie Brötchen und Kaffee spätestens um 7.30 Uhr haben wollen.

Ich weiß, daß ich Ihnen viele Dinge an die Hand gegeben habe, über die Sie nachdenken sollen, vielleicht mehr, als Sie ursprünglich wissen wollten. Aber vieles, was eine erfolgreiche Rede oder Präsentation stören kann, läßt sich leicht vermeiden. Und hier ist noch ein letzter Tip: Kommen Sie immer mindestens eine Stunde vor Beginn Ihrer Rede. So haben Sie die Möglichkeit, zu überprüfen, ob der Raum richtig eingerichtet wurde, und Sie können die technische Ausstattung auf ihre Tauglichkeit überprüfen.

Wie gut waren Sie?

Nach jeder Präsentation sollten Sie sich selbst kritisieren, damit Sie das nächste Mal Ihre Sache noch besser machen können. Stellen Sie sich Fragen wie: Wie hoch war meine Energie? Mein Enthusiasmus? Wie gut habe ich meine Informationen präsentiert? Habe ich die Zuhörer einbezogen? Was hätte ich besser machen können?

Promoten Sie sich selbst

14

In diesem Kapitel

- Sammeln Sie Empfehlungsschreiben
- Lassen Sie sich in einer Zeitung zitieren
- Schreiben Sie Artikel für Zeitungen oder Zeitschriften und – ein Buch!
- Fördern Sie sich selbst durch öffentliche Auftritte
- Nutzen Sie Ihre Visitenkarten
- Die Kunst der Netzarbeit

Wenn Sie in Ihrem Beruf und im Leben weiterkommen wollen, dann müssen Sie sich selbst verkaufen und fördern können. Stoßen Sie kräftig in Ihr Horn. Sie müssen Ihren Kollegen, Mitarbeitern und sogar Ihrem Chef sagen, wenn Sie etwas Wichtiges oder Bemerkenswertes tun. Und Sie müssen Ihre Kunden, Freunde und Familie wissen lassen, wenn Ihnen etwas Gutes widerfährt.

Hart zu arbeiten und immer das Richtige zu tun, sind die Grundpfeiler einer erfolgreichen Karriere. Wenn Sie einmal den Grundstein gelegt haben, sollten Sie andere wissen lassen, daß bei Ihnen alles wunderbar läuft.

Sammeln Sie Empfehlungsschreiben

Jedes Mal, wenn Sie etwas gut gemacht haben, fragen Sie die Person, für die Sie es getan haben, ob Sie Ihnen eine kurze Notiz schreiben kann, die Sie dann abheften können. Wenn Sie Ihre Kunden oder Klienten besonders zufrieden gestellt haben, bitten Sie sie um einen Brief. Wenn Sie ein Projekt großartig durchgeführt haben oder für einen Kunden oder Klienten etwas großartig erledigt haben, bitten Sie einen Ihrer Kollegen, Mitarbeiter oder sogar Ihren Chef, Ihnen einen Brief zu schreiben, in dem steht, was für großartige Arbeit Sie geleistet haben. (Und vergessen Sie nicht zu fragen, ob Sie den Brief später einmal als Referenz verwenden dürfen.)

Sie können nie wissen, ob Ihnen diese Briefe nicht eines Tages mal helfen können, wenn Sie mit einem neuen Kunden ein Riesengeschäft abschließen wollen oder sich Ihnen die Möglichkeit eröffnet, Ihren Traumjob zu bekommen. Um es kurz und ergreifend zu sagen, Empfehlungsschreiben und Zeugnisse von zufriedenen Kunden – geschrieben auf deren Geschäftsbriefpapier – sind eine großartige Möglichkeit, sich selbst zu fördern.

Als ich mein Beratungsbüro für Zeitmanagement aufmachte, fragte ich meine zufriedenen Kunden, ob Sie mir Briefe schreiben, die ich den Leuten zeigen könnte, die beabsichtigen, mich für meine Dienste zu engagieren. Einige dieser Briefe waren so gut, daß ich sie heute immer noch verwende, obwohl sie sechs oder sieben Jahre alt sind.

Zeugnisse oder Empfehlungsschreiben können aus vielen Quellen stammen, nicht nur von zufriedenen Kunden, Klienten, Kollegen und Mitarbeitern. Es können auch Briefe von Gleichgestellten einer anderen Firma Ihres Industriezweiges oder Mitgliedern des Berufsverbandes sein, dem Sie angehören. Je höher die Stellung desjenigen, der den Brief schreibt (Titel im Briefkopf!!!), desto besser für Ihre Glaubwürdigkeit. Auch wenn die Person, der Sie den Brief zeigen, denjenigen, der den Brief geschrieben hat, nicht kennt, so wird die Person sicher das Unternehmen kennen und von dem Titel des Schreibers oder dessen Stellung innerhalb des Unternehmens beeindruckt sein.

Vor vielen Jahren fragte ein Mann John D. Rockefeller, ob er ihm Geld leihen könnte. Rockefeller dachte ein wenig darüber nach und beschloß dann, ihm keinen Kredit zu gewähren. Jedoch tat er etwas wesentlich Besseres. Er lud den Mann ein, mit ihm in den Börsensaal der New Yorker Börse zu gehen und legte ihm wie einem Freund den Arm auf die Schulter, als sie durch den Börsensaal schlenderten. Danach konnte der Mann sich das Geld, das er brauchte, von jemand anderem leihen. Der Kreditgeber dachte, wenn jemand so einen Freund wie John D. Rockefeller hat, dann ist er wohl kreditwürdig.

Kennen Sie einige Prominente, Kommunalpolitiker oder andere bekannte und wichtige Personen? Wenn ja, versuchen Sie, von ihnen einen Brief oder ein Foto mit Autogramm zu bekommen, oder vielleicht sogar ein Foto von Ihnen beiden. Dies wird Ihren zukünftigen Kunden, Klienten und anderen Leuten den Eindruck vermitteln, daß Sie selbst besonders wichtig sind. Hier sind einige Tips, wie Sie Empfehlungsschreiben bekommen und einsetzen können:

- ✔ Bitten Sie die Leute einfach, Ihnen ein Zeugnis oder Empfehlungsschreiben zu schicken oder einen Dankesbrief in Anerkennung dafür, daß Sie für sie gute Arbeit geleistet haben, und sie werden es wahrscheinlich tun. Oft fühlen sich die Leute geehrt, wenn sie um ein Empfehlungsschreiben gebeten werden.
- ✔ Wenn sich jemand bereit erklärt, Ihnen ein Zeugnis zu schreiben, dann machen Sie sich eine Notiz und fragen nach einer oder zwei Wochen nach. Wenn Sie dann nämlich das Schreiben noch nicht erhalten haben, hat die Person es wahrscheinlich vergessen und muß vorsichtig daran erinnert werden.
- ✔ Wenn der Briefschreiber sehr beschäftigt ist, bieten Sie ihm an, selber einen Musterbrief zu schreiben, den die Person dann auf ihr eigenes Briefpapier abschreiben könnte. Dies macht das Schreiben des Briefes für die Person, die Sie gefragt haben, wesentlich einfa-

cher, und niemand kann Ihnen so gute Zeugnisse schreiben, wie Sie selbst. (Wenn es Ihnen etwas unangenehm ist, in Ihr eigenes Horn zu stoßen, ist das vollkommen natürlich. Den meisten von uns ist das unangenehm, aber das sollte Sie nicht davon abhalten, jemanden zu bitten, Ihnen einen netten Brief zu schreiben.)

✔ Wenn Sie einige großartige Briefe haben, diese aber etwas alt sind, dann retuschieren Sie einfach das Datum, wenn Sie den Brief kopieren.

✔ Wenn Sie eine Broschüre oder einen Reklamezettel erstellen, zitieren Sie einige Ihrer Empfehlungsschreiben.

✔ Haben Sie schon einmal daran gedacht, ein Zeugnis auf Band aufzunehmen? Vielleicht erlaubt Ihnen ein zufriedener Kunde, eine Bandaufnahme von seiner Empfehlung zu machen. Sie können dann verschiedene Gespräche zu einer Kollektion zusammenstellen und auf Kassette aufnehmen, die Sie dann zukünftigen Kunden oder Klienten geben können.

Wenn Sie nächstes Mal eine Broschüre oder einen anderen Werbebrief verschikken, gestalten Sie die Unterlagen persönlicher. Benutzen Sie einen bunten Textmarker, um Schlüsselsätze zu markieren, schreiben Sie handschriftliche Notizen an den Rand oder benutzen Sie Klebenotizen, um den Leser auf spezielle Seiten hinzuweisen.

Empfehlungsschreiben sollten ein ständiger Bestandteil Ihrer Marketing- und Werbestrategie werden. Nach einiger Zeit werden Sie eine Sammlung solcher Briefe haben, die zeigen, daß Sie viele verschiedene Dinge gut gemacht haben und Ihren Kunden und Klienten bei der Lösung der unterschiedlichsten Probleme helfen konnten.

Wurden Sie in einer Zeitung oder einer Zeitschrift zitiert?

Wenn Sie in einer Zeitung zitiert wurden oder über Sie ein Artikel in einer Zeitschrift geschrieben wurde, dann ist das für Ihre Glaubwürdigkeit natürlich extrem zuträglich. Wenn Sie oft genug zitiert oder interviewt wurden, dann werden Sie schnell zu einem anerkannten Experten auf Ihrem Gebiet.

Hier sind einige Tips, wie Sie alles aus Ihren Zeitungs- und Zeitschrifteninterviews herausholen können:

✔ Um eine professionell aussehende Kopie eines Artikels zu machen, schneiden Sie das Logo der Zeitung oder Zeitschrift von der Titelseite aus und kleben es in die obere Mitte eines weißen Blattes. Schneiden Sie den Artikel aus und kleben ihn mittig unter das Logo. Dann fotokopieren Sie das Blatt. (Wenn nach einer Weile das Datum des Artikels veraltet ist, retuschieren Sie es einfach beim nächsten Kopieren.)

- Um größeren Eindruck zu schinden, lassen Sie den Artikel professionell setzen und dann auf Hochglanzpapier drucken. (Wenn Sie noch einen Schritt weiter gehen wollen, lassen Sie das Logo der Zeitung oder Zeitschrift in einer zweiten Farbe drucken.)
- Um ein Radio- oder Fernsehinterview auch für die Presse nutzen zu können, nehmen Sie eine Fotokamera mit, und bitten Sie darum, daß jemand Sie und Ihren Gastgeber fotografiert. Vergessen Sie nicht, den Gastgeber um ein Dankesschreiben zu bitten, dafür, daß Sie Gast in seinem Programm waren. (Bitten Sie immer um eine Bandaufnahme Ihres Radiointerviews bzw. um ein Videoband Ihres Fernsehauftrittes. Dies könnte für Sie nützlich sein, wenn Sie später einmal beschließen, einen Werbefilm zu drehen. Sie können Ihre Zitate auch für Drucksachen verwenden.)

Eigenwerbung funktioniert wirklich!

1988 beschloß ich, ein Buch über Zeitmanagement zu schreiben, aber als ich darüber nachdachte, stellte ich fest, daß ich erst etwas Publicity über mich und mein Beratungsbüro für Zeitmanagement brauchte, bevor ein größerer Verleger mich ernst nehmen würde. Ich brauchte mehrere Monate, bevor ich schließlich Bill Gruber, einen Wirtschaftsredakteur der Chicago Tribune, überredete, einen kurzen Artikel über mich zu schreiben. Einige Wochen später rief mich Jim Warren an, ebenfalls vom Tribune, der mit mir ein längeres Interview machen wollte.

Und plötzlich stellte ich fest, daß ich meinen Namen sehr gerne gedruckt sah, und es war auch meinem Geschäft zuträglich. Also entschloß ich mich zu versuchen, auch eine große, nationale Zeitung wie das Wall Street Journal, die New York Times oder USA Today dazu zu bewegen, eine Geschichte über mich zu bringen. Ich rief die Herausgeber an und sprach schließlich mit einer Senior Verlegerin von USA Today, die mich fragte: »Sind Sie der Typ aus Chicago, der für $ 1.000 einen Schreibtisch aufräumt?« Als ich »Ja« sagte, sagte sie: »Heute nachmittag wird Sie einer unserer Reporter anrufen.«

Am 18. Januar 1989 erschien in USA Today ein großer Artikel über mich, mit Bildern und allem Drum und Dran, unter dem Titel: Mr. Neat, the Clutterbuster., was soviel bedeutet wie Mr. Saubermann, der Chaosschlichter. In den folgenden Wochen wurde ich von Newsweek und einigen anderen Magazinen interviewt, und innerhalb von drei Monaten hatte ich einen Buchvertrag mit Simon & Schuster für meinen ersten Bestseller *If You Haven't Got the Time to Do It Right, When Will You Find the Time to Do It Over?*

Mittlerweile wurde ich von fast jedem großen Magazin und jeder großen Zeitung des Landes interviewt und habe mehr als tausend Radio- und Fernsehinterviews absolviert. Diese Publicity zusammen mit dem Verfassen einiger Bestseller haben mir dazu verholfen, eine der führenden Autoritäten des Landes zum Thema Zeitmanagement zu werden.

Möchte jemand schreiben?

Sie können Ihre Glaubwürdigkeit steigern und sich selbst als eine der führenden Autoritäten auf Ihrem Gebiet etablieren, wenn Sie Zeitungsartikel schreiben. (Das wird zwar nicht besonders gut bezahlt, vielleicht müssen Sie es sogar kostenlos machen, aber der Nutzen ist phänomenal.) Dann können Sie Ihre gedruckten Artikel nehmen und als zusätzliche Promotion oder Werbematerial nutzen.

Artikel zu schreiben, ist eine Sache, aber Sie können sich von allen anderen absetzen, wenn Sie ein Buch schreiben. Wenn Sie einmal ein Buch geschrieben haben, sind Sie auf dem besten Wege, sich als führende Autorität auf Ihrem Fachgebiet zu etablieren. Als veröffentlichter Autor wird Ihnen großer Respekt von Ihren Kollegen entgegengebracht, und Ihre Glaubwürdigkeit wird unendlich gesteigert. Wenn Sie sogar mehrere Bücher schreiben, können Sie sogar zur »höchsten Instanz« auf Ihrem Gebiet werden.

Fördern Sie sich selbst durch öffentliche Auftritte

Eine Rede zu halten ist ein wunderbares Mittel, sich selbst zu fördern und zu verkaufen. Es bringt Sie vor Ihre potentiellen Kunden und Klienten. Es macht Sie glaubwürdig und ist von hohem Nutzen, und nachdem Sie es einige Male gemacht haben, werden Sie feststellen, daß die Leute sogar dazu bereit sind, Sie für eine Präsentation zu bezahlen.

Hier einige Tips für öffentliche Auftritte:

- ✔ Übung, Übung, Übung. Wenn Sie noch nicht oft vor einem Auditorium gesprochen haben, suchen Sie nach Möglichkeiten, wo Sie hingehen und üben können. Je öfter Sie vor einem Auditorium sprechen, desto einfacher wird es für Sie.
- ✔ Halten Sie Ihre ersten Reden vor Leuten, von denen keiner ein Kunde oder zukünftiger Kunde ist. Das gibt Ihnen die Möglichkeit, vor einem Publikum zu sprechen und die Mucken Ihrer Präsentation herauszufinden. Und wenn Sie Fehler machen, dann ist das nicht weiter schlimm, weil niemand der Zuhörer Geschäfte mit Ihnen macht.
- ✔ Beobachten Sie, wie Sie sprechen. Wenn Sie sich auf Ihre Präsentationen vorbereiten, üben Sie vor einem Spiegel, und versuchen Sie sich vorzustellen, daß Sie vor einem Publikum sprechen. So können Sie Ihren Gesichtsausdruck und Ihre Bewegungen beobachten.
- ✔ Hören Sie, wie Sie sprechen. Nehmen Sie Ihre Übungen auf, damit Sie sich anschließend anhören können, was Sie sagen und wie Sie es sagen.
- ✔ Hören Sie sich so, wie es Ihre Zuhörer tun. Nehmen Sie einen Kassettenrecorder oder eine Videokamera mit zu Ihren Präsentationen, und nehmen Sie alles auf. Sich anschließend die Kassette anzuhören oder das Video anzusehen, ist eine gute Möglichkeit, Ihre Präsentationen zu verbessern, weil Sie hören oder sehen können, was Sie gesagt haben und wie Sie es gesagt haben.

- Nehmen Sie Schauspielunterricht. Wenn Sie gerne etwas mehr Übung darin hätten, vor einem Publikum aufzutreten, sollten Sie versuchen, eine kleine Rolle bei einer Laienspielgruppe zu bekommen, oder sich für Schauspielunterricht bei Ihrer Volkshochschule einschreiben.
- Beobachten Sie professionelle Redner bei Ihren Auftritten. Sie können viel dabei lernen, wenn Sie einen Profi bei einer Rede beobachten. Wenn möglich nehmen Sie an einem Seminar teil, leihen, mieten oder kaufen sich einige Videofilme. Beobachten Sie, wie die Profis sich auf der Bühne bewegen, ihre Stimme einsetzen und den Blickkontakt zu ihren Zuhörern herstellen.
- Engagieren Sie einen Trainer. Wenn Sie ernsthaft Ihre Reden verbessern wollen, sollten Sie einen Trainer engagieren, der Ihnen hilft, Ihren Präsentationsstil zu verbessern. Ein guter Trainer kann sehen, was Sie tun und Ihnen bei Ihrer Ausdrucksweise, Ihren Körperbewegungen, der Lautstärke und Tonlage Ihrer Stimme sowie Ihrer Zeiteinteilung helfen. Sie werden merken, wie nützlich diese Techniken sind, wenn Sie eine Präsentation machen, egal ob diese im Büro des Kunden oder beim Vorstand Ihres Unternehmens stattfindet. Um einen solchen Trainer zu finden, wenden Sie sich an die Volkshochschule, eine Fachhochschule, Universität oder vielleicht an die lokalen Theaterhäuser.

Ein Redner – Sein oder nicht Sein

Eines Tages rief mich mein Herausgeber bei Simon & Schuster an und sagte mir, daß sie mich auf Promotiontour schicken wollten. Wir redeten ein paar Minuten und mir wurde bewußt, daß ich nicht die geringste Ahnung hatte, wie ich mich bei einem Radio-, Fernseh- oder Zeitungsinterview verhalten sollte. Also suchte ich mir einen Trainer.

Fast ein Jahr lang übte ich einmal wöchentlich mit Leslie Holland, einer Schauspielerin, und es war somit das beste, was ich jemals gemacht habe. Ich lernte, wie ich richtig spreche, wie ich meine Worte richtig ausspreche und vor allem, wie ich mich vor einer Fernsehkamera verhalte. Das Wundervolle an diesem Training ist, daß es mir auch in anderen Bereichen meines Berufs- und Privatlebens sehr geholfen hat.

Vergessen Sie nicht, Ihre Visitenkarten zu verteilen

Wenn Sie in Ihrem Beruf weiterkommen wollen, müssen Sie sich selbst fördern, und eine der besten Arten, dies zu tun, ist, Visitenkarten zu verteilen. Eine Visitenkarte bietet Ihnen verschiede Möglichkeiten, sich selbst zu fördern. Wenn Sie jemandem eine Karte geben, haben Sie die Chance, über sich selbst zu sprechen, der Person zu erzählen, womit Sie Ihren Lebensunterhalt verdienen und über die Waren, Produkte oder Dienstleistungen zu sprechen, die Ihr Unternehmen verkauft.

Seien Sie nicht zurückhaltend, wenn es darum geht, Ihre Visitenkarte zu verteilen: Seien Sie großzügig. Jedesmal, wenn Sie an einem Abendessen oder einem Geschäftsessen teilnehmen, geben Sie Ihrem Nachbarn Ihre Visitenkarte, und erwähnen Sie, was Sie von Beruf sind. Teilen Sie Ihre Visitenkarten aus, wenn Sie in einer Warteschlange stehen. Vielleicht stehen Sie in einer Schlange vor einem Bankschalter oder einem Geldautomaten, oder Sie warten an der Fleischtheke im Supermarkt, wollen eine Kinokarte kaufen, warten darauf, daß die Tore des Fußballstadions geöffnet werden oder stehen am Ticketschalter im Flughafen. Sie werden nie erfahren, wer die Person neben Ihnen ist, wenn Sie nicht die Chance zu einem Gespräch nutzen, sich vorstellen, Ihre Visitenkarte überreichen und sich und Ihr Unternehmen fördern. Hier einige weitere Tips, wie Sie Visitenkarten einsetzen können:

- ✔ Wenn Sie einem potentiellen Kunden Ihre Visitenkarte geben, geben Sie ihm nicht nur eine Karte: Geben Sie ihm zwei oder drei, damit er eine für sich behalten kann und die anderen an seine Freunde oder Kollegen weitergeben kann. Visitenkarten sind billig, und daher können Sie sie bei jeder Gelegenheit abgeben.
- ✔ Immer wenn Sie etwas kaufen, sollten Sie nicht die Gelegenheit vorüber gehen lassen, dem Verkäufer eine Karte zu geben und zu sagen, was Sie beruflich machen. Geben Sie ruhig Ihrer Reinigung, Ihrem Kundenberater bei der Bank, Ihrem Friseur, Ihrem Herrenausstatter oder der Boutiquebesitzerin sowie dem Metzger, dem Bäcker und dem Kerzenverkäufer Ihre Karte.
- ✔ Damit Sie mit Ihrer Karte mehr Eindruck schinden, geben Sie auch Ihre Handy-Nummer, die Nummer Ihres Autotelefons und Ihre E-Mail- oder Internet-Adresse an.

Nehmen Sie die Visitenkarten anderer Leute

So wichtig es ist, seine Visitenkarte zu überreichen, so wichtig ist es auch, die Karten anderer Leute entgegenzunehmen. Aus Erfahrung kann ich sagen, daß viele Leute mich für meine Dienste engagieren wollten, aber sie haben mich nie anrufen können, weil Sie meine Visitenkarte verloren hatten oder sie in irgendeinem Stapel auf Ihrem Schreibtisch vergraben war. Aber weil ich ihre Karte hatte, konnte ich mich mit ihnen in Verbindung setzen.

Wenn aus irgend etwas Geld gemacht werden kann, dann liegt es in Ihrer Verantwortung, die Dinge unter Kontrolle zu halten. Sie können nicht einfach herumsitzen und warten, daß die Leute Sie anrufen, denn sie werden Sie nicht anrufen! Wenn Sie also Leute treffen, geben Sie ihnen Ihre Visitenkarte, und nehmen Sie deren Karte, damit Sie mit ihnen in Kontakt treten können.

Haben Sie immer einen Stift und eine Handvoll Visitenkarten bei sich, damit Sie die Namen und Nummern der Leute, die Sie treffen, notieren können, falls diese ihre Karten nicht dabei haben. Wenn Sie wieder im Büro sind, schreiben Sie die Namen auf Ihre Telefonliste. (Wenn Sie das Blatt mit den Namen und Nummern auf einen Stapel legen, könnte es Wochen dauern, bevor Sie es wiedersehen.)

Auch hier kann ACT! Ihnen helfen, Ihre tägliche Produktivität zu verbessern. Anstatt noch mehr kleine Zettel oder Visitenkarten auf dem Schreibtisch herumfliegen zu haben, tragen Sie den Namen einfach in die Datenbank von ACT! ein und werfen den Zettel weg. Dann können Sie den Notizblock von ACT! öffnen und aufschreiben, wer die Person ist, was er oder sie beruflich macht, wo Sie sie getroffen haben und warum Sie sie in zwei Wochen anrufen wollen. Dann setzen Sie die Person auf Ihre Telefonliste. So ist es unmöglich, jemanden aus den Augen zu verlieren.

Was machen Sie mit Ihren Visitenkarten?

Wie viele Visitenkarten haben Sie in Ihrer Schreibtischschublade? Fünfzig? Hundert? Zweihundert? Mehr? Wenn es Ihnen wie den meisten geht, hat es Sie einige Mühe gekostet, all diese Leute zu treffen und ihre Visitenkarte zu sammeln, weil Sie dachten, diese Leute könnten Ihnen hilfreich sein. Aber was helfen Ihnen die Karten, wenn Sie sich nicht mehr an die Leute erinnern können, daran, was Sie tun, wo Sie sie getroffen haben oder warum Sie die Karte aufgehoben haben?

Auch hier hilft Ihnen ACT!, produktiver zu werden. ACT! bietet Ihnen genügend Platz, um die Informationen Ihrer Visitenkarten aufzubewahren, und Sie finden den Namen und die Telefonnummer einer Person schnell, wenn Sie sie brauchen.

Wenn Sie Visitenkarten sammeln, aber keine Lust haben, die Namen, Adressen und Telefonnummern von Hunderten wenn nicht Tausenden von Visitenkarten manuell in ACT! zu übernehmen, dann haben Sie eine Alternative. Sie können Ihre Visitenkarten auch direkt in Ihren Computer einscannen und die Informationen dann in ACT! übertragen.

Als ich eines Tages mit einem Kunden in einem Restaurant beim Mittagessen saß, kam ein Mann an unseren Tisch und fragte, ob ich Jeff Mayer sei. Ich sagte ja und er fragte, ob ich immer noch anderen Leute helfe, sich zu organisieren. Ich sagte ja, und er bat mich, ihn anzurufen. Er hatte keine Visitenkarte bei sich, deshalb schrieb ich seinen Namen und seine Adresse auf die Rückseite meiner Visitenkarte.

Als ich wieder in meinem Büro war, trug ich seinen Namen in ACT! ein und setzte ihn auf meine Telefonliste. Ich brauchte fast drei Wochen, bevor ich ihn am Telefon hatte, und wir einen Termin vereinbaren konnten. Aber dank ACT! ist mir dieses Geschäft nicht durch die Lappen gegangen.

Die Kunst der Netzarbeit

Wenn Sie so durch das Leben gehen, treffen Sie Menschen, viele Menschen. Sie treffen Menschen bei Geschäftsbesprechungen, Tagungen und Seminaren und anderen Veranstaltungen. Und Sie treffen Menschen bei privaten Anlässen. Sie unterhalten sich mit einer Person im Flugzeug, während Sie im Fitneßstudio trainieren, oder während Sie Samstagabends in Ihrem Lieblingsrestaurant auf einen Tisch warten.

Und hin und wieder treffen Sie jemanden, der Ihr Geschäftsfreund werden oder Ihnen bei Ihrer Karriere behilflich sein könnte. Mit diesen Leuten sollten Sie in Verbindung bleiben, sie besser kennenlernen. Und nach einiger Zeit werden Sie feststellen, daß Sie vieles gemeinsam haben, und Sie werden Freunde.

Sie sollten hart daran arbeiten, diese Beziehungen zu pflegen und zu kultivieren. Nehmen Sie sich Zeit, um zu entdecken, was wichtig und bedeutsam für diese Leute ist, und Sie werden vielleicht mehr über diese Leute wissen, als sie es selbst tun. Das ist das Geheimnis für eine enge Beziehung und Freundschaft. Geschäfte werden durch Beziehungen gemacht.

ACT! ist dafür da, Ihre Beziehungen zu verbessern

ACT! hilft Ihnen mit Ihren Beziehungen zu den wichtigen Menschen in Ihrem Leben weiter. Wenn Sie andere Menschen besser kennenlernen, werden Sie Freunde. Und eine Art, Leute besser kennenzulernen, ist, ihnen Fragen zu stellen. Nach einiger Zeit werden Sie alles über sie wissen.

Sie werden Fragen beantworten können wie z.B.: Womit verdienen sie ihr Geld? Wie sind sie zu diesem Beruf gekommen? Was sind ihre langfristigen Ziele, ihre Wünsche? Wo leben sie? Sind sie ledig, verheiratet oder geschieden? Wenn sie verheiratet sind, wie ist der Name ihres Ehepartners? Was macht der Partner beruflich? Wo oder wie haben sie sich kennengelernt? Haben sie Kinder? Wie alt? Wann haben sie Geburtstag? Wann ist ihr Hochzeitstag? Was machen sie am Wochenende? Was sind ihre Hobbys? Welche Hobbys haben die Kinder? Wo gingen sie zur Schule? Wie verbringen sie ihren Urlaub?

Jedesmal, wenn Sie eine Person treffen oder mit ihr telefonieren und wieder etwas mehr über deren Leben erfahren, müssen Sie sich eine Notiz auf dem Notizblock von ACT! machen (s. Abbildung 14.1). Dieser Notizblock macht Ihnen das Leben leichter, weil er Ihnen einen angemessenen Platz bietet, um viele verschiedene Informationen zu speichern.

Eines Tages hatte ich eine Besprechung mit einem potentiellen Kunden und während des Gespräches fragte ich ihn, wie es seiner Frau ginge. Er sagte, es ginge ihr wesentlich besser und dankte für die Nachfrage. Dann fragte er mich, woher ich wüßte, daß seine Frau krank war. Ich erzählte ihm, daß seine Sekretärin beim letzten Telefonat erwähnt hätte, daß sie im Krankenhaus sei. Was ich ihm nicht sagte, war, daß ich diese Information in ACT! gespeichert hatte und sie vor der Besprechung durchgelesen hatte. So konnte ich ihn fragen, wie es seiner Frau geht.

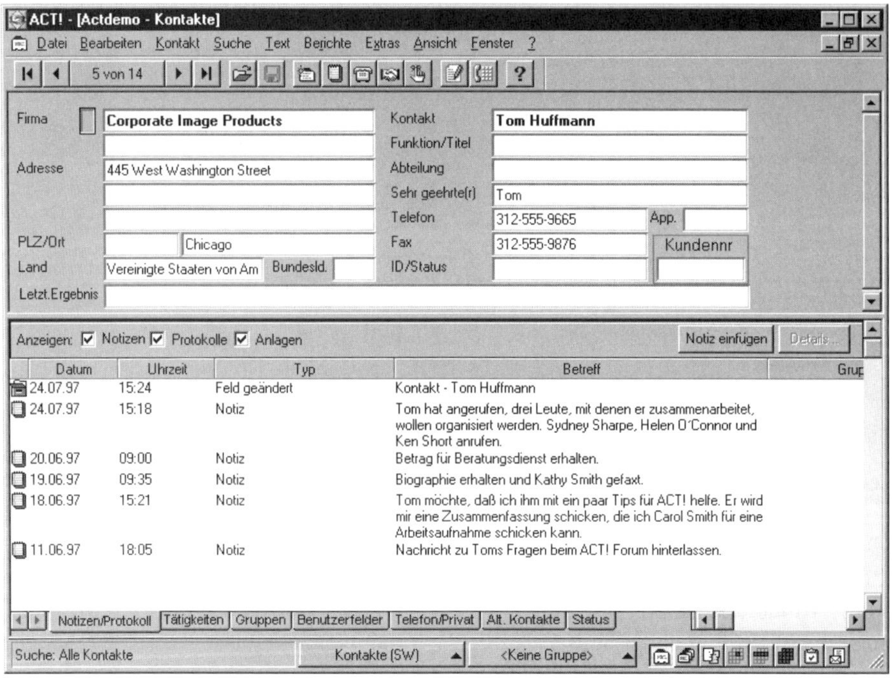

Abbildung 14.1: Der Notizblock von ACT

Verbringen Sie Ihre Zeit mit den Menschen, die wichtig für Sie sind

Es gibt ein altes Verkaufs- und Marketingsprichwort, das die 80/20 Regel genannt wird und die besagt: 80 Prozent deiner Geschäfte machst du mit 20 Prozent deiner Kunden. Damit ist gemeint: Typischerweise wird in den meisten Geschäftszweigen der Großteil der Verkäufe und Gewinne mit einer kleinen Anzahl von Kunden gemacht.

Seit Jahren höre ich die Leute über die 80/20-Regel sprechen, und sicher haben Sie sie auch schon gehört. Aber da gibt es etwas, was mich schon immer beschäftigt. Wenn tatsächlich 80

Prozent der Geschäfte eines Unternehmens mit nur 20 Prozent seiner Kunden gemacht wird, würde es dann nicht Sinn machen, diese Leute besser kennenzulernen und die Zeit, die man mit anderen verbringt, zu reduzieren? Und wenn Sie die Kunden besser kennenlernen, können diese Sie vielleicht einigen anderen Leuten vorstellen, die potentielle Kunden oder Klienten sein können.

Lernen Sie Ihre Geschäftsfreunde besser kennen

Wir haben alle gute Freunde, Menschen, die uns wichtig sind, aber weil das Leben und die Arbeit so hektisch sind, haben wir einfach nicht genug Zeit, die wir mit ihnen verbringen können. In der heutigen schnellebigen Welt mit ihrem Leistungsdruck brauchen wir mehr Zeit, die wir mit den Menschen verbringen können, die uns aufbauen, Menschen, die unsere kreativen Energien stimulieren. Deshalb schlage ich vor, daß Sie sich jetzt hinsetzen und eine Liste der 10 Geschäftsfreunde anfertigen, deren Gegenwart Sie mögen und genießen. In Abbildung 14.2 sehen Sie ein Beispiel.

Die 10 Geschäftsfreunde, die ich am meisten mag

1. ______________________
2. ______________________
3. ______________________
4. ______________________
5. ______________________
6. ______________________
7. ______________________
8. ______________________
9. ______________________
10. ______________________

Abbildung 14.2: Machen Sie eine Liste der zehn Geschäftsfreunde, die Sie am meisten mögen.

Wenn Sie diese Liste erstellt haben, rufen Sie jeden dieser Leute an und vereinbaren Sie einen Termin zum Mittag- oder Abendessen. Für die Zukunft sollten Sie einplanen, mindestens einmal pro Woche mit einer dieser Personen das Brot zu brechen. Wenn Ihnen mehr Personen einfallen, erweitern Sie Ihre Liste der Geschäftsfreunde, die ich am meisten mag und treffen Sie sie regelmäßig zum Mittagessen.

Hier kann Ihnen ACT! wieder helfen, organisiert zu bleiben. Wenn Sie eine Aktivität eintragen wie z.B. »Frank Müller für einen Termin zum Mittagessen anrufen« – Sie kennen Müller vielleicht noch aus Kapitel 3 – dann können Sie dies zu einer regelmäßigen Tätigkeit werden lassen. Mit einem Mausklick können Sie die Erinnerung, Müller anzurufen, z.B. einmal im Monat für die nächsten zwei Jahre einplanen. So können Sie die wichtigen Leute in Ihrem Leben nicht aus den Augen verlieren.

Ich arbeitete mit einem Kunden, der mir erzählte, daß er vergessen hatte, einen engen Freund, der ausgerechnet auch noch einer seiner wichtigsten Kunden war, zu seinem 50. Geburtstag anzurufen. Ich schlug vor, daß wir ACT! benutzen, damit so etwas nicht mehr passiert. Mit der Einstellung für wiederkehrende Tätigkeiten von ACT! konnten wir den Geburtstag dieser Person für die nächsten Jahre eintragen, und dann wählten wir eine Vorlaufzeit von 14 Tagen, damit die Erinnerung rechtzeitig vor dem großen Tag erscheint.

Tun Sie das Richtige, und Sie erzielen die richtigen Ergebnisse

15

In diesem Kapitel

- So erfassen Sie Einzelheiten richtig
- So machen Sie das, was wichtig ist
- So setzen Sie sich Ziele
- Teilen Sie Ihre Träume mit Ihren Freunden

Tagtäglich höre ich, wie die Leute davon sprechen, was für wundervolle Dinge sie irgendwann einmal machen werden. Sie reden und reden und reden, aber wenn ich sie frage, wie sie planen, diese Dinge zu erreichen, dann werfen sie mir einen dieser »Ich-kann-nicht-glauben-daß-Sie-mich-das-fragen-Blicke« zu. Ich bin sicher, daß Ihnen das im letzten Monat mindestens einmal passiert ist.

Es besteht ein himmelweiter Unterschied zwischen reden und handeln und ein noch größerer zwischen täglichen Aktivitäten und den Ergebnissen. Wenn Sie Ihre Energie für Ihre Aktivitäten aufwenden, können Sie den Großteil dessen, was Sie erledigen wollen, erledigen, weil Aktivitäten einfach zu beeinflussen sind. Ergebnisse können Sie allerdings nicht beeinflussen. Ergebnisse sind Endprodukte, der krönende Abschluß. Ergebnisse erzielt man nach harter Arbeit und viel Anstrengung. Vielen von uns fallen gute Ergebnisse nicht einfach in den Schoß, wir müssen dafür arbeiten.

Anstatt sich also auf die Ergebnisse zu konzentrieren, ist es wesentlich wichtiger, sich hinzusetzen und herauszufinden, welche Aufgaben erledigt werden müssen und diese dann zu erledigen. Bevor Sie sich umsehen, haben Sie mehr erreicht, als Sie sich träumen lassen.

Bearbeiten Sie die Einzelheiten

Die meisten Leute hassen Einzelheiten. Sie kommen nicht gerne zur Sache. Sie begeben sich nicht gern auf alle viere und machen sich die Finger schmutzig. Sie möchten nicht belästigt werden. Einzelheiten stören.

Aber wenn man sich um die Einzelheiten kümmert, ist das Resultat nicht nur, daß man die Ergebnisse erzielt, die man haben wollte, sondern man erzielt sie auch noch in kürzerer Zeit und mit weniger Aufwand. Wenn Sie sich in der heutigen unnachgiebigen Geschäftswelt nicht die Zeit nehmen, Einzelheiten herauszuarbeiten, bevor Sie ein Projekt anfangen, werden Sie härter arbeiten müssen, als es eigentlich nötig wäre. Das Projekt wird mehr Zeit in Anspruch nehmen und mehr kosten, als ursprünglich geplant.

Seien Sie smarter als die anderen

Hartes Arbeiten reicht in der heutigen schnellebigen Welt nicht aus. Sie müssen smarter und kreativer sein als die anderen, und es ist fast unmöglich, kreativ zu sein, wenn Sie Ihre Zeit ständig damit verbringen, Brände zu löschen und nur wenig Zeit haben, um nachzudenken und zu planen. Wenn Sie Ihr Denken und Planen von Ihrem Tun trennen können, wird das Tun wesentlich einfacher.

In der amerikanischen Geschäftswelt wird Denken nicht als Arbeiten angesehen. Nur wenn eine Person etwas tut, arbeitet sie. Dabei ist es vollkommen egal, wenn diese Aufgabe eine einfache Beschäftigung ist und keine produktive Arbeit. Hauptsache, die Person arbeitet!

Konzentrieren Sie sich auf die Dinge, die wichtig sind

Um bei dem heutigen Konkurrenzkampf erfolgreich zu sein, müssen Sie soviel Zeit wie möglich mit den Dingen verbringen, die wichtig sind, Dinge, die Ihrem Unternehmen Geld bringen, und so wenig Zeit wie möglich mit den Dingen, die Sie aufhalten und nicht produktiv sein lassen.

Ich habe an meiner Bürowand einen kleinen Zettel kleben, auf dem steht: »Wieviel Geld mache ich mit meiner derzeitigen Arbeit?« Diese Notiz hilft mir, mich immer auf das Wesentliche zu konzentrieren, denn es ist sehr einfach, sich ablenken zu lassen. Wenn ich merke, daß ich etwas mache, das mir kein Geld bringt, höre ich sofort damit auf und beginne etwas anderes, das mir Geld einbringt.

Deswegen sind die Master-Liste und ACT! solch enorme, produktivitätssteigernde Hilfsmittel. Wenn Sie immer wieder Ihre Master-Liste oder die ACT! Aufgabenliste durchsehen, finden Sie schnell heraus, welche Aufgaben wichtig sind. Sie können dann einplanen, wann Sie sie erledigen wollen.

Eine Reise von 1.000 Kilometern beginnt mit einem ersten Schritt ... vorwärts

Wenn Sie mehr Zeit mit Nachdenken verbringen wollen, sollten Sie auf Ihre täglichen Aktivitäten schauen, nicht auf die erhofften Ergebnisse. Dabei sollten Sie an die chinesische Weisheit denken: »Eine Reise von 1.000 Kilometern beginnt mit dem ersten Schritt .«

Jahrelang habe ich über dieses Sprichwort nachgedacht, weil es mich irgendwie nicht so ganz befriedigte. Schließlich fand ich heraus, warum. Das Sprichwort sollte lauten: »Eine Reise von 1.000 Kilometern beginnt mit einem ersten Schritt ... vorwärts.«

Leben Sie im Hier und Jetzt

Es ist einfach, in die Zukunft zu blicken und davon zu träumen, was Sie tun und erreichen werden. Um aber Erfolg zu haben, müssen Sie sich auf das Hier und Jetzt konzentrieren. Wenn Sie morgens ins Büro kommen, müssen Sie bereits wissen, was Sie zu erledigen haben, bevor Sie sich an Ihren Schreibtisch setzen. Wenn Sie sich erst fragen müssen: »Was muß ich heute machen?« haben Sie schon Schwierigkeiten. Managen Sie Ihre täglichen Aktivitäten, und die Ergebnisse werden sich von alleine einstellen.

Lassen Sie uns ein kleines Fragespiel spielen

Vor ein paar Jahren unterhielt ich mich mit einigen erfolgreichen Verkäufern. (Falls Sie sich fragen, ob nur Männer an dem Gespräch teilnahmen: Wenn eine Frau in der Gruppe gewesen wäre, hätte ich das Wort Verkaufsleute benutzt, und wenn es nur Frauen gewesen wären, hätte ich Verkäuferinnen gesagt.) Ich fand ihre Unterhaltung sehr interessant, denn sie konzentrierten sich nur auf die Ergebnisse. Es war Anfang Januar, und sie erzählten mir, wie viele Einheiten sie im laufenden Jahr verkaufen wollten.

Als ich ihnen einige direkte Fragen stellte, wie sie z.B. planten, all diese Einheiten zu verkaufen, wurden sie recht ungeduldig. Sie wanden sich, als ich sie fragte: »Wie viele Termine mit zukünftigen Käufern haben Sie für diesen Monat abgemacht? Für diese Woche? Für heute?« »Wie viele Leute wollen Sie diese Woche wegen eines Termins anrufen? Heute? Heute morgen? Heute nachmittag?« »Was wollen Sie morgen um 9.00 Uhr machen?«

Und schließlich fragte ich: »Warum vergeuden Sie Ihre kostbare Zeit damit, sich mit mir zu unterhalten, wenn Sie eine Präsentation bei einem zukünftigen Käufer machen sollten?« Gelinde gesagt, kümmerten sie sich nicht um meine Fragen, und das Gespräch war kurz danach beendet.

Setzen Sie sich Ziele

Ich weiß nicht, wie es Ihnen geht, aber ich setze mir keine langfristigen Ziele, sondern immer nur kurzfristige. Alles wird einfacher, wenn Sie die Dinge in kleinste Einheiten teilen. Nutzen Sie Ihre Zeit und Energie, jeden Tag das Richtige zu tun. Setzen Sie sich Aufgabenziele, keine Ergebnisziele, und die Ergebnisse werden sich von alleine einstellen.

Setzen Sie sich vernünftige Ziele

Setzen Sie sich Ziele, die vernünftig und realisierbar sind. Wenn Sie etwas zu erreichen versuchen, das außerhalb Ihrer derzeitigen Möglichkeiten liegt, werden Sie wahrscheinlich bereits aufhören, bevor Sie überhaupt eine Chance hatten, Ihr Ziel zu erreichen. Natürlich sollten Sie große Träume und Ziele haben, aber wenn diese Träume wahr werden sollen, müssen Sie sich auf dem Weg dorthin erst einmal lauter kleine Träume erfüllen. Setzen Sie sich also moderate Ziele, die im Rahmen Ihrer Möglichkeiten liegen, Ziele, die Sie leicht erreichen können. Haben Sie Ihr erstes Ziel erreicht, setzen Sie sich ein neues Ziel, das etwas schwieriger ist als das erste.

Gehen Sie Ihre Ziele so an wie ein Hochspringer den Versuch, über die Latte zu springen. Er steht nicht eines Morgens auf und beschließt, 2,10 m zu überspringen, wenn seine Bestmarke bei 1,75 m liegt. Der Hochspringer mag zwar davon träumen, daß er eines Tages die 2,10 m überspringt, aber fürs erste ist es für ihn bereits ein Erfolg, wenn er 1,80 m überspringt. Danach kann er die Latte Zentimeter für Zentimeter oder millimeterweise höher legen und es erneut versuchen. Mit jedem Erfolg wird der Hochspringer besser, legt die Latte höher und höher.

Wir sollten unsere Ziele genauso angehen. Wir sollten uns Ziele setzen, sie erreichen und uns dann ein neues Ziel setzen, eins, das etwas schwieriger ist. Wir sollten nicht erwarten, daß wir über Nacht einen Quantensprung in unseren Erfolgen machen. Das ist absolut unrealistisch. Aber wir sollten mit der Zeit immer ein bißchen weiterkommen, tagein, tagaus. Und nach einer Weile, wenn wir uns die Zeit nehmen nachzusehen, wo wir jetzt sind, und das mit unseren Anfängen vergleichen, merken wir, daß wir mehr geschafft haben, als wir je zu träumen wagten.

Die Siegeszeit beim Marathonlauf der Olympischen Spiele 1948 würde heute gerade gut genug sein, um sich für den diesjährigen Boston Marathon zu qualifizieren. In den letzten 50 Jahren sind die Läufer stärker, schneller und besser geworden, aber das ist nicht von heute auf morgen passiert, sondern nach und nach.

Räumen Sie sich genügend Zeit ein

Ein wichtiger Punkt bei der Zielsetzung – einer, den die meisten Leute oft übersehen – ist die Zeit. Die meisten Leute geben sich nicht genügend Zeit, um ihre Ziele zu erreichen. Sie denken, sie könnten ihre Ziele in unrealistisch kurzer Zeit erreichen, und glauben dann, daß sie versagt haben, weil sie ihre selbst gesetzte Frist nicht einhalten können. Sie sind sich selbst gegenüber unfair, und das ist nicht gut. Hätten sie sich mehr Zeit eingeräumt, hätten sie ihre Ziele mit Leichtigkeit erreichen können. Aber weil sie in Eile waren, haben sie ihren Zeitrahmen gekürzt und sich selbst eine unnötige Last aufgeladen. Irgendwie glauben sie, daß ein Ziel, das normalerweise in einer Woche erreicht werden kann, an einem Tag erreicht werden muß, und ein Ziel, für das man einen Monat braucht, sollte in einer Woche erfüllt werden.

Hier ist ein Beispiel für eine Zielsetzung, das wir alle nachvollziehen können: abnehmen. Ich weiß nicht, wie es Ihnen geht, aber ich könnte ein paar Pfund weniger vertragen und das am liebsten sofort. Was würde passieren, wenn ich eine Woche lang hungern würde? Klar, ich würde meine 10 Pfund verlieren, aber ich würde sie wahrscheinlich auch innerhalb eines Monates wieder draufhaben, vielleicht sogar noch schneller.

Schauen wir uns einmal an, wie sich die Dynamik der Zielsetzung verändert, wenn wir unser großes Ziel in viele kleine Ziele teilen. Was würde passieren, wenn ich nicht versuchte, 10 Pfund so schnell wie möglich zu verlieren, sondern mein Ziel änderte und versuchte, pro Woche ein Pfund abzunehmen? Wenn ich zehn Wochen lang ein Pfund pro Woche abnehme, habe ich meine zehn Pfund abgenommen. Um dieses Ziel noch einfacher zu gestalten, was wäre, wenn ich versuchte, alle zwei Tage 150 Gramm abzunehmen? Ist das vernünftig? Ich denke ja! Glauben Sie, daß ich es wieder zunehmen würde, wenn ich es einmal abgenommen habe? Mit Sicherheit nicht!

Setzen Sie sich viele kurzfristige Ziele

Je kleiner der Zeitrahmen für Ihr Ziel ist, desto realistischer wird es. Es ist in Ordnung, sich langfristige oder jährliche Ziele zu setzen, aber wenn Sie sie erreichen wollen, sollten Sie sich einen Plan machen, wie Sie das große Ziel in viele kleine unterteilen können. Jahresziele sollten in vierteljährliche Ziele unterteilt werden, vierteljährliche Ziele in monatliche, monatliche in wöchentliche.

Hören Sie nicht mit wöchentlichen Zielen auf. Unterteilen Sie weiter. Spielen Sie ein Spiel. Was ist Ihr Ziel für den heutigen Tag? Was ist Ihr Ziel für diesen Morgen? Für heute nachmittag? Für die nächsten dreißig Minuten? (Wenn Sie Ihre größeren Ziele in sehr kleine geteilt haben, sollten diese innerhalb Ihrer Reichweite liegen. Tun sie das nicht, sollten Sie Ihren ganzen Plan überdenken und neu anfangen.) Wenn Sie ein kurzfristiges Ziel erreicht haben, nehmen Sie sich einen Moment Zeit, klopfen Sie sich auf die Schulter und gratulieren sich selbst zu der guten Arbeit, die Sie geleistet haben, und machen Sie dann weiter.

Schreiben Sie Ihre Ziele auf

Der wichtigste Teil der Arbeitsplanung besteht darin, Ihre Ziele auf Papier festzuhalten, damit Sie sie vor Augen haben. Ziele zu definieren und zu Papier zu bringen, kostet Sie einige Zeit, Gedanken und Überlegungen aber wie ich bereits gesagt habe, je mehr Zeit Sie mit Denken und Planen verbringen, desto leichter wird es für Sie werden.

Wenn Sie Ihre Ziele aufschreiben, denken Sie immer daran, das Blatt zu datieren.

Ihre Ziele auf Papier festzuhalten dient mehreren Zwecken. Erstens zeigt es, daß Sie sich der Erfüllung dieser Ziele verpflichtet fühlen, und Sie haben einen Bezugspunkt. Jetzt können Sie Ihre Fortschritte zu jedem vorgegebenen Zeitpunkt mit Ihrem Aktionsplan vergleichen.

Nachdem Sie Ihre allgemeinen Ziel festgelegt haben, sollten Sie eine Kopie davon dort aufhängen, wo Sie und andere Personen – Ihre Familie, Freunde und Kollegen – sie sehen können. Kleben Sie eine Kopie Ihrer lang- und kurzfristigen Ziele an den Badezimmerspiegel, damit Sie sie jeden Abend und jeden Morgen sehen können. Und kleben Sie eine Kopie Ihrer Ziele an Ihre Bürowand.

Gehen Sie regelmäßig Ihre Ziele durch

Am Ende einer Woche sollten Sie einige Minuten damit verbringen, Ihre Fortschritte der letzten Woche durchzugehen und zu analysieren. Das kann für Sie sehr hilfreich sein, wenn Sie Ihre Aktivitäten für die kommende Woche planen. Ich würde vorschlagen, daß Sie dies jeden Freitagnachmittag machen, wenn sich Ihre Arbeitswoche dem Ende neigt. Wenn Sie dies freitags machen, können Sie sich mental auf die Herausforderungen der nächsten Woche vorbereiten. Wenn Sie dann Montagmorgen wieder im Büro sind, wissen Sie genau, was Sie tun müssen, Sie setzen sich hin und fangen an.

Teilen Sie Ihre Träume mit Ihren Freunden

Teilen Sie Ihre Ziele und Träume mit Ihren Freunden, Kollegen und Mitarbeitern, und diskutieren Sie mit ihnen Ihre Pläne, wie Sie sie erreichen wollen. Viele Ihrer Freunde werden Ihnen Denkanstöße geben oder Ideen haben, die Ihnen helfen können, Ihre Ziele zu erreichen, und sie würden sicher gerne auf dem Laufenden sein, was Ihre Fortschritte anbelangt.

Halten Sie täglich Ihre Aktivitäten fest, und heben Sie eine tägliche Liste der Dinge auf, die Sie erledigt haben. Diese Blätter sollten Sie in einem Aktenordner mit der Aufschrift »Erledigte Aufgaben« abheften. Wenn Sie sehen wollen, wie weit Sie wirklich gekommen sind, nehmen Sie einfach den Ordner heraus und schauen sich Ihre Listen an.

Eine positive Einstellung und gute Arbeitsgewohnheiten sind der Schlüssel zum Erfolg

16

In diesem Kapitel

- So wichtig sind gute Arbeitsgewohnheiten
- So fordern Sie sich selbst heraus
- So erweitern Sie Ihren Horizont
- So geben Sie Ihr Bestes
- So machen Sie das Beste aus Ihrer Zeit

Ich weiß, daß viele Leute nach dem Geheimnis des Erfolges suchen, aber sie werden es nicht in einem Buch, einem Vortrag oder einem Seminar finden. Sie finden den Schlüssel zum Erfolg in sich selbst. Es ist Ihre positive Einstellung, Ihre Sichtweise des Lebens, Ihr Wille zu lernen und Ihr Wille, neue Sachen auszuprobieren, die Ihre Fähigkeiten verbessern, die Ziele zu erreichen, von denen Sie träumen. Nur Sie können sich motivieren. Andere Leute können Ihnen zeigen, wie man etwas macht, aber machen müssen Sie es dann selbst.

Sie brauchen gute Arbeitsgewohnheiten

Viele Ihrer Arbeitsgewohnheiten haben Sie sich am Anfang Ihrer Karriere angewöhnt, aber die Tatsache, daß Sie daran lange nichts mehr getan haben, bedeutet nicht, daß Sie nichts mehr an ihnen ändern müssen.

Achten Sie auf alles, was Sie machen, und fragen Sie sich: »Warum mache ich das so?« »Was würde passieren, wenn ich es etwas anders machen würde?« »Ist es möglich, meine Aktivitäten zu rationalisieren und trotzdem die gleichen Ergebnisse in weniger Zeit und mit weniger Aufwand zu erreichen?«

Um bei dem heutigen Konkurrenzkampf erfolgreich zu sein, ist es wichtig, daß wir uns diese Fragen wesentlich häufiger stellen. Wenn Sie effizienter und effektiver arbeiten wollen, werden Sie in den Genuß eines weiteren Vorteils kommen: Sie verlassen Ihr Büro zu einer vernünftigen Zeit und gehen nach Hause!

Probieren geht über Studieren

Am Anfang meiner Karriere drückte mich eine enge Freundin in einen Stuhl und stellte mir eine sehr gezielte Frage. Sie sagte: »Jeff, was ist Dir lieber, gute Angewohnheiten oder gute Resultate?« Ich dachte über ihre Frage nach, wurde unruhig und wand mich wie ein Wurm am Haken. Nach einer Ewigkeit sagte ich ziemlich dumm, daß ich gute Resultate bevorzuge. Seitdem achtete ich mehr auf das, was ich mache, warum ich es mache und wie.

Fordern Sie sich selbst heraus

Suchen Sie sich neue Berge, die Sie überwinden und neue Flüsse, die Sie durchqueren müssen. Nur weil Sie vorher so etwas noch nie gemacht haben, bedeutet das nicht, daß Sie es nicht versuchen sollten. Oder auch wenn Sie bei einem Versuch nicht erfolgreich waren, muß das nicht heißen, daß Sie es nicht ein zweites oder drittes Mal versuchen. Haben Sie keine Angst vor Fehlschlägen.

Erfolgreiche Menschen haben Fehlschläge erlitten. (Ich habe wesentlich mehr aus meinen Mißerfolgen gelernt als aus meinen Erfolgen.) Lernen Sie aus Ihren Fehlern, damit Sie sie nicht ein zweites Mal machen. Schätzen Sie Ihre Mißerfolge, das macht Ihre Erfolge süßer und belohnt und erfüllt Sie wesentlich mehr.

Als ich jünger war, hatte ich einen wundervollen Tennistrainer, der eine sehr interessante Sichtweise vom Spiel und vom Leben hatte. Er sagte mir: »Wenn Du geschlagen wirst, Jeff, ändere Dein Spiel. Verlierst Du dann immer noch, ändere Dein Spiel wieder. Am Ende wirst Du vielleicht immer noch besiegt, aber Du solltest auf möglichst viele Arten verlieren.«

Wenn Sie nie einen Mißerfolg hatten, haben Sie sich nicht genug angestrengt. Wenn Sie Erfolg hatten, genießen Sie die Früchte Ihrer harten Arbeit. Wenn Sie einen Mißerfolg erlitten haben, sehen Sie ihn nicht als das Ende an, sondern als Möglichkeit, etwas zu lernen. Er gibt Ihnen die Möglichkeit, zurückzublicken und zu analysieren, was passiert ist. Was haben Sie richtig gemacht? Was haben Sie falsch gemacht? Was funktionierte? Was nicht? Und warum nicht? Dann fangen Sie wieder von vorne an und versuchen es erneut.

Das einzige Mal, bei dem Sie nicht versagen dürfen, ist beim letzten Mal.

Erweitern Sie Ihren Horizont

Machen Sie das, was Sie vorher nie gemacht haben.

- ✔ Suchen Sie sich eine neue Verantwortung, und fordern Sie sich selbst heraus.
- ✔ Suchen Sie nach neuen Möglichkeiten, und haben Sie keine Angst, Chancen zu nutzen.
- ✔ Blicken Sie in die Zukunft, und erweitern Sie Ihren Horizont.
- ✔ Eignen Sie sich Wissen an, das über Ihr Fachgebiet hinausgeht.
- ✔ Fordern Sie Ihren Geist und Ihre Vorstellungskraft heraus.
- ✔ Treffen Sie Entscheidungen. Menschen, die zögern, bleiben stehen.

Übernehmen Sie die Verantwortung für das, was Sie tun

Nachdem Sie sich jetzt schon selbst Ziele setzen, sollten Sie auch noch persönlich die Verantwortung für das übernehmen, was Sie tun. Wenn Sie die Verantwortung übernehmen, werden Sie schnell erkennen, wer Sie sind, lernen, woraus Sie gemacht sind und festlegen, was es ist, für das Sie stehen.

- ✔ Wenn Sie ein Versprechen geben, halten Sie es!
- ✔ Wenn Sie sagen, daß Sie etwas machen werden, machen Sie es!
- ✔ Wenn Sie versprechen, etwas bis zu einem bestimmten Datum oder innerhalb einer bestimmten Zeit zu machen, liefern Sie es auch!

Umgeben Sie sich mit erfolgreichen Menschen

Wenn Sie erfolgreich sein wollen, müssen Sie wie ein erfolgreicher Mensch denken und handeln. Erfolg im Beruf und im Leben ist eine Grundhaltung. Erfolgreiche Leute haben hohe Maßstäbe und sehen sich verpflichtet, immer Höchstleistungen zu bringen.

Es gibt da draußen viele erfolgreiche Leute. Gehen Sie raus, und suchen Sie sie. Umgeben Sie sich mit ihnen. Lassen Sie sich von deren Enthusiasmus anstecken und umgekehrt. Geben Sie sich die Möglichkeit, gegenseitig Erfolge zu teilen.

Arbeiten Sie hart, und seien Sie stets bemüht, Ihr Bestes zu geben. Versuchen Sie, sich immer selbst zu übertreffen, egal was Sie machen.

Geben Sie Ihr Bestes

Ihr größtes Kapital ist, daß Sie einmalig sind. Sie sind mit wunderbaren Fertigkeiten, Talenten und Fähigkeiten gesegnet, und niemand anders hat die gleichen Eigenschaften. Deshalb ist es wichtig, daß Sie immer Ihr Bestes geben.

Machen Sie wichtige Punkte

Ich habe schon viel Tennisspiele gesehen – Sie sicher auch –, bei denen ein Spieler einen Punkt machte, der nicht viel bedeutete, denn zu dem Zeitpunkt, zu dem er den Punkt machte, war das Spiel eigentlich schon entschieden.

Aber was passiert, wenn es um den Matchball geht? Kann der Spieler ihn verwandeln? Nicht immer, oft landet der Ball im Aus.

Wer also, glauben Sie, ist der bessere Spieler: Derjenige, der schnell viele Punkte macht, aber den Matchball nicht verwandeln kann, oder der Spieler, der vorher zurücklag, aber das Match gewinnt?

Wenn wir durch das Leben gehen, kreuzen oft entscheidende Momente und wundervolle Gelegenheiten unseren Weg. Wenn einer dieser Momente kommt, holen Sie zum Schlag aus, treffen Sie den Ball und machen Sie den Punkt.

Machen Sie das Beste aus Ihrer Zeit

Jetzt, da Sie »Zeitmanagement für Dummies« gelesen oder überflogen haben, ist es an der Zeit, all diese wundervollen Zeitmanagement Tips, Ideen, Techniken und Strategien anzuwenden. Weil dies ein Nachschlagewerk ist, sollten Sie es immer zur Hand haben, damit Sie regelmäßig darin blättern können. Es enthält so viele nützliche Informationen, daß Sie alle paar Wochen nachsehen sollten, ob Sie nicht ein paar zusätzliche Tips finden, die Ihnen helfen, etwas produktiver und effizienter zu arbeiten.

Das Wichtigste, das Sie gelernt haben sollten, um Ihre Zeit effektiver zu nutzen, ist, daß Sie Ihre Arbeit pünktlich und gut erledigen sollten. Wenn Sie Ihre Arbeit getan haben, können Sie nach Hause gehen.

Die Zeit, die Sie bei der Arbeit sparen, können Sie für sich nutzen. Sie haben mehr Zeit für Ihre Hobbys und Interessen und können mehr Zeit mit Ihrer Familie, Ihren Freunden und den Menschen verbringen, die wichtig für Sie sind. Sie können ins Kino oder Theater gehen oder sich ein Spiel ansehen. Sie können ein Buch oder eine Zeitung lesen. Sie können Urlaub machen. Sie haben es sich verdient!

Teil V

Der Top ten-Teil

"Es ist nicht so, daß er als Computer nichts taugen würde,
es ist nur so, daß er als Briefbeschwerer wesentlich mehr taugt."

In diesem Teil ...

Jedes Dummies-Buch hat einen Top ten-Teil, und ich würde mal sagen, daß mein Buch mehr Top ten-Listen hat als jedes andere, das in der Reihe erschienen ist, und es kostet noch nicht einmal mehr.

Wenn Sie das Buch nur durchblättern, dann sehen Sie sich die nächsten Kapitel an, sie sind vollgepackt mit meinen besten Tips, Tricks, Hinweisen und Vorschlägen. Wenn Sie bis hierhin das ganze Buch gelesen haben, sehen Sie diesen letzten Teil als Dessert an. Lehnen Sie sich also zurück, und genießen Sie ihn.

Zehn Schreibtischübungen für Ihren Körper

17

In diesem Kapitel

- Dehnübungen für Ihre Hände und Arme
- Dehnübungen für den Rest Ihres Körpers
- Einige Informationen über eine bessere Tastatur, eine angenehmere Maus und einen komfortableren Stuhl

Sind Sie eine »Schreibtisch-Hocker«? Kommen Sie auch zur Arbeit, setzen sich an Ihren Schreibtisch und bleiben da für den Rest des Tages sitzen? Machen Sie eine Mittagspause und verlassen das Büro, oder essen Sie an Ihrem Schreibtisch? Wenn ja, dann ist es an der Zeit, wieder etwas Bewegung in Ihr Leben zu bringen.

Der menschliche Körper ist dazu geschaffen, sich zu bewegen, aber wir verbringen zuviel Zeit im Sitzen und bewegen uns nicht genug. In diesem Kapitel finden Sie daher einige Dehnübungen, die die Muskeln Ihrer Finger und Hände sowie den Rest Ihres Körpers aufwärmen, dehnen und entspannen. Und weil die meisten von uns gerne wüßten, wie sie ihr Leben einfacher machen können, habe ich einige Tips für Sie, wie Sie Ihre Tastenkombinationen mit Makros automatisieren können. Außerdem sollten Sie die Ergonomie der Gegenstände beachten, mit denen Sie täglich zu tun haben: Tastaturen, Mäuse und vor allem Schreibtischstühle.

Seien Sie nett zu Ihren Händen

Wahrscheinlich denken Sie nicht besonders viel über Ihre Hände und Finger nach, aber bedenken Sie mal, wie intensiv Sie sie an der Tastatur Ihres Computers trainieren. Wenn Sie z.B. fünf Stunden am Tag mit einer Rate von 60 Wörtern pro Minute (360 Anschläge) tippen, dann sind das 100.000 Anschläge pro Tag, 500.000 Anschläge pro Woche und 25.000.000 Anschläge pro Jahr. Wenn wir von nur 40 Wörtern pro Minute ausgehen und nur drei Stunden pro Tag ansetzen, dann sind es immer noch mehr als 43.000 Anschläge pro Tag und 215.000 Anschläge pro Woche. Dazu kommt noch, daß Sie Ihren Körper nicht bewegen, weil Sie stundenlang auf demselben Stuhl sitzen.

Ich will damit sagen, daß unsere Fingerchen viel Arbeit erledigen. Wir benutzen unsere Griffel, um die Umschalt-, Strg-, Alt-, Return/Enter-, Löschen- und Tab-Taste zu drücken und gedrückt zu halten. Wenn Sie stundenlang tippen, Tag für Tag, dann sind die Muskeln und Sehnen der Finger sehr anfällig für Verletzungen.

Hier ein paar einfache Übungen, wie Sie Ihre Hände, Arme und Finger gesund halten können. Nehmen Sie sich ein paarmal am Tag etwas Zeit für sie.

- ✔ **Massieren Sie Ihre Hände.** Massieren Sie sanft Ihre Handflächen und Finger jeweils 30 bis 60 Sekunden.
- ✔ **Dehnen Sie die Innenseite Ihrer Unterarme.** Um die Innenseite Ihrer Unterarme zu dehnen, drehen Sie Ihre Handflächen nach oben, und drücken Sie mit der anderen Hand Ihre Finger weg vom Körper, bis Sie eine Dehnung verspüren. Diese Dehnung fünf Sekunden halten und dann entspannen; frei- bis fünfmal wiederholen.
- ✔ **Dehnen Sie die Außenseite Ihrer Unterarme.** Um die Außenseiten Ihrer Unterarme zu dehnen, machen Sie eine Faust, und drücken Sie sie mit der anderen Hand auf Ihren Oberarm, bis Sie eine Dehnung verspüren. Diese Dehnung fünf Sekunden halten und dann entspannen; drei- bis fünfmal wiederholen.
- ✔ **Lassen Sie Ihre Handgelenke kreisen.** Strecken Sie Ihre Arme seitwärts aus, und lassen Sie dann beide Handgelenke jeweils zehnmal in jede Richtung kreisen, als ob Sie mit Ihren Fingerkuppen Kreise zeichnen würden.
- ✔ **Dehnen Sie Ihre Finger.** Spreizen Sie die Finger beider Hände und halten Sie die Dehnung zwei Sekunden, dann schließen Sie Ihre Hände zu einer Faust und halten die Faust zwei Sekunden lang; drei- bis fünfmal wiederholen.

Gönnen Sie Ihren Händen mindestens alle 30 Minuten eine Pause. Schütteln Sie sie kurz aus, damit das Blut wieder zirkuliert, und bevor Sie weitertippen, erledigen Sie erst eine andere Aufgabe, die die Hände anders belastet.

Bringen Sie Ihren Körper in Schwung

Der menschliche Körper ist dazu angelegt, sich zu bewegen, daher sollten Sie nicht stundenlang in der gleichen Position auf Ihrem bequemen Schreibtischstuhl sitzen. Wenn Sie zu lange sitzen bleiben, werden Ihre Muskeln steif, Sie werden müde und Ihre Produktivität läßt nach. Hier sind ein paar Übungen, mit denen Sie das Blut wieder in Ihren Adern fließen lassen und Ihre müden Muskeln dehnen können. Innerhalb weniger Minuten fühlen Sie sich wieder frisch und gestärkt.

Machen Sie diese Übungen einmal am Morgen und einmal am Nachmittag. Vergessen Sie nicht, dafür eine Pause einzulegen. Stehen Sie von Ihrem Schreibtisch auf, und strecken Sie Ihre Beine mindestens einmal pro Stunde.

- **Dehnen Sie Ihren Körper.** Stehen Sie auf, strecken Sie Ihre Hände über den Kopf, und versuchen Sie, die Decke zu berühren. Als Variation versuchen Sie, die Decke abwechselnd mit der rechten und der linken Hand zu berühren. Halten Sie die Dehnung fünf bis zehn Sekunden; mehrmals wiederholen.
- **Dehnen Sie Ihren Rücken.** Strecken Sie Ihre Arme seitwärts aus, Handinnenflächen nach vorne, holen Sie tief Luft und drücken Ihre Hände sanft nach hinten. Halten Sie die Dehnung drei bis fünf Sekunden und atmen aus. Diese Übung drei- bis fünfmal wiederholen. Diese Übung wird Ihnen helfen, geradezustehen und Ihre runden Schultern loszuwerden.
- **Kreisen Sie mit Ihren Schultern.** Um Ihre Schultern zu lockern, stellen Sie sich hin und machen mit den Armen die gleichen Bewegungen wie beim Rückenschwimmen. Kreisen Sie erst mit einem Arm rückwärts, dann mit dem anderen; drei- bis fünfmal wiederholen.
- **Zucken Sie mit Ihren Schultern.** Heben Sie langsam Ihre Schultern zu Ihren Ohren, und drehen Sie sie dann nach hinten und senken sie wieder, so daß Sie einen Kreis beschreiben; drei- bis fünfmal wiederholen.
- **Drücken Sie Ihre Schulterblätter nach hinten.** Stellen Sie sich gerade hin, verschränken Sie Ihre Hände hinter dem Kopf, und drücken Sie Ihre Schulterblätter nach hinten. Holen Sie tief Luft, und entspannen Sie beim Ausatmen Ihre Muskeln.
- **Dehnen Sie Ihren Nacken.** Strecken und krümmen Sie erst Ihren Rücken, setzen Sie sich dann gerade hin und heben den Kopf. Entspannen Sie Ihren Nacken, indem Sie Ihren Kopf heben und sanft versuchen, mit Ihrem rechten Ohr Ihre rechte Schulter zu berühren, und dehnen Sie so die Muskeln auf der linken Seite Ihres Halses. Rollen Sie Ihren Kopf zur Mitte, verweilen dort einen Moment und heben Ihren Kopf wieder. Versuchen Sie nun, mit Ihrem linken Ohr Ihre linke Schulter zu berühren, rollen den Kopf wieder zur Mitte und heben ihn dann wieder hoch; zwei- bis dreimal wiederholen.

Automatisieren Sie Ihre Tastenkombinationen mit Makros

Weil sich viele Tastenkombinationen ständig wiederholen, können Sie mit dem Computer solche Kombinationen automatisieren. Tastatur-Makros – sie sind so etwas wie die Wahlwiederholung beim Telefon – machen Sie produktiver, denn der Computer kann eine ganze Reihe von eingegebenen Kombinationen viel schneller wiedergeben, als Sie sie tippen können. Gleichzeitig reduzieren Sie die Belastung Ihrer Hände und Finger und somit auch die Verletzungsgefahr der Hände, Finger oder Arme. Schauen Sie im Handbuch Ihrer Software nach, wenn Sie mehr über die Makros erfahren wollen.

Schmerzen Ihre Hände? Dann probieren Sie doch mal eine andere Tastatur aus

Ich arbeite viel mit der Tastatur meines Computers, und nach einer Weile tun mir immer meine Hände, Finger und Unterarme weh. Irgendwie denke ich, daß der menschliche Körper nicht dafür angelegt ist, stundenlang zu tippen. Nachdem ich ein paarmal bei meinem Masseur war, entschloß ich mich, eine dieser phantastischen ergonomischen Tastaturen auszuprobieren. Nachdem ich es ein paar Tage benutzt hatte, taten mir meine Hände nicht mehr weh. Jetzt habe ich schon zwei Bücher damit geschrieben, und ich liebe es einfach.

Eine Variante einer ergonomischen Tastatur ist das Microsoft Natural Keyboard, von dem Sie hier ein Foto sehen:

Abbildung 17.1: Das Microsoft Natural Keyboard

Die Designer einer solchen Tastatur haben viel über die Position der menschlichen Hand und des menschlichen Körpers zur Tastatur nachgedacht, und sie haben bei ihrer Tastatur einige nette Veränderungen vorgenommen. (Die Tastatur erinnert mehr an die Schalttafeln von Raumschiff Enterprise als an eine Tastatur.) Hier einige der Veränderungen:

- ✔ Die zweigeteilte Tastatur ist in zwei konkaven Vertiefungen angebracht, die ca. 15 cm voneinander entfernt sind. Somit liegen die Hände nicht nebeneinander und die Ellbogen und Arme sind schulterbreit auseinander.
- ✔ Die Tasten sind in einem leichten Bogen angeordnet anstatt in Reihen, womit der Tatsache Folge geleistet wird, daß die Finger unterschiedlich lang sind. So wurde die Form der Tastatur an die der Hände angepaßt.
- ✔ Einige Tasten, die wir mit dem kleinen Finger drücken, (die Tasten Löschen, Entf, Strg, Alt, Pos 1, End, Bild auf, Bild ab, Return/Enter und Leerzeichen) wurden in zwei Gruppen von Tasten, die mit den Daumen gedrückt werden, angeordnet.
- ✔ Sie haben ein Fußpedal installiert, das Sie anstelle der Umschalt-Taste benutzen können. Zusätzlich haben sie in die Tastatur einen kleinen Speicher integriert, um die Tastatur-Makros abspeichern zu können, damit Sie Zeit und Aufwand sparen, wenn Sie die gleichen Wörter oder Befehle immer und immer wieder eingeben müssen.

Sind Sie Ihre Maus leid? Dann nehmen Sie einen Trackball!

Wenn Sie gerne eine Alternative zur Maus hätten, sollten Sie einen Trackball ausprobieren. Abwechslung ist immer gut, und auch dies ist eine Möglichkeit, Ihre Hände zu schonen.

Tut Ihnen der Rücken weh? Dann besorgen Sie sich einen neuen Stuhl

Wenn Sie viele Stunden lang am Schreibtisch sitzen, sollten Sie auf einem Stuhl sitzen, der Ihren Rücken, Hals, Ihre Schultern und Arme richtig stützt. Hier sind einige Funktionen, die Ihr Stuhl haben sollte:

- ✔ Die Sitzhöhe sollte verstellbar sein.
- ✔ Die Rückenlehne sollte verstellbar sein, damit Sie sie Ihrem Kreuz anpassen können.
- ✔ Das Sitzkissen sollte leicht nach vorne geneigt sein, damit Ihre Beine nicht darin versinken.
- ✔ Die Höhe der Armlehnen sollte verstellbar sein, damit Sie dort Ihre Arme beim Tippen abstützen können.
- ✔ Der Stuhl sollte sich nach links und rechts drehen lassen, sich nach vorne und hinten neigen können und auf Rollen stehen.

Zehn Computerprogramme, die Ihnen helfen, Zeit zu sparen

18

In diesem Kapitel

- Massig Software und anderer Kram, den Sie für Ihren Computer kaufen können

Weil das ein Buch über Zeitmanagement ist und ich ein Zeitmanagement Experte bin, denke ich, daß es angemessen ist, wenn ich Ihnen etwas über die Computerprogramme erzähle, die ich benutze, um Zeit zu sparen, und die mir helfen, produktiver zu sein. (Ich weiß, daß ich nicht in der ersten Person schreiben sollte, aber dies sind die Programme, die mir helfen, und ich bin sicher, daß sie Ihnen auch helfen werden.)[1]

WordPerfect

Ich benutze WordPerfect Produkte seit Jahren und finde sie großartig. Meine ersten drei Bücher habe ich mit WordPerfect 5.1 für DOS geschrieben und dieses hier mit WordPerfect 6.1 für Windows. Die produktivitätssteigernden Funktionen von WordPerfect 6.1 erlauben mir, meine Zeit und Energie mit Schreiben zu verbringen. Ich brauche mich nicht um das Layout oder Format eines Textes zu kümmern, denn das macht WordPerfect für mich. WordPerfect 6.1 für Windows hat meine Effizienz gegenüber WordPerfect 5.1 für DOS um mindestens 50% gesteigert. WordPerfect 6.1 für Windows wird von der Firma Corel Corporation hergestellt.

ACT!

ACT! bestimmt mein Leben. Es ist das erste Computerprogramm, das ich am Morgen starte, und das letzte, das ich abends schließe. Mit ACT! habe ich alle meine Wiedervorlagen automatisiert – meine Anrufe, Besprechungen, Aufgaben –, und es hat meine tägliche Produktivität um das drei- bis vierfache gesteigert.

---

[1] A.d.Ü.: Einen Teil der Utilites brauchen Sie nicht mehr, wenn Sie Windows 95 einsetzen. Ihr Einsatz macht nur bei Windows 3.1/3.11 Sinn. Weitere Hinweise finden Sie bei der Vorstellung der einzelnen Utilites.

Quicken

Mit Quicken habe ich meine Finanzbuchhaltung automatisiert. Mit Quicken kann ich meinen Kontostand kontrollieren, es stellt meine Schecks aus, katalogisiert meine finanziellen Transaktionen (meine Steuerberatungskosten sind um 50% gesunken), und es hilft mir, meine Ersparnisse und Geldanlagen unter Kontrolle zu haben. Für viele Leute ist Quicken der Grund gewesen, warum sie sich einen Computer gekauft haben, und das kann ich gut nachvollziehen. Hersteller: Intuit.

WordPerfect Presentations

WordPerfect Presentations ist ein einfach anzuwendendes Graphik- und Zeichenprogramm. Ich erstelle damit Listen, Graphiken, Zeichnungen und Illustrationen, die ich für meine Diavorträge, Overheadfolien und Handouts benutze. Ich habe mit WordPerfect Presentations sogar die Bildschirm Shots der Computerprogramme, die in diesem Buch sind, erstellt. Hersteller: Corel Corporation.

UnInstaller

Alte oder unbenutzte Programme von Windows zu löschen, kann sehr trickreich sein, weil diese Programme überall Bezüge auf sich selbst bilden. Sie erstellen z.B. .INI-Dateien für sich selbst (fragen Sie mich nicht, was eine .INI Datei ist, ich weiß es auch nicht) und fügen den sogenannten SYSTEM.INI- oder WIN.INI-Dateien (Dateien, die man benötigt, um Windows laufen zu lassen, aber keiner hat mir richtig erklären können, was das für Dateien sind, warum es sie gibt und was sie tun) einige Zeilen über das Programm hinzu.

Der UnInstaller von Microhelp löscht Dateien, sucht die Festplatte Ihres Computers nach diesen .INI-Dingern durch und bietet Ihnen dann die Möglichkeit, eine nach der anderen zu löschen. UnInstaller ist eine großartige Sammlung von Hilfsprogramme. Hersteller: Mirco-Help, Inc.

Norton Backup und das Colorado Jumbo Bandlaufwerk

Vor fünf Jahren war es einfach, Backup-Kopien Ihrer Festplatte auf Disketten zu speichern. Aber wie wollen Sie eine Backup Kopie von einer 250 MB, 500 MB oder 1000 MB (1Gigabyte!) Festplatte machen? Das können Sie mit nur einem Bandlaufwerk und einer Backup-Software bewerkstelligen.

Ich finde, daß die Norton Backup-Software in Verbindung mit dem Colorado Backup Bandlaufwerk eine gelungene Kombination ist. Ich habe damit den gesamten Ablauf automatisiert und mein Leben wesentlich einfacher gemacht. Jeden Abend um 18.00 Uhr startet das Programm automatisch und sichert alle Dateien, die von mir seit dem letzten Backup bearbeitet wurden. Ungefähr einmal in der Woche mache ich ein komplettes Backup meiner ganzen Festplatte.

Wenn Sie nicht regelmäßig Backup Kopien erstellen, gehen Sie ein unnötiges Risiko ein, denn früher oder später läuft etwas schief, und Sie verlieren einige, wenn nicht alle Daten. Das ist mir mehr als einmal passiert, und Norton Backup ist für mich sowohl ein Lebensretter als auch eine riesige Zeitersparnis. Hersteller: Symantec Deutschland GmbH.

Norton Utilities

Da ich gerade von Lebensrettern spreche: Meiner Meinung nach sollte jeder die Norton Utilities haben. Norton Utilities ist eine Zusammenstellung von Hilfsprogrammen, die die Festplatte Ihres Computers tipptopp in Ordnung halten. Wenn Sie ein Problem haben, hat Norton Utilities das entsprechende Hilfsprogramm, und wenn Sie aufgrund dieses Problems Informationen verloren haben, dann gibt es ein Restore-Hilfsprogramm, das beschädigte Lotus 1-2-3-, Symphony-, Excel-, Quattro Pro-, dBASE- und WordPerfect-Dateien wiederherstellt. Hersteller: Symantec Deutschland GmbH.

Seiko Smart Label Printer Pro

Wie drucken Sie einen einzelnen Aufkleber? Gute Frage, was? Irgendwie glaube ich, daß Laserdrucker nicht dafür gedacht sind, einzelne Aufkleber auszudrucken. Und einen Aufkleber auf so einem altmodischen Ding – einer elektronischen Schreibmaschine – zu tippen, war schon immer eine zeitraubende Aufgabe.

Mit dem Seiko Smart Label Printer Pro Aufkleber zu drucken, ist einfach. Der SLP Printer Pro paßt an die serielle Schnittstelle Ihres Computers und druckt Aufkleber für Aufkleber von einer Rolle und nicht auf ein Blatt. Seiko hat eine Software entwickelt, die die Adresse in Ihrem Brief sucht und dann automatisch die Klebeadresse für Sie mit Strichcodes druckt. Was kann noch einfacher sein? Ich benutze den SLP Printer Pro täglich und finde, daß er ein großartiges, produktivitätsverbesserndes Hilfsmittel ist. Es ist an der Zeit, daß Sie Ihre alte Schreibmaschine wegwerfen. Hersteller: Seiko Instruments.

Bootcon

Bitte entschuldigen Sie, wenn das jetzt etwas technisch wird, aber es ist wichtig. Sie sind sich dessen vielleicht nicht bewußt, aber wenn Sie Ihren Computer einschalten, dann laden Sie viele verschiedene Gerätetreiber – kleine Programme, die Peripheriegeräte wie Ihre Soundkarte, das CD-ROM Laufwerk, den Flachbettscanner, den Handscanner und viele andere Dinge in den Arbeitsspeicher Ihres Computers. Das geht dann in Ordnung, wenn Sie Ihre Soundkarte, Ihr CD-ROM Laufwerk und alles andere ständig benutzen. Aber wenn Sie sie nicht ständig benutzen, verlieren Sie wertvolle Systemressourcen, die Ihr ganzes System verlangsamen können. Genau hier wird Bootcon eingesetzt.

Bootcon ist ein Hilfsprogramm, mit dem Sie verschiedene Systemkonfigurationen auswählen können, damit Sie sich entscheiden können, welche Peripheriegeräte und andere Dinge Sie laden wollen, wenn Sie Ihren Computer einschalten. Hersteller: Modular Software Systems.

SuperPrint

Ich weiß nicht, wie Sie darüber denken, aber ich finde, daß es eine riesige Zeitverschwendung ist, vor dem Computer zu sitzen und ihn nicht benutzen zu können. Das passiert mir jedesmal, wenn ich mit dem Windows Druckmanager ein Dokument drucken möchte. Nachdem der Druckmanager die Daten an den Drucker übertragen hat, hat er die Kontrolle über den Rechner und gibt sie nicht mehr zurück. In der Zwischenzeit sitze ich dann nur herum, drehe Däumchen und bin frustriert. Mit dem SuperPrint von Zenographic brauche ich nicht mehr untätig herumzusitzen. Ich kann weiterarbeiten, während der SuperPrint druckt.

Nachdem ich den Befehl DRUCKEN gewählt habe, sammelt SuperPrint in kürzester Zeit alle Informationen, die mein Drucker braucht. Dann erhalte ich die Kontrolle über den Rechner zurück und kann weiterarbeiten, während er die Druckinformationen an den Drucker schickt – tatsächlich im Hintergrund. Hersteller: Zenographics.

Winfax Pro

Eine der zeitsparendsten und produktivitätssteigerndsten Erfindungen der letzten zehn Jahre ist das Fax. Obwohl Faxgeräte es ermöglicht haben, innerhalb kürzester Zeit Informationen zu verschicken und zu empfangen, gehen die meisten von uns immer noch recht schwerfällig vor: Wir drucken den Brief oder das Dokument aus, das wir gerade mit dem Computer erstellt haben. Dann gehen wir zum Fax, legen das Dokument ein und senden das Fax. Dies setzt voraus, daß das Gerät nicht schon besetzt ist. Ist es besetzt, warten wir.

Und was passiert, wenn Ihnen jemand ein Fax schickt? Nur wenn Sie direkt neben dem Gerät sitzen, bekommen Sie sofort mit, wenn Sie ein Fax erhalten. Ansonsten kann es stundenlang da liegen, bevor Sie es sehen.

Mit Winfax Pro können Sie Ihre Faxe direkt von Ihrem Computer aus verschicken und erhalten, ohne überhaupt ein Blatt Papier in die Hand zu nehmen. Sie brauchen nicht mehr zwischen Schreibtisch und Faxgerät hin- und herzupendeln, in der Schlange zu warten, bis das Gerät frei ist und auch nicht mehr mit schmierigem, welligem Papier zu hantieren. Und das Beste ist, wenn Sie ein Fax erhalten, werden Sie sofort benachrichtigt und können es auf dem Bildschirm lesen oder es ausdrucken. Wenn Sie viele Faxe schicken, können Sie mit Winfax Pro viel Zeit sparen. Hersteller: Symantec Deutschland GmbH.

HyperACCESS

Wenn Sie unter Windows 3.1x eine Kommunikationssoftware brauchen, kann ich Ihnen HyperACCESS von Hilgraeve empfehlen, denn sie ist leicht zu bedienen. Der Austausch von Informationen zwischen zwei Computern wird zu einem Kinderspiel, und HyperACCESS kann Hunderte von Modems unterstützen. Sein Virusprogramm verhindert, daß Sie Viren einfangen, wenn Sie sich Dateien kopieren. Eine vereinfachte Version des Programms befindet sich unter dem Namen HyperTerminal im Lieferumfang von Windows 95. Hersteller: Hilgraeve, Inc.

Schützen Sie Ihren Computer vor Viren

Machen Sie eines der folgenden Dinge?:

- ✔ Haben Sie jemals ein Programm von privaten Mailbox-System oder aus dem Internet heruntergeladen?
- ✔ Haben Sie jemals Dateien von anderen Systemen kopiert und dabei Disketten verwendet?
- ✔ Sind Sie an ein lokales Netz (LAN) angeschlossen?

Wenn Sie eine dieser Fragen mit »ja« beantwortet haben, kann sich Ihr Computer leicht mit Viren infizieren.

Was ist ein Computervirus? Das ist ein ansteckendes Computerprogramm, das Ihren Computer sonderbare Dinge machen läßt. Einige Viren sind einfach nur ärgerlich und lassen schlaue oder weniger schlaue Nachrichten auf dem Bildschirm erscheinen. Andere können sehr destruktiv sein. Sie liegen auf der Lauer und warten auf ein bestimmtes Datum, an dem sie sich dann austoben und Dateien zerstören. Manchmal löschen sie den kompletten Inhalt der Festplatte.

Um Ihr System virenfrei zu halten, gibt es ein paar Vorkehrungen, die Sie treffen sollten:

- ✔ Machen Sie regelmäßig Backups von Ihren Dateien. (Wenn Ihr Computer mit einem Virus infiziert ist, denken Sie daran, die gesicherten Dateien zu desinfizieren.)
- ✔ Laden Sie nie eine Diskette, die Sie vorher nicht gescannt und desinfiziert haben. (Wenn Sie Ihren Computer mit einem Anti-Virus-Programm scannen, dann werden der Arbeitsspeicher Ihres Computers und die Programmdateien nach Viren abgesucht. Wird ein Virus gefunden, entfernt das Anti-Virus-Programm den Virus.)
- ✔ Desinfizieren Sie immer jede Datei, die Sie von einem BBS herunterladen, jede Kopie von einer Diskette oder einem Netzwerk-Laufwerk, bevor Sie sie auf Ihrem Computer laufen lassen.
- ✔ Installieren Sie ein Anti-Virus-Programm, z.B. Norton Antivirus, und benutzen Sie immer den im Speicher befindlichen virusresistenten Teil des Programms.

Norton Antivirus scannt Ihre Dateien und Verzeichnisse jedesmal, wenn Sie Ihren Computer starten. Es kann auch jede Diskette nach Viren durchsuchen, bevor Sie die Dateien auf Ihrer Festplatte speichern. Wenn ein Virus gefunden wird, dann repariert Norton Anti-Virus die Dateien schnell. Hersteller: Symantec Deutschland GmbH.

Zehn Tips für Ihre Geschäftsreisen

19

In diesem Kapitel

- Einige Dinge, die Geschäftsreisen einfacher machen

Heutzutage ist Reisen ein wahrer Fluch. Es ist mir egal, was die Fluggesellschaften sagen, aber alles, was wir machen, ist herumsitzen und warten, warten, warten. Wir warten darauf, an Bord zu gehen. Wir warten darauf, daß die Maschine auf die Startbahn rollt. Wir warten, daß die Maschine abhebt. Wir warten darauf, daß die Maschine landet. Und wenn wir mehr als nur Handgepäck mitführen, warten wir auch noch auf unser Gepäck. Die folgenden Reisetips sollen Ihnen helfen, den Streß und den Aufwand einer Flugreise zu reduzieren:

- ✔ Wenn Sie reisen, planen Sie Verspätungen im Flugplan ein. Flugzeuge haben immer Verspätung aufgrund mechanischer Probleme, des Wetters und vieler anderer Dinge, die uns die Fluggesellschaften nie verraten werden. Also bereiten Sie sich auf diese Verspätungen vor, und nehmen Sie sich zusätzliche Arbeit mit, die Sie im Flugzeug erledigen können. Machen Sie sich außerdem eine Liste der Personen, die Sie anrufen müssen, wenn Sie am Flughafen festsitzen. Und falls Sie eine Pause brauchen, bringen Sie sich ein paar Zeitschriften, ein gutes Buch und Ihren Walkman mit Ihrer Lieblingskassette mit.
- ✔ Der Verkehr auf dem Weg zum Flughafen spielt auch immer eine Rolle, vor allem, wenn Sie spät losfahren, also planen Sie auch hierfür mehr Zeit ein. Wenn Sie selbst fahren – also kein öffentliches Verkehrsmittel oder Taxi nehmen – und sich nicht auskennen, planen Sie noch mehr Zeit ein, denn Sie könnten sich verfahren.
- ✔ Wenn Sie Ihr Auto am Flughafen in einem Parkhaus abstellen wollen, planen Sie genügend Zeit für die Parkplatzsuche ein (die meisten Flughäfen haben nicht genügend Parkplätze). Öffentliche Verkehrsmittel oder ein Taxi können eine gute Alternative sein. Wenn Sie regelmäßig ein Auto bei der gleichen Autovermietung mieten, können Sie Ihr Auto vielleicht auch auf dem Parkplatz der Autovermietung stehen lassen und deren Shuttlebus zum Flughafen benutzen.
- ✔ Wenn Sie im Flughafengebäude sind, planen Sie Verzögerungen bei den Sicherheitskontrollen und Eincheckschaltern ein. Ungeübte Passagiere halten immer den Verkehr auf.
- ✔ Kommen Sie immer mindestens 20 Minuten vor dem planmäßigen Abflug an Ihrem Flugsteig an. Wenn Sie das nicht tun, kann die Fluggesellschaft Sie von der Passagierliste streichen und Ihren Platz weitervergeben, ohne daß Sie dafür entschädigt werden.

(Das ist eine geläufige Praxis der Fluggesellschaften, Ihre verfügbaren Plätze überzubelegen.)

- ✔ Wenn Sie sich einen Platz aussuchen, nehmen Sie keinen in der ersten Reihe (Schottplatz). Dort werden normalerweise Eltern, die mit ihren Kindern reisen, hingesetzt. Besser ist ein Platz am Ausgang, der auch mehr Beinfreiheit bietet.
- ✔ Seien Sie immer einer der ersten an Bord, damit Sie Ihr Handgepäck garantiert noch in einem der Gepäckfächer unterbringen können. Dann können Sie sich auf Ihren Platz setzen und anfangen zu arbeiten, während die, die später kommen, versuchen, einen Platz für ihre Taschen zu finden.
- ✔ Wenn Sie hungrig sind, bringen Sie sich etwas zu essen und zu trinken mit. Die meisten Fluggesellschaften reduzieren ihre Mahlzeiten (die ohnehin nicht besonders gut sind) und bieten nur noch Erdnüsse und Erfrischungsgetränke an. (Wenn Sie Spaß mit den Flugbegleitern bekommen wollen, dann kaufen Sie sich auf dem Weg zum Flughafen ein dickes Sandwich, das macht sie einfach verrückt.)
- ✔ Wenn Sie sich die exakte Ankunfts- oder Abflugzeit bestätigen lassen wollen, rufen Sie die automatischen Servicenummern Ihrer Fluglinie für die voraussichtlichen Ankunfts- oder Abflugzeiten an, und warten Sie nicht, bis Sie mit einem Angestellten verbunden werden.
- ✔ Wenn Sie einen Mietwagen brauchen, reservieren Sie ihn vorher immer telefonisch. Wenn Sie mit Verspätung landen, rufen Sie die Autovermietung notfalls vom Flugzeug aus an (falls Ihre Fluggesellschaft einen Telefon-Service anbietet), und sagen Sie, daß Sie auf jeden Fall noch kommen.

Zehn Tips, wenn Sie mit Ihrem Computer reisen

20

In diesem Kapitel

- Wie Sie aus Ihrem Computer ein wertvolles Hilfsmittel machen und nicht einfach nur zusätzliches Gepäck

Ich weiß, daß Computer großartig sind und Sie mit diesen anderthalb bis zwei Kilo schweren Notebooks tolle Sachen machen können. Aber sie sind wertlos, wenn ihnen der Saft ausgeht oder Sie sie nicht mit dem Hoteltelefon verbinden können. Wenn Sie also mit Ihrem Computer reisen, denken Sie – bevor Sie zum Flughafen fahren – über Ihre Kommunikationsbedürfnisse nach. Je nachdem, was Sie mit Ihrem Laptop anstellen wollen, müssen Sie auf unterschiedliche Dinge achten. Benutzen Sie Ihren Computer als bessere Schreibmaschine oder als Terminkalender? Hier einige Tips:

- ✔ Vergewissern Sie sich, daß Ihr Laptop aufgeladen ist, wenn Sie am Flughafen ankommen. Das Sicherheitspersonal könnte Sie bitten, es einzuschalten, um zu überprüfen, ob es wirklich ein Computer ist.
- ✔ Nehmen Sie immer einen geladenen Ersatzakku mit, damit Sie weiterarbeiten können, wenn der erste leer ist.
- ✔ Wenn Sie einen brandneuen, super-duper Computer mitnehmen, protzen Sie nicht damit. Transportieren Sie ihn in einem schlichten, aber robusten Aktenkoffer oder einer Reisetasche. So führen Sie Diebe nicht in Versuchung.
- ✔ Wenn Sie ins Ausland reisen, überprüfen Sie, ob der Stecker Ihres Computers für 110/120 und 220/240 Volt tauglich ist und für Leitungsfrequenzen von 50/60 Hz, denn in den verschiedenen Ländern werden unterschiedliche Spannungen benutzt. Vergessen Sie auch nicht die für das Land, das Sie bereisen, passenden Steckdosenadapter mitzunehmen. Die meisten Computerläden bieten die verschiedenen Adapter an.

Wollen Sie aus der Ferne über Ihren Computer Kontakt zur Heimat aufnehmen, benötigen Sie einen Modemanschluß. Beachten Sie daher folgendes:

- ✔ Wenn Sie Ihr Hotel reservieren, fragen Sie nach einem Zimmer, das mit einem Modemanschluß ausgestattet ist. (Die meisten der großen Hotelketten haben Zimmer mit Modemanschlüssen).

- Reisen Sie immer mit einem Schraubenzieher und einem Taschenmesser, damit Sie nötigenfalls die Steckdosenblenden und Kabelisolierungen von Telefonkabeln entfernen können. Wenn Sie auf alles vorbereitet sein wollen, nehmen Sie einen Akustikkoppler mit, um ihn an Ihr Telefon anzuschließen, Krokodilklemmen, um Ihr Modem an die Telefonkabel anzuschließen und ein Kabeltestgerät, um funktionierende Telefonkabel zu finden.
- Stecken Sie verschiedene Verlängerungskabel (Stromkabel, Telefonkabel sowie zusätzliche Telefonstecker) ein, damit Sie Ihren Computer bequem in Ihrem Hotelzimmer benutzen können. (Vergessen Sie die Kabel aber bei der Abreise nicht.)

Wenn Sie viel unterwegs sind, sollten Sie sich evtl. überlegen, ob sich für Sie die Mitgliedschaft bei einem Online-Dienst lohnt. Dienste wie AOL oder CompuServe sind international, und Sie können so überall Ihre E-Mail lesen.

21

Zehn Tips für ein erstklassiges Ablagesystem

In diesem Kapitel

- Infos, die Ihnen helfen, Ihre Unterlagen zu ordnen

Weil es meine Spezialität ist, Leuten dabei zu helfen, ihre Unterlagen zu ordnen und ein Ablagesystem anzulegen, würde etwas fehlen, wenn ich kein Kapitel darüber schreibe, wie Sie ein einfach anzuwendendes Ablagesystem anlegen.

Benutzen Sie Aktendeckel

Anstatt Briefe, Memos, Berichte und andere Unterlagen auf Ihrem Schreibtisch liegen zu lassen, legen Sie sie in Aktendeckel. Denken Sie daran, daß ein Aktendeckel mit der Zeit abnutzt, Eselsohren bekommt und dreckig wird. Ersetzten Sie ihn dann durch einen neuen. Verlieren Sie keine kostbare Zeit, indem Sie versuchen, alte, abgenutzte Aktendeckel, die nur ein paar Groschen kosten, wiederzuverwenden.

Ordnen Sie Ihre Akten

Damit Sie die Beschriftung Ihrer Akten leicht lesen können, ordnen Sie sie so, – links, Mitte, rechts – daß Sie drei Schilder gleichzeitig sehen können.

Wenn Sie viele alphabetische Akten haben, beschriften Sie die Etiketten so, daß sie Ihnen etwas sagen. Ich benutze am liebsten die Aktendeckel, die nur zu 1/3 eine Oberseite haben und bei denen man die Reiter in verschiedenen Positionen, z.B. links, mitte, rechts, anbringen kann. Wenn Sie so Ihr Ablagesystem anlegen, können Sie die Akten viel einfacher aus Ihrer Schublade nehmen und wieder wegräumen. Ordnen Sie die alphabetische Reihenfolge der Reiter so an:

links	Mitte	rechts
A	B	C
D	E	F
G	H,I	J
K	L	M
N	O	P, Q
R	S	T
U, V	W	X, Y, Z

Beschriften Sie Ihre Akten

Kleben Sie immer ein Etikett auf Ihre Akten, damit Sie wissen, was drin ist.

Schreiben Sie Ihre Etiketten mit der Hand

Bewahren Sie immer ein paar neue Aktendeckel in Ihrer Schublade auf. Wenn Sie einen brauchen, nehmen Sie ihn einfach heraus und schreiben das Etikett mit einem feinen Stift (Bleistifte schmieren und werden schnell unleserlich). Vergeuden Sie keine Zeit, in dem Sie versuchen, ein Klebeetikett mit der Schreibmaschine zu tippen.

Die Etiketten Ihrer Akten sollten sich wie ein Telefonbuch lesen lassen

Wenn Sie Etiketten für Personennamen schreiben, sollten die Namen wie in einem Telefonbuch angegeben sein: Nachname, Vorname, Namenszusatz.

Verabschieden Sie sich von Ihren Hängemappen

Viele Leute benutzen Hängemappen, damit Ihre Aktendeckel nicht umfallen. In der Theorie ist das System in Ordnung, aber in der Praxis funktioniert es einfach nicht, weil alleine die Hängemappen bis zu einem Drittel einer leeren Schublade einnehmen. Wenn Sie feststellen, daß Ihre Aktenschubladen voll sind, schmeißen Sie Ihre Hängemappen weg und ersetzen Sie sie durch Hängetaschen.

Benutzen Sie Hängetaschen

Als Alternative zu Hängemappen können Sie Hängetaschen verwenden. Ich bevorzuge die sechs Zentimeter breiten Hängetaschen. Stecken Sie Ihre Aktendeckel in die Hängetaschen, und stellen Sie die Taschen in Ihre Schubladen. Sie stehen von alleine.

Ordnen Sie Ihre Akten

Akten, die Sie ständig brauchen, sollten sich vorne in der Schublade befinden, damit Sie sie schnell greifen können. Akten, die Sie seltener brauchen, können Sie dahinter stellen. Andere Akten, die Sie aufbewahren müssen, aber nicht so oft brauchen, sollten in den Schubladen anderer Aktenschränke im Büro oder für die endgültige Lagerung außerhalb des Büros untergebracht werden.

Arbeiten Sie mit Ihren Akten

Nachdem Sie ein Ablagesystem angelegt haben, sollten Sie es sich zur Gewohnheit machen, mit den Akten zu arbeiten, damit Sie immer alle Fakten eines Vorgangs zur Hand haben und sich nicht auf Ihr Gedächtnis verlassen müssen.

The 5th Wave By Rich Tennant

"Frau Leisten, ich speichere die Gemeindedaten unter 'Seelen', meine Predigten unter 'Gnade' und die Spenden unter 'Amen' ab."

Zehn Tips zur Organisation Ihrer Festplatte

22

In diesem Kapitel

- So bleibt Ihre Festplatte organisiert

Im vorigen Kapitel habe ich Ihnen Tips gegeben, wie Sie Ihre Unterlagen ordnen. Jetzt möchte ich Ihnen ein paar Tips geben, wie Sie Ihre Festplatte aufräumen können. Eines der größten Probleme, das jeder hat, der mit DOS und Windows arbeitet, kommt durch die Unfähigkeit des Systems, Dateinamen zu akzeptieren, die aussagekräftig sind. Bei DOS müssen Sie sich auf Dateinamen mit acht Zeichen und einer dreistelligen Erweiterung beschränken. Sollten Sie jedoch Windows 95 oder Windows NT verwenden, und eines der Programme einsetzen, die für diese Betriebssysteme angepaßt sind, können die Dateinamen bis zu 255 Zeichen lang sein.

Hinweis für Mac User: Ihr Mac-Leute habt es leicht. Sie brauchen sich keine Gedanken über die Erweiterung des Dateinamens oder einen nur acht Zeichen umfassenden Dateinamen zu machen. Außerdem ist das Anlegen eines neuen Ordners (oder eines Verzeichnisses, wie es in der altmodischen DOS-Sprache heißt) genauso einfach, wie den Befehl NEUER ORDNER im Dateimenü des Finders zu finden. In diesem Kapitel verwende ich die DOS-/Windows-Terminologie, aber auch Sie können hier noch ein paar hilfreiche Tips finden (und sehen, wie der Rest der Welt mit einem Betriebssystem zu kämpfen hat, daß irgendwie nicht so elegant ist wie das von Mac). Denken Sie einfach daran, daß ein Verzeichnis das gleiche wie ein Ordner ist, dann macht das Kapitel auch für Sie Sinn.

Eine Festplatte ist ein elektronischer Aktenschrank

Meiner Meinung nach ist die Festplatte nichts anderes als ein elektronischer Aktenschrank, und ich wurde Ihnen gerne erst einmal erzählen, was Sie besser nicht tun, denn wenn Sie Ihre Computerdateien nicht ordnen, müssen Sie vielleicht unter chaotischen Umständen arbeiten.

Speichern Sie nicht alle Ihre Dateien im Stammverzeichnis (C:\) ab

In Null Komma nichts haben Sie so viele Dateien, daß Sie nicht mehr wissen, was für Dateien Sie haben oder zu welchem Programm sie gehören.

Speichern Sie Ihre Dokumentdateien nicht zusammen mit Ihren Programmdateien ab

Speichern Sie Ihre Dokumentdateien nicht im gleichen Verzeichnis wie Ihr Betriebssystem oder Ihre Programmdateien ab, wie z.B. WordPerfect, Lotus 1-2-3, Quicken, ACT! usw. Wenn Sie Ihre Dateien so abspeichern, spielen Sie mit dem Feuer. Es passiert schnell, daß Sie aus Versehen ein Programm oder eine Systemdatei löschen, weil Sie dachten, es wäre ein alter Brief oder ein Memo, das Sie nicht mehr brauchen. (Woher sollten Sie wissen, daß eine Datei mit der Extension *.BAT, *.COM, *.EXE oder *.DLL wichtig ist?). Nachdem Sie eine solche Datei gelöscht haben, werden Sie feststellen, daß Ihr Textverarbeitungsprogramm oder sogar Ihr Computer nicht mehr läuft – und Sie haben nicht die geringste Ahnung warum.

Machen Sie Ihr Stammverzeichnis (C:\) nicht zu Ihrem Standardverzeichnis

Das Standardverzeichnis ist das Verzeichnis, in dem jede Datei automatisch gespeichert wird. Ihr Stammverzeichnis sollte für Ihre Programmdateien, Ihre Arbeitsdateiverzeichnisse und ein paar Dateien, die dafür da sind, daß Ihr Computer läuft, wie z.B. die CONFIG.SYS und AUTOEXEC.BAT Dateien reserviert bleiben.

Legen Sie verschiedene Verzeichnisse an

Ich bin kein großer Freund davon, die drei Zeichen der Extensionen zu benutzen, um die verschiedenen Dateitypen zu unterscheiden. Es gibt zum Beispiel viele Leute, die *.DOC für Dokumente, *.ANG für Angebote, *.MEM für Memos usw. benutzen. Aber sie machen das, weil sie alles in ein Verzeichnis gestopft haben.

Ich glaube, es macht mehr Sinn, verschiedene Verzeichnisse und Unterverzeichnisse anzulegen, um gleichartige Informationen abzuspeichern. Wenn Sie Ihre Verzeichnisse nach einem logischen System anlegen, werden Sie Stunden sparen.

Wenn Sie z.B. mit einem Großkunden viel Korrespondenz haben, legen Sie ein eigenes Verzeichnis für diese Person oder Firma an, und mischen Sie diese Dateien nicht mit anderen. Nennen Sie dieses Verzeichnis z.B. GROSSKND. Jetzt haben Sie wahrscheinlich verschiedene Arten von Dateien für diesen Kunden, daher sollten Sie zusätzliche Verzeichnisse, also

Unterverzeichnisse – anlegen, die Sie z.B. BRIEFE, ANGEBOTE oder KALKULAT nennen, oder Sie nehmen irgendein anderes Stichwort, das Sie passend finden.

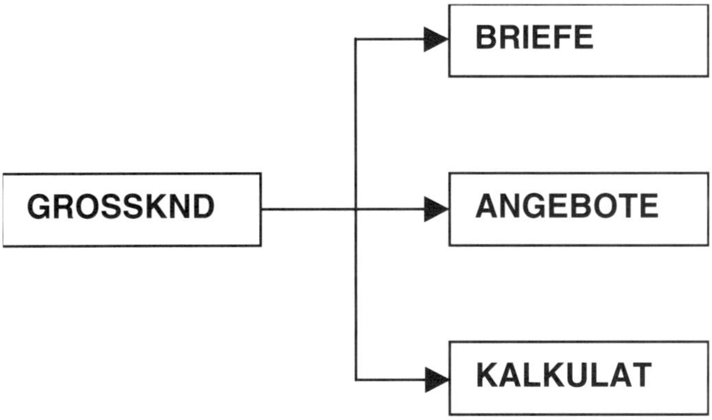

Abbildung 22.1: Beispielverzeichnisse für die Dateien zu GROSSKND

Geben Sie Ihren Dateien einen aussagekräftigen Namen. Nehmen Sie nicht das Erstellungsdatum als Dateinamen. Wie sollen Sie wissen, was in einer Datei mit dem Namen C:\BRIEFE\01-07.doc steht?

Wäre es nicht sinnvoller, ein Dokument, das einen Kaufvertrag beinhaltet, unter dem Namen C:\BRIEFE\VERTRAG abzuspeichern? Oder wenn Sie zwei verschiedene Versionen des Kaufvertrages haben, numerieren Sie doch die Versionen, indem Sie die dreistellige Extension benutzen: VERTRAG.1, VERTRAG.2. Wenn Sie Ihre Verzeichnisse und Dateien so verwalten und benennen, werden Sie Ihre Dateien schnell finden.

Um das Beispiel fortzuführen: Wenn Sie regelmäßig Briefe an verschiedene Personen schikken, warum erstellen Sie dann nicht »Unter-Unterverzeichnisse«, um Ihre Korrespondenz abzuspeichern? Wie in Abbildung 22.2 legen Sie unter dem Unterverzeichnis BRIEFE Unterverzeichnisse für Müller, Mayer und Schmidt an, wenn Sie Ihnen regelmäßig Briefe schreiben. So bringen Sie Ordnung in Ihre Korrespondenz.

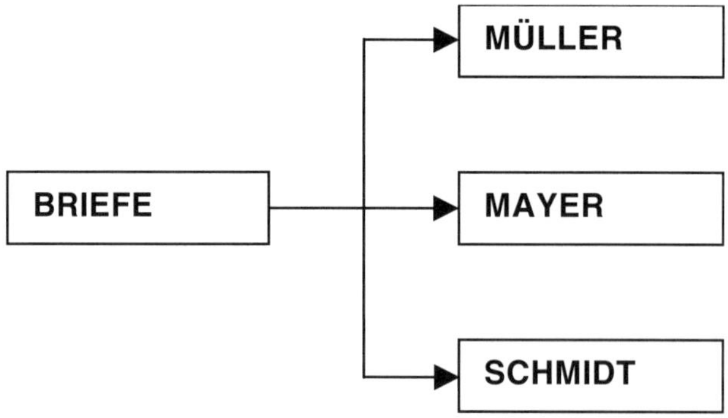

Abbildung 22.2: Unterverzeichnisse des Unterverzeichnisses BRIEFE

Wenn ein Verzeichnis zu groß wird (mehr als 30 bis 40 Dateien), suchen Sie die Dateien heraus, die zusammengehören, gruppieren Sie sie zusammen, und legen Sie sie unter einem neuen Verzeichnis ab. So wird die Verwaltung Ihrer Dateien einfach.

Zehn Tips, wie Sie die Leistung Ihres Computers steigern können

23

In diesem Kapitel

- Material, das das Leben mit Ihrem Computer leichter macht

Jeden Morgen schaue ich in die Zeitung und stelle fest, daß die Preise für Computer immer weiter fallen. Als ich mein erstes Textverarbeitungssystem kaufte, ein wirklich zuverlässiges, bezahlte ich fast 4.000 DM dafür, plus weitere 1.000 DM für einen Papiereinzug (Ja, wirklich!). Das war 1988. (1990 habe ich meinen ersten Computer gekauft.) Heute können Sie einen Pentium Computer mit Monitor und Drucker für 4.000 DM bekommen.

Jetzt werden Sie mal nicht nervös. Ich schreibe dieses Kapitel nicht, weil ich denke, daß Sie jetzt losrennen sollten, um sich einen neuen Computer zu kaufen. (Im nächsten Kapitel werde ich Ihnen sagen, was Sache ist, und womit Ihr nächster Computer ausgestattet sein sollte.) Ich schreibe dieses Kapitel, weil es viele Dinge gibt, die Sie mit Ihrem derzeitigen Rechner machen können, um seine Leistung zu steigern, ohne daß Sie ihn ersetzen müssen. Irgendwann müssen Sie ihn ersetzen, aber vielleicht können Sie den Kauf ein Jahr hinauszögern, und bis dahin werden die Computer noch billiger sein. (Wenn Sie sich wundern, daß ich ein Kapitel über Computer in ein Buch über Zeitmanagement aufnehme, hier die einfache Antwort: Wenn Sie an Ihrem Computer sitzen und nichts passiert, dann vergeuden Sie Zeit. Und da Zeit Geld ist, sollten Sie das Beste aus Ihrem Computer herausholen.)

Einige der Dinge, die ich auf den nächsten Seiten aufführe, sind ein bißchen technisch. Wenn Sie nicht mit den inneren Vorgängen Ihres Computers vertraut sind, versuchen Sie nicht die Vorschläge allein in die Tat umzusetzen. Laden Sie Ihren Computer-Guru zum Abendessen ein, und fragen Sie ihn beiläufig, ob er Ihnen bei einer kleinen Sache helfen kann.

Wenn Sie immer noch mit einem 286er oder 386er arbeiten, ist es an der Zeit, einen neuen zu kaufen!

OK, ich habe gelogen. Sie sollten dennoch nervös werden, denn wenn Sie immer noch mit einem 286er oder einem noch-gar-nicht-so-alten 386er Computer arbeiten, dann hat es keinen Sinn, daß Sie dieses Kapitel weiterlesen. Ihr Computer ist für jeden Rettungsversuch zu alt. Er hat einfach nicht genügend PS, um Sie durch die 90er Jahre zu bringen. Es ist als würden Sie einen Käfer Baujahr 1969 (oder vielleicht 1974) fahren. Er mag Sie zwar noch dahin bringen, wo Sie hinwollen, aber nicht mehr oft. Ich schlage vor, Sie lesen sofort das nächste Kapitel und informieren sich, womit Ihr nächster Computer ausgestattet sein sollte.

Verdoppeln Sie die Kapazität Ihrer Festplatte

Früher reichte eine 40 MByte Festplatte für Ihre Programme aus. Heute nehmen alleine schon sogenannte Office-Pakete – Softwarepakete, die oft ein Textverarbeitungssystem, ein Kalkulationsprogramm, eine Datenbank und Graphikprogramme umfassen – mehr als 40 MByte ein. Und da die Softwareentwickler jedes Upgrade ihrer Programme immer mehr Spielereien einbauen, kann die Speicherkapazität schnell knapp werden.

Wenn Sie mit der Speicherkapazität Ihrer Festplatte nicht mehr auskommen, haben Sie immer noch eine Alternative zum Kauf einer neuen Festplatte. Sie können ein Datenkomprimierungsprogramm installieren, das die Kapazität Ihrer Festplatte verdoppelt.

Ein Datenkomprimierungsprogramm macht etwas wirklich Nettes: Es läßt die Größe Ihrer Dateien schrumpfen. Allgemein läßt sich sagen, daß sich Textdateien auf die Hälfte, Datenbank- und Kalkulationsdateien sogar noch weiter komprimieren lassen. Programmdateien lassen sich nicht sonderlich komprimieren.

Wenn Sie Ihre Festplatte komprimiert haben, nutzen Sie Ihren Computer genau so wie vorher. Wenn Sie eine Datei öffnen, werden die Daten dekomprimiert und erreichen wieder Ihre Originalgröße, damit Sie sie innerhalb Ihres Programms wieder bearbeiten können. Wenn Sie eine Datei speichern, wird sie automatisch wieder komprimiert, um Platz zu sparen. Das geschieht so schnell, daß Sie es gar nicht bemerken. Das einzige, was Sie merken, ist, daß Sie ungefähr doppelt so viele Daten auf Ihrer Festplatte speichern können. Wenn Sie mit der Kombination Windows 3.x/MS-DOS arbeiten, dann können Sie das Tool DoubleSpace einsetzen, das seit der Version 6.0 zum Lieferumfang von DOS gehört.

Im Lieferumfang von Windows 95 befindet sich das Programm DriveSpace, das den gleichen Zweck erfüllt.

Wenn Sie immer noch mehr Speicherplatz brauchen, besorgen Sie sich eine neue Festplatte

Ein Datenkomprimierungsprogramm ist großartig, um mehr aus Ihrer alten Festplatte zu machen und Zeit zu schinden. Aber früher oder später reicht der Speicherplatz nicht mehr aus. Und wenn das passiert, haben Sie zwei Möglichkeiten: Sie können eine zweite Festplatte installieren, wenn Sie die alte nicht ersetzen wollen oder die alte Festplatte durch eine neue mit 500 MByte oder 1000 MByte (1 Gigabyte) Speicherkapazität ersetzen.

Außer daß die neuen Festplatten sehr viel größer sind, gibt es einen zweiten, sehr wichtigen Grund, warum es besser ist, Ihre alte Festplatte durch eine neue zu ersetzen: Von neuen Festplatten werden die Daten wesentlich schneller als von alten gelesen, und dadurch wird Ihr ganzes System schneller.

Fügen Sie eine Cache Controller-Karte hinzu

Sie haben vielleicht noch nie von einer Cache Controller-Karte gehört, die auch als Disk Accelerator bekannt ist, aber auch wenn Sie nicht genau verstehen, was sie tut, sollten Sie wissen, daß sie viel tun kann, damit Ihr Computer schneller wird. Eine Cache Controller-Karte reguliert den Datenfluß von der Festplatte zum Zentralprozessor (CPU) Ihres Computers. Bei einigen Systemen kann sie sogar die Zugriffszeit, um Daten von der Festplatte zur CPU zu übertragen, von 9-12ms (Millisekunden, oder ein Tausendstel Sekunde) auf 0,1 ms reduzieren.

Nachdem ich das Gehäuse meines Computers geöffnet hatte, habe ich die alte Controller-Karte herausgenommen, die neue eingesetzt und das Kabel, das die Karte mit der Festplatte verbindet, wieder eingesteckt. Es wäre eine Untertreibung zu sagen, daß das einfach war. Als ich meinen Computer wieder einschaltete, merkte ich, daß alles schneller lief.

Besorgen Sie sich eine neue Grafikkarte

Wenn Sie meinen, daß alle Ihre Programme etwas zu langsam laufen, ober wenn Sie gerade in die Multimedia- und CD-ROM-Welt eingetreten sind, und alles auf Ihrem Bildschirm in Zeitlupe abläuft, dann liegt das nicht unbedingt an Ihrem Computer. Es kann auch an Ihrer Videokarte liegen. Auch wenn Sie sich gerade erst einen superschnellen Rechner gekauft haben, dann haben die Computerhersteller vielleicht eine veraltete Videokarte installiert, um den Preis niedrig zu halten, eine, die z.B. einen Speicher von nur 1 MByte hat.

Die neue Generation von Videokarten lassen Ihren Computer regelrecht fliegen. Ich habe meine alte Videokarte durch eine Diamond Stealth 64 mit 4 MByte Speicher ersetzt. Als ich meinen Computer anschaltete, konnte ich nicht glauben, wie schnell er lief. Ich bemerkte keinen sehr großen Unterschied, als ich mit WordPerfect arbeitete, weil sich das Bild nicht so oft neu aufbaut. Aber als ich dann meine Graphikprogramme benutzte, bauten sich die Bilder auf dem Bildschirm im Bruchteil einer Sekunde neu auf, und das bei 16 Millionen verschiedenen Farben.

Ich würde mal schätzen, daß meine Graphikprogramme jetzt fünf- bis zehnmal schneller laufen als vorher. Auch viele meiner CD-ROMs laufen schneller. Und wenn Sie gerne Computerspiele spielen, werden Sie einen himmelweiten Unterschied feststellen.

Verbessern Sie Ihr Bild mit einem neuen Bildschirm

Wenn Sie einen alten Monitor benutzen oder Ihr Monitor kleiner als 17 Zoll ist, sollten Sie ihn vielleicht weggeben und einen neuen kaufen. Ein neuer Monitor kann einen himmelweiten Unterschied in Ihrer täglichen Produktivität ausmachen. Wenn Sie sich furchtbar konzentrieren müssen, um die Wörter auf Ihrem Bildschirm zu lesen, weil Sie entweder eine zu geringe Auflösung oder einen zu kleinen Bildschirm haben, verspannen sich die Muskeln in Ihrem Nacken und Ihren Schultern, und Sie werden müde. Mit einem neuen 17 oder 21 Zoll-Monitor wird sich Ihre Produktivität derart steigern, daß sich der Bildschirm in wenigen Wochen bezahlt gemacht hat.

Als ich vor kurzem meinen Computer auf den neuesten Stand gebracht habe, habe ich meinen alten Monitor durch einen 17 Zoll-Farbmonitor ersetzt. Ich wußte gar nicht, was mir bisher alles entgangen war, bis ich ihn in meinen Computer einsteckte und einschaltete. Das erste, was mir auffiel, war die Größe, Klarheit und Helligkeit. Und mit dem flachen, matten Bildschirm brauchte ich keine Sonnenblende mehr im Büro, damit sich das Licht nicht im Bildschirm reflektiert.

Was ich auch erst bemerkt habe, als ich den Bildschirm ausgewechselt hatte, ist, wie sehr ich meine Augen anstrengen mußte, um den Text auf meinem Bildschirm zu lesen, weil der Bildschirm so klein und die Auflösung so gering war. Jetzt weiß ich, wie sich die Leute fühlen müssen, die vom Optiker kommen und eine neue Brille haben. Ich kann wieder klar sehen und brauche nicht mehr so nah am Bildschirm zu sitzen.

Fügen Sie mehr Arbeitsspeicher hinzu

Zu Beginn des Kapitels habe ich Ihnen erzählt, wie wichtig ein Speicherverwaltungsprogramm ist, um Ihren Computer effizienter werden zu lassen. Früher, vor Windows, konnten Sie ohnehin nur ein Programm laufen lassen, daher war es egal, wieviel Speicher Sie hatten. Heute ist das vollkommen anders. Eine der tollen Sachen, die Windows kann, ist, daß Sie ein, zwei, drei, vier oder noch mehr Programme gleichzeitig laufen lassen können – wenn Sie genügend Arbeitsspeicher haben. Und je mehr Speicher Sie haben, desto schneller laufen die Programme.

Wenn Ihr Computer nur 4 MByte Speicherkapazität hat, ist es an der Zeit, daß Sie Ihren Computer-Guru anrufen und ihn zum Abendessen einladen. Nach dem Dessert können Sie Ihren »Gast« fragen, ob er Ihnen mehr Speicher in Ihren Computer installieren kann. Das ist nicht besonders schwierig – wenn Sie wissen, wie es geht.

Kürzlich habe ich den Speicher meines Computers von 8 MByte auf 16MByte erweitert, und ich kann eine deutlich bessere Leistung meines Computers feststellen. Meine Programme laufen schneller, und ich kann mehrere von ihnen gleichzeitig öffnen.

Verbessern Sie Ihre Produktivität, indem Sie Ihre Software aktualisieren

Immer wenn die Softwareentwickler Ihrer Lieblingssoftware eine neue Version herausgegeben haben, sollten Sie sie sich kaufen. (Sie werden von der neuen Version informiert werden, denn Sie haben in den nächsten 6 Monaten täglich eine Postkarte des Herstellers in der Post.) Diese Verbesserungen werden Sie Ihre Arbeit schneller erledigen lassen. Und das ist ja genau der Grund, warum wir diese Geräte so viel einsetzen: Wir wollen unsere Arbeit in höchster Qualität abliefern, unsere Klienten und Kunden glücklich machen und zum Abendessen zu Hause sein.

Erweitern Sie Ihren Horizont mit einem Modem

Wenn Sie wirklich Ihren Horizont erweitern wollen, Ihr Wissen ausweiten, Ihre Produktivität steigern und sich selbst Zugang zu einer fast unbegrenzten Anzahl an Informationen verschaffen wollen, dann müssen Sie ein Modem an Ihren Computer anschließen. Ein Modem ermöglicht Ihnen nicht nur die Kommunikation per Computer mit anderen Leuten, sondern Sie können damit auch E-Mail-Nachrichten und Computerdateien verschicken und empfangen, haben Zugang zu Online-Informationsdiensten, können Tausende von Datenbanken durchsuchen und Informationen mit Leuten, die Ihre Interessen teilen, durch die BBS (Bulletin Board Services, so etwas wie ein Schwarzes Brett im Internet) austauschen. Und das Beste daran: Sie können es benutzen, damit es für Sie die Telefonnummern wählt.

Eine sinnvolle Alternative ist sicherlich auch ein ISDN-Anschluß.

Sie brauchen einen guten Drucker

Mit den heutigen superschnellen Rechnern und der leistungsfähigen Software können Sie die Briefe, Dokumente, Präsentationen und Angebote in Stunden produzieren, für die früher eine ganze Gruppe von Leuten fast einen Tag brauchten. Aber die Erstellung einer Arbeit in einem Computer ist nur der erste Teil des Vorgangs. Der zweite Teil besteht darin, einen guten Ausdruck zu erhalten. Und wenn Sie wollen, daß auf Papier alles genausogut aussieht wie auf dem Bildschirm, brauchen Sie einen guten Drucker.

Als guter Zeitmanager achten Sie beim Druckerkauf natürlich besonders auf die Druckgeschwindigkeit. Manche Drucker bieten die Möglichkeit, unterschiedliche Druckqualitäten einzustellen. Dabei ist häufig der Druck in der geringeren Auflösung der schnellste. Aber mal ehrlich: Wann braucht man denn schon Ausdrucke in Top-Qualität.

Häufig unterscheidet sich bei Farbdruckern die Geschwindigkeit erheblich, je nachdem, ob Sie farbig oder schwarz/weiß drucken. Erkundigen Sie sich vorher genau bei Ihrem Fachhändler.

The 5th Wave **By Rich Tennant**

"Ja, unsere E-Mail Software hat immer noch ein paar Macken. Hier ist übrigens das Memo von der Marketing-Abteilung."

Zehn Dinge, mit denen Ihr nächster Computer ausgestattet sein sollte

24

In diesem Kapitel

- Kram, für den man Geld ausgeben kann

Im Beruf geht es darum, seine Arbeit in kürzester Zeit zu erledigen. Wir müssen davon ausgehen, daß die Technologie des Computers, den wir heute benutzen und der unseren Ansprüchen genügt, in einem Jahr veraltet ist. Ungefähr zwei- bis dreimal in der Woche werde ich von Freunden und Verwandten gefragt, welchen Computer sie sich kaufen sollen.

Es gibt viele gute Marken. Meiner Meinung nach ist die Qualität des Services, den der Hersteller oder der Computerladen bietet, von wesentlich größerer Bedeutung. (Ich habe alle meine Computer in einem kleinen Laden im Nordwesten von Chicago gekauft, Ernie's Office Machines. Rich Barkoff, der Besitzer des Ladens, hat mir immer gute Dienste geleistet, und er hat mehr über Computer vergessen, als ich jemals wissen werde.) Das ist noch wichtiger als ein günstiger Preis, denn wenn Sie eine Frage oder ein Problem haben, möchten Sie mit jemandem sprechen, der Ihnen helfen kann.

Kommen wir also zur Sache: Hier sind die Dinge, mit denen ich gerne meinem neuen Computer ausstatten würde, wenn Geld keine Rolle spielte. (Da es aber wahrscheinlich eine Rolle spielt, müssen Sie entscheiden, welche Funktionen mehr oder weniger wichtig für Sie sind.)

Kaufen Sie einen superschnellen Computer

Heute ist das ein Pentium, Pentium II oder ein Power PC – was danach kommt, weiß ich auch nicht. Sie werden jedoch nie enttäuscht sein, wenn Sie den schnellsten Computer kaufen, den es zur Zeit gibt.

Nehmen Sie einen großen Arbeitsspeicher

Heute brauchen Sie mindestens 16 MByte, nur um Ihren Computer laufen lassen zu können. Wenn Sie richtig Schwung in Ihren Computer bringen wollen, nehmen Sie einen 32 MByte oder sogar 64 MByte Speicher, wenn Sie Windows NT einsetzen wollen.

Nehmen Sie eine große Festplatte

Vor fünf Jahren war eine 40 MByte Festplatte ausreichend. Heute sollten Sie mindestens eine 1 Gigabyte große Festplatte haben, und für etwas mehr Geld können Sie eine 2.000 MByte (2 Gigabyte) Festplatte bekommen.

Nehmen Sie eine schnelle Videokarte

Nehmen Sie eine Videokarte mit einem Speicher von mindestens 4 MByte. Ihre Graphikprogramme, CD-ROM und Spiele werden »über den Bildschirm fliegen«.

Nehmen Sie einen großen Monitor

Unsere ersten Computer hatten diese klitzekleinen schwarz-weiß Monitore (oder waren sie grün oder bernsteinfarben?). Heute gibt es 15-, 17- und 21-Zoll-Monitore, die 16 Millionen Farben wiedergeben können. Gönnen Sie sich einen 17- oder 21-Zoll- Monitor, Sie werden es sich selber danken.

Nur zum Spaß: Nehmen Sie ein schnelles CD-ROM-Laufwerk

Die ersten CD-ROM-Laufwerke waren langsam, und es dauerte ziemlich lange, die Informationen von der CD-ROM auf den Computer zu übertragen. Dann wurden die 2x-CD-ROM-Laufwerke entwickelt, und jetzt gibt es schon 12x- und sogar 20x-CD-ROM-Laufwerke. Wenn Sie Ihr CD-ROM-Laufwerk nur ab und zu benutzen wollen, nehmen Sie ein 12x-, wenn Sie es häufig benutzen wollen, sogar ein noch schnelleres 20x-Laufwerk.

Vergessen Sie nicht, eine Soundkarte und gute Lautsprecher-Boxen zu kaufen

Wenn Sie Ihr CD-ROM-Laufwerk benutzen wollen, brauchen Sie eine gute Soundkarte und gute Boxen. Ihr Klang sollte sich so gut anhören, wie die Graphiken aussehen.

Um mit der Außenwelt zu kommunizieren, brauchen Sie ein schnelles Modem

Vor fünf Jahren waren wir noch mit unserem 2400 bps (Bits pro Sekunde) Modem glücklich. Vor drei Jahren waren Modems mit 14.400 bps gebräuchlich, und jetzt werden 28.800 bps Modems und noch schnellere benutzt. Kaufen Sie das schnellste Modem, das es gibt. Ihr Computer ist die Brücke zur Welt, und Ihr Modem ist der Schlüssel dazu. Oder, falls Sie bereits einen ISDN-Anschluß besitzen, verwenden Sie eine ISDN-Karte, die Datenübertragunsraten von 64.000 bps, bzw. bei Bündelung der beiden Datenkanäle sogar 128.000 bps über die Leitung schicken kann.

Schützen Sie sich mit einem Backup-Bandlaufwerk

Es ist ratsam, die Daten Ihrer Festplatte regelmäßig zu sichern. Mit einem automatischen Backup-System wird der ganze Vorgang denkbar einfach, und sollte etwas mit Ihrem Computer passieren, können Sie verlorengegangene oder zerstörte Dateien in kürzester Zeit wiederherstellen.

Zehn Zeitspartips, wie Sie mehr aus der Supportline (Hotline) herausholen

25

In diesem Kapitel

- Zehn Zeitspartips, mit denen Sie mehr aus der Supportline herausholen

Ich weiß, daß Computer nie Fehler und Programme keine Mucken haben, wenn Sie von den Software-Verkäufern ausgeliefert werden, deshalb bin ich mir gar nicht sicher, ob ich Ihnen Tips geben sollte, wie Sie besser mit der technischen Unterstützung klarkommen. Aber sollten Sie einmal in eine Situation kommen, in der Sie eine Hotline anrufen müssen, dann könnten Ihnen die folgenden Ratschläge das Leben einfacher machen:

- ✔ Notieren Sie sich die Nummer der Hotline vorne auf dem Handbuch oder markieren Sie sie auf der Seite, auf der sie steht. Knicken Sie entweder eine Ecke der Seite oder kleben eine Klebenotiz an den Rand der Seite, damit Sie sie schnell finden können.
- ✔ Neben die Nummer sollten Sie die Seriennummer des Produktes und Ihre Benutzer-ID schreiben. Dann brauchen Sie sie nicht zu suchen, wenn Sie danach gefragt werden.
- ✔ Viele Unternehmen besitzen ein computergesteuertes Telefonsystem, das viele Menüs hat, aus denen man auswählen kann. Um Zeit zu sparen, schreiben Sie sich die entsprechende Nummernfolge auf, die Sie wählen müssen, damit Ihr Anruf schneller weitervermittelt wird.
- ✔ Wenn Sie mit der Supportline sprechen müssen, versuchen Sie es früh am Morgen, bevor jemand anders die Nummer wählt. Schauen Sie in Ihrem Handbuch nach, wann die Hotline besetzt ist, viele Unternehmen sind bereits morgens ab 8.00 Uhr zu erreichen. Denken Sie daran, daß die Leitungen meistens Montagmorgens besetzt sind, weil viele am Wochenende etwas mit ihren Computern ausprobiert haben und Probleme damit hatten.
- ✔ Rufen Sie die Supportline nicht während der Mittagspause an – ich meine nicht Ihre Mittagspause, sondern die des Unternehmens – meistens 12.30 bis 14.30 Uhr. Während dieser Zeit sind die Telefone meistens unterbesetzt, und Sie müssen noch länger warten.
- ✔ Wenn ein Unternehmen gerade ein neues Produkt ausgeliefert hat, können Sie davon ausgehen, daß dort die Leitungen heißlaufen. Es wird Tausende von Nutzern geben, die Fragen oder Probleme haben. Versuchen Sie, entweder früh morgens oder spät abends anzurufen.

- Allgemein müssen Sie damit rechnen, daß Sie mindestens 10 bis 15 Minuten in der Warteschleife warten müssen, bevor Sie mit einem Techniker sprechen können, nehmen Sie sich daher etwas vor, das Sie während der Wartezeit erledigen wollen.
- Wenn Sie anrufen und ständig das Besetztzeichen hören, benutzen Sie die Wahlwiederholtaste Ihres Telefons. Viele Telefone wiederholen die besetzte Nummer automatisch, wenn Sie den Lautsprecher einschalten und die Wahlwiederholtaste drücken.
- Bevor Sie eine neue Software oder etwas anderes, das die Konfiguration Ihres Systems ändert, installieren wollen, lesen Sie sich die Installationsanleitung durch. Rufen Sie dann die Hotline an und fragen, ob es noch etwas anderes gibt, das Sie wissen sollten, bevor Sie die Software installieren, etwas, das vielleicht nicht in Ihrem Handbuch erwähnt wird. Oft wird der Techniker dann mit Ihnen den ganzen Installationsprozeß durchgehen.

Ein letzter Tip: Nehmen Sie Änderungen an Ihrem Computer nie zu einer Zeit vor, zu der Sie die technische Unterstützung nicht erreichen können, um Hilfestellung zu bekommen. Was machen Sie, wenn Ihr Computer streikt und Sie die Hotline erst wieder am Montag um 8.00 Uhr erreichen können?

Zehn Gründe, warum Sie einen Internet-Zugang haben sollten

26

In diesem Kapitel

- Mein Versuch, Sie davon zu überzeugen, im Netz zu surfen

Wenn Sie die letzten Jahre nicht auf einer einsamen Insel verbracht haben, haben Sie sicher schon vom Internet, dem Cyberspace, der Infobahn, dem I-Way oder dem überstrapazierten Begriff der Datenautobahn gehört. Sollten auch Sie »online« gehen? Die Antwort darauf ist wahrscheinlich die, die Sie sich nicht erhoffen, nämlich: Ja! Früher oder später werden Sie online gehen, ob Sie es wollen oder nicht. Also sollten Sie jetzt schon eintauchen und der breiten Masse einen Schritt voraus sein. Wenn dann der Rest der Menschheit unter Schreien und Lamentieren über die elektronische Grenze getrieben wird, haben Sie sich bereits Ihre eigene Ecke des Netzes abgesteckt. Schlucken Sie Ihren Stolz herunter, und gehen Sie ans Netz. Wenn Sie noch mehr Gründe brauchen, lesen Sie weiter.

Internet E-Mail

Die E-Mail ist immer noch der beliebteste und weitverbreitetste Service des Internets. Sie können sie benutzen, um weltweit mit Millionen von Menschen zu kommunizieren, sich in Postverteiler aller Arten einzutragen, und eine E-Mail-Adresse auf Ihrer Visitenkarte ist einfach cool.

Usenet Newsgroups

Die Anzahl der verfügbaren Newsgroups hat bei einigen Providern (Anbieter, die den Zugang zum Internet ermöglichen) die 10.000 überschritten. Als weltweit größtes Bulletin Board (eine Art Schwarzes Brett) ist Usenet das Herzstück des Internet. Jede Gruppe erstellt eine FAQ (eine Zusammenstellung der regelmäßig gestellten Fragen »frequently asked questions«), die sehr hilfreich ist. Das Angebot reicht von allen denkbaren bis zu allen undenkbaren Dingen.

Das World Wide Web

Um im Netz zu surfen, benutzen Sie ein sogenanntes Browser-Programm (kurz Browser), ein Navigationsprogramm. Das Netz ist eine sich immer erweiternde, globale Sammlung von Hypertext (miteinander verbundenen/verbindbaren Dokumenten, also Querverweisen), die im Internet verfügbar sind. Dies ist der Teil des Netzes, der am schnellsten wächst. Das Netz ist voll von Multimediaelementen und anderem netten Kram, wie Klängen, Bildern, freien Programmen (darunter Netznavigatoren) und Filmen. Sie können Ihre private oder geschäftliche Homepage (Leitseite) einrichten, damit andere sie lesen können. Gute Browser können einige E-Mail-Funktionen, Usenet Newsgruppen, Gopher (siehe nächster Abschnitt), Datentransfers und Hypertextfunktionen bedienen.

Gopher

Gopher ist ein Internet-Service, der einen Großteil des Cyberspace in einer endlosen Anzahl einfach zu navigierender Menüs darstellt. Sie folgen einfach den Gopher-Verknüpfungen, die Ihnen interessant erscheinen, bis Sie eine Datei, einen Text oder was auch immer Ihre Aufmerksamkeit auf sich zieht, finden, und dann stellen Sie fest, daß es 2.00 Uhr ist. Mit Gopher können Sie fast alles im Netz finden.

File Transfer Protocol (FTP)

Das hört sich zwar an wie der Titel eines Techno-Thrillers, aber es bedeutet nur, daß Sie damit von Ihrem Schreibtisch aus Daten senden oder aus aller Welt empfangen können. Wenn die E-Mail so etwas wie ein superschneller Eilbrief ist, dann ist das FTP die hyperschnelle Version von Federal Express oder UPS.

Sie werden für Ihren jetzigen oder zukünftigen Arbeitgeber von höherem Wert sein

Es ist wirklich wahr. Im Zeitalter der Kürzungen, Unsicherheit und Instabilität ist das Internet das Einzige, was eine solide und vielversprechende Zukunft bietet. Wenn Sie in Ihre Bewerbung Internet-Kenntnisse aufnehmen können, erhöhen sich Ihre Chancen als potentieller Kandidat beträchtlich. Wenn Sie ein Internet-Surfer sind, dann sind Sie »fortschrittlich«, »auf dem neuesten Stand der Technik« und können sich mit vielen anderen imponierenden Schlagwörtern krönen.

Weil die anderen online sind

Ihre Konkurrenten, Kreditanstalten, Regierungen, Banken, Versicherungsunternehmen und die Medien – alle haben Zugang zum Internet und nutzen es auch. Dadurch kommen Sie in eine strategisch ungünstige Position. Früher oder später müssen Sie Ihre ersten Schritte in die Datenlandschaft wagen. Je länger Sie warten, desto mehr werden Sie hinterherhinken und desto mehr Durchblick werden die anderen bereits haben. Das ist nicht fair, aber so ist sie nun mal, die »Schöne neue Welt«.

Es ist besser für Sie als Fernsehen

Klar, genau wie bei der Glotze hängen Sie beim Cyberspace vor einem Bildschirm, aber am Internet nehmen Sie wenigstens aktiv teil. Sehen wir es mal so: Das Modell Fernsehen bringt Sie in die Rolle des Ausgeschlossenen, überflutet mit Programmen und manipuliert von unsichtbaren, ungreifbaren Mächten. Das Modell Internet bringt Sie in die Rolle des unabhängigen Handelnden/Forschers, der seine Vorstellungsgabe in einer neuen, digitalen Landschaft nutzt.

Weil Sie sich dann nicht ausgeschlossen fühlen

Sie haben das krankmachende Gefühl, daß geheime, wundervolle und historische Vorgänge ablaufen in diesem neuentdeckten Land, genannt Internet, aber Sie sind nie dagewesen. Noch schlimmer: Niemand da draußen weiß, wie clever und wundervoll Sie sind, und Ihre Technophobie hält Sie davon ab, teilzunehmen. Um dieses Gefühl loszuwerden, sollten Sie in den sauren Apfel beißen und in die Infocalypse eintauchen.

Sie werden etwas haben, über das Sie bei der nächsten Party sprechen können

Anstatt stumm diese Käsedips anzustarren, stellen Sie sich vor, Sie berichten keck von der Datenfront! Was könnte Sie charmanter und mysteriöser machen als die Fähigkeit, Zuhörer mit Geschichten dieser elektronischen Tollkühnheit zu unterhalten? Welche Themen finden so viele Zuhörer wie das Internet? Jemand anders auf der Party surft vielleicht auch im Internet, und bevor Sie sich versehen, tauschen Sie E-Mail-Adressen aus und plaudern über Ihre Lieblingsseiten im Netz.

Beeindrucken Sie alle mit Ihrer Visitenkarte

Wenn Sie alle beeindrucken wollen, drucken Sie Ihre Internetadresse auf Ihre Visitenkarte, direkt neben die Nummer Ihres Mobiltelefons, Ihres Autotelefons, Ihre Faxnummer, Ihre Privatnummer und die Nummer Ihres Privatfaxes.

Wenn Sie mehr über das Internet lernen wollen, besorgen Sie sich *Internet für Dummies.*

Stichwortverzeichnis

A

D

E

F

G

H

I

J

K

L

M

N

O

P

R

S

U

V

W

Z

Noch mehr Business für Dummies

Erfolgreich Präsentieren für Dummies

Malcolm Kushner. Aus dem Amerikanischen von Cornelia M. Y. Nicol

Ob Sie es mit einer oder mit tausend Personen zu tun haben – die Fähigkeit, Informationen geordnet und überzeugend zu übermitteln, ist überall gefragt. Um etwas im Leben zu erreichen, muß man sich und seine Überzeugungen präsentieren können – sei es bei der Forderung nach einer Gehaltserhöhung oder bei einem Vortrag. Malcolm Kushner verrät Ihnen unzählige Tips und Tricks, wie Sie solche Situationen überzeugend meistern können.

464 Seiten
39,80 DM, kart.
ISBN 3-8266-2756-3

Erfolgreich Verkaufen für Dummies

Tom Hopkins. Aus dem Amerikanischen von Ingeborg Lange

Verkaufen muß man nicht nur im Laden oder im Außendienst. Nicht nur Produkte oder Dienstleistungen werden verkauft, sondern jeder ist täglich in der Situation, sich und seine Ideen, Überzeugungen an den Mann bringen zu müssen. Werden Sie mit »Verkaufen für Dummies« ein Verkaufsprofi im Alltag! Setzen Sie sich durch, überzeugen Sie andere von dem, wovon Sie überzeugt sind. Tom Hopkins, erfolgreicher Verkaufstrainer und Multimillionär, plaudert aus dem Nähkästchen und verrät Erfolgsstrategien.

416 Seiten
39,80 DM, kart.
ISBN 3-8266-2757-1

Management für Dummies

Bob Nelson und Peter Economy. Aus dem Amerikanischen von Olav van Gerven und Grischka Petri

Manager haben's schwer. Die Welt des Management ist stressig, frustrierend und arbeitsreich. Bob Nelson und Peter Economy verraten Ihnen die Tips und Tricks, die Sie kennen sollten, um sich und Ihren Mitarbeitern das Leben leichter zu machen.

Ob Sie schon jahrelang ein Manager oder gerade erst befördert worden sind – dies ist genau das richtige Buch für Sie!

ca. 400 Seiten
39,80 DM, kart.
ISBN 3-8266-2758-X

Marketing für Dummies

Alexander Hiam. Aus dem Amerikanischen von Birgit Neuß und Claudia Graf

Auch wenn die Konkurrenz hart ist, können Sie sie mit den richtigen Konzepten und Ideen auf dem Markt problemlos überholen. Marketing für Dummies ist ein kompetenter Wegweiser ins Marketing 2000 – ohne tonnenschwere Theorie-Bleigewichte, dafür aber mit viel Witz und Praxisnähe.

ca. 400 Seiten
39,80 DM, kart.
ISBN 3-8266-2763-6

Zeitmanagement für Dummies

Jeffrey J. Mayer. Aus dem Amerikanischen von Ursula Schnitzler

Auch wenn Ihnen Organisationstalent nicht gerade in die Wiege gelegt wurde, können Sie Ihren Arbeitsalltag voll in den Griff bekommen. Starten Sie eine Entrümpelung Ihres Arbeitsplatzes. Lernen Sie, Wesentliches von Unwichtigem zu trennen. Am Ende werden Sie Ihren Schreibtisch nicht mehr wiedererkennen und verblüfft feststellen, daß Sie plötzlich wieder Zeit für Ihre Familie, Freunde oder den neuesten Film mit Julia Roberts haben ...

Auf der CD: eine Probeversion der Zeitmanagement Software ACT! 3.

ca. 300 Seiten
39,80 DM, kart., mit CD-ROM
ISBN 3-8266-2760-1

Alles, was Sie nicht wissen, reduziert Ihre Chancen auf Erfolg

5

In diesem Kapitel

- Erforschung des Aufgabenfeldes
- Ausschluß möglicher Alternativen
- Überwindung von acht üblichen Hindernissen
- Entwurf von Wortmalereien
- Doppelt so gut zuhören wie reden

...

Käufer Nr. 1: Volker, der Verläßliche

Er ist bereits Kunde Ihrer Firma oder Marke. Er weiß, was er von Ihrer Firma zu halten hat und schätzt ihre Zuverlässigkeit. Die Arbeit mit ihm ist einfach, sobald Sie ihn von Ihrer persönlichen und fachlichen Kompetenz überzeugt haben. Sollten Sie ihn nicht überzeugen können, wird er nicht zögern, Ihre Firma anzurufen und um einen anderen Verkäufer zu bitten.

Wie gehen Sie jetzt am besten mit diesem Typus um?

Hüten sie sich vor einer schnellen »Zwischen-Tür-und-Angel«-Abfertigung, sowohl bei Verkaufsverhandlungen wie auch bei Dienstleistungsangeboten, nur deshalb, weil er ja bereits bei Ihnen Kunde ist. Sie sollten im Gegenteil eine große Produktkenntnis an den Tag legen, um sein Vertrauen zu gewinnen; Vertrauen in Ihre Fähigkeit, seine Bedürfnisse verstehen und decken zu können. Ein weiteres wichtiges Element beim Abschluß dieses Geschäftes und um den Kunden auch in Zukunft zu halten, ist bei diesem Typus die Gewißheit auf einen zuverlässigen Service und eine gesicherte Kundenbetreuung.

Käufer Nr. 2: Fritz, der Feilscher

Fritz hält sich für ein ausgemachtes Verhandlungsgenie, ein Typ, der keine Ruhe gibt, bis er die vermeintliche Oberhand gewonnen und von Ihnen irgendein Extra-Bonbon zugesagt bekommen hat. Heutzutage ist der Markt voll von diesen Typen. Sollten Sie ihm irgendwelche Nachlässe oder Vergünstigungen zugestehen, kann es passieren, daß er damit hausieren geht und dadurch andere Kunden verärgert, die diese »Bonbons« nicht bekommen haben.

Wie gehen Sie mit diesem Typus um? Lassen Sie ihn deutlich spüren, daß Sie ihn für jemand Wichtigen und Besonderen halten, daß er hart ackert und daß Sie seine Geschäftstüchtigkeit bewundern. Wenn Sie glauben, daß es sich bei diesem Geschäft lohnt, ihm Vergünstigungen einzuräumen, fragen Sie bei Ihrem Vorgesetzten nach, auf welche Art und Weise dies dann am besten abgewickelt werden sollte. Bei diesem Typus ist es sehr wahrscheinlich gar nicht nötig, ihm irgendwelche Sonderkonditionen einzuräumen. Es wird vielleicht schon ausreichen, ihm einige Dankschreiben zu schicken oder häufiger mit ihm zu telefonieren, um ihm zu zeigen, wie wichtig er Ihnen ist.

Käufer Nr. 3: Therese, die Tüchtige

Therese ist eine distanzierte, nüchterne Persönlichkeit, die ein hohes Maß an Verantwortung trägt. Wie es bei Einkaufsleuten oft üblich ist, hat sie wahrscheinlich wenig persönlichen Kontakt während ihres Arbeitstages, abgesehen von der Verkäufer-Parade, die immer wieder durch ihr Büro zieht. Sie kann es nicht riskieren, eine persönliche Vorliebe für Sie zu entwickeln, weil sie Sie möglicherweise zu irgendeinem Zeitpunkt durch irgendeinen Ihrer Konkurrenten austauschen muß.

Bei ihr sollten Sie keinesfalls eine locker-gemütliche »Kaffeekränzchen«-Präsentation durchziehen. Versuchen Sie, nicht zu familiär und vertraulich zu werden. Halten Sie sich an Fakten und Zahlen. Sie wird Sie genau einzuschätzen wissen. Je zurückhaltender Sie sich verhalten, um so mehr werden Sie sich von den anderen Verkäufertypen unterscheiden, von denen sie sich sonst so genervt fühlt. Und genau das wird sie im Gedächtnis behalten. Lassen Sie sie wissen, daß Sie anerkennen, wie wichtig und schwierig ihre Position ist. Schikken Sie ihr Dankschreiben. Unterbreiten Sie ihr alle Fakten und Zahlen in Ihrer professionellsten Art und Weise. Halten Sie alles schriftlich fest. Sie liebt die greifbare Sicherheit von Dokumentationsmaterial.

Käufer Nr. 4: Ulrich, der Unberechenbare

Ulrich ist als Käufer Ihre größte Herausforderung. Er wird Sie nie zurückrufen. Er wird Gesprächstermine und Verabredungen ständig verschieben, um sie dann in letzter Minute vielleicht doch wieder anzusetzen. Er liebt es, wild auf dem Markt herumzukaufen und Sie in der Zwischenzeit einfach in der »Warteschleife« hängen zu lassen. Er wird Ihre Geduld ständig auf eine harte Probe stellen.

Bei diesem Typus müssen Sie sich der Mithilfe seiner Sekretärin oder seines Personals versichern; vielleicht können diese Ihnen Tips geben, wie Sie ins Geschäft kommen und auch dort bleiben können.

Käufer Nr. 5: Norbert, der Nörgler

Norbert findet immer etwas, worüber er sich beschweren kann und badet geradezu in Negativ-Aussagen. Er wäre mit Sicherheit nicht Ihr Wunschpartner, wenn Sie auf einer einsamen Insel mit einem anderen Menschen zusammen notlanden müßten.

Sie müssen sich entscheiden, ob das, was das Geschäft mit ihm Ihnen bringen würde, es wirklich wert ist, all die Energie, die er Sie kostet, aufzubringen. Wenn das Geschäft mit ihm nicht gerade eines der »Herzstücke« Ihres Kundenkreises darstellt, sollten Sie besser versuchen, Ihre Zeit anderen Kunden zu widmen, die Ihnen nicht gerade soviel abverlangen. Kein Kunde ist es wert, für ihn seine Gesundheit und seine Nerven aufs Spiel zu setzen.

Das Wichtigste, was Sie tun sollten, ist Zuhören und Ruhe bewahren. Vielleicht kann Norbert sich keinen professionellen Therapeuten leisten. Um sich seiner negativen Art nicht allzu sehr aussetzen zu müssen, rate ich Ihnen, ihn immer nur kurz vor der Mittagspause oder dem Feierabend anzurufen, damit die Gespräche dadurch auf ein Minimum von Zeit beschränkt werden können. Wenn er Sie von sich aus zu anderen Zeiten anruft und Ihnen kostbare Zeit stehlen will, müssen Sie sich überlegen, wie Sie sich zwar höflich aber möglichst umgehend aus diesem Gespräch herausmanövrieren können. Vielleicht schaffen Sie es so:

> *»Norbert! Ich freue mich ja so, daß Sie mich anrufen, aber leider bin ich gerade auf dem Weg zu einem Termin. Was kann ich in den nächsten fünf Minuten für Sie tun?«*

Bleiben Sie freundlich und hilfsbereit; das wird es schließlich sein, was Norbert dazu bringen könnte, mit Ihnen Geschäfte zu machen. Sollte es jedoch zu schwierig mit ihm werden, ist der leichteste und billigste Weg, das Problem zu lösen, der, ihn an jemand anderen in Ihrer Organisation zu verweisen. Vielleicht wird Ihr Kollege nicht in dem Maße unter der negativen Persönlichkeit seines neuen Kunden leiden wie Sie und viel besser mit ihm umgehen können.

Käufer Nr. 6: Paula, die Perfekte

Sie weiß genau, was sie will, und sie will es niedergeschrieben mit Blut oder zumindest gemeißelt in Stein. Sie überläßt nichts dem Zufall und ist eine Meisterin der totalen Kontrolle.

Seien Sie sehr, sehr gut organisiert. Sie schätzt, nein, sie ist geradezu süchtig nach Organisation. Wickeln Sie jedes einzelne Detail schriftlich ab. Seien Sie pünktlich. Kontrollieren Sie alles zweimal. Wenn sie einmal weiß, daß sie sich auf Sie verlassen kann, dann wird sie genau das auch hundertprozentig tun. Bestätigen Sie stets Ihre Termine, und bestätigen Sie auch alle Einzelheiten Ihrer gemeinsamen Gespräche immer schriftlich. Unordnung in jeder Form bringt Paula zur Verzweiflung und ihren Tag total durcheinander. Seien Sie niemals der Anlaß für diese Unordnung in Paulas Tagesablauf, wenn Sie mit ihr Geschäfte machen und sie als Kundin behalten wollen.

Ich rate Ihnen, Paula nach jedem Gesprächstermin eine Zusammenfassung dieses Treffens zuzufaxen. Zudem wird es günstig sein, ihr vor jedem nächsten Treffen Informationen darüber zuzufaxen, welches Produkt Sie ihr vorstellen oder anbieten wollen. Mit anderen Worten, behandeln Sie Paula genau in der Art und Weise wie Paula ihrerseits andere behandelt. Es ist ein Grundbedürfnis des Menschen, sich am liebsten mit Leuten zu umgeben, die die gleichen oder zumindest ähnliche Verhaltensmuster wie man selbst zeigen.

Käufer Nr. 7: Ariane, die Amazone

Ariane ist eine eigenwillige Senkrechtstarterin, die mit großer Wahrscheinlichkeit bereits eine höhere Position in ihrer Firmenhierarchie anpeilt. Sie wird Sie über ihre Bedürfnisse im unklaren lassen, denn sie setzt voraus, daß Sie Ihre »Hausaufgaben« gemacht haben und somit schon wissen, was sie will.

Wenn Sie mit Ariane sprechen, machen Sie ihr Komplimente und heben Sie ihre Bedeutung in und ihren Wert für die Firma hervor. Beachten Sie: Ariane neigt dazu, andere mit ihren Machtansprüchen zu überrollen, und die meisten Menschen scheuen vor einer Zusammenarbeit mit dominanten Persönlichkeiten zurück. Abgesehen davon sollten Sie nicht vergessen, daß Ariane Ihnen unter Umständen, z.B. wenn es Zahlungsschwierigkeiten gibt oder wenn Sie Ihr Produkt auch in anderen Niederlassungen dieses Unternehmens verkaufen möchten, eine große Hilfe sein kann. Wenn Ariane an Sie und Ihr Produkt glaubt, wird sie im gesamten Unternehmen Ihr bester Fürsprecher sein.

Käufer Nr. 8: Emil, der Experte

Es geht so wie Emil es will oder gar nicht. Er ist ein selbsternannter Fachmann, der große Schwierigkeiten hat, Aufgaben oder Machtbefugnisse zu delegieren. Jeder hat ihm über alles zu berichten. Es ist durchaus möglich, daß er sich unhöflich benimmt und Ihre Präsentation einfach dadurch unterbricht, daß er Telefonate annimmt oder seiner Sekretärin Anweisungen erteilt.

Seien Sie ausgesprochen höflich. Seien Sie gut vorbereitet und fassen Sie sich kurz. Vor allen Dingen – setzen Sie nichts voraus, und lassen Sie ihn wissen, daß Sie es schätzen, daß er Ihnen seine Zeit widmet. Sollten die Störungen und Unterbrechungen dennoch überhand nehmen, packen Sie besser nicht Ihr Butterbrot aus. Statt dessen können Sie ihm auch vorschlagen, das Treffen bei einem Mittagessen zu wiederholen, damit Sie vielleicht dann seine ungeteilte Aufmerksamkeit besitzen. Darüber hinaus können Sie auch versuchen, seine Sekretärin zu Ihrer Komplizin zu machen und Sie freundlich bitten, die Störungen und Unterbrechungen während Ihrer Präsentation auf ein Minimum zu beschränken. Wenn es nicht das unumstößliche »Emilsche Gesetz« in der Firma gibt, das ohne Wenn und Aber alle

Telefongespräche sofort durchstellt und alle Besucher sofort hereinbittet, haben Sie gute Chancen, mit konspirativer Mithilfe der Sekretärin Ihre Präsentation einigermaßen ungestört durchziehen zu können.

Käufer Nr. 9: Zarah, die Zynische

Zarahs Wahlspruch lautet: »Aber wir haben es doch *immer* so gemacht!« Sie sperrt sich gegen alle Veränderungen und jeden Wechsel. Sie ist hochgradig mißtrauisch und hinterfragt alles, was Sie sagen und tun. Sie ist mit an Sicherheit grenzender Wahrscheinlichkeit eine aus der »alten Garde« der Firma, also eine langjährige Angestellte.

Loben Sie ihren Widerspruch und ihre Einwände; zumindest hat sie damit gezeigt, daß sie klug genug war, diese aufs Tapet zu bringen. Sie müssen Zarah mit Namen von Leuten und Firmen beeindrucken, die sie kennt und denen sie vertraut. Um ihre Mauer aus Zweifeln einzureißen, will sie erst einmal wissen, wer sonst noch Ihr Produkt oder Ihre Dienstleistung gekauft hat und benutzt. Für Sie kann das anfängliche Zögern von Zarah allerdings das Beste an ihr sein. Warum? Wenn Sie schon soviel Schwierigkeiten hatten, Zarahs Einwände zu entkräften, können Sie mit Fug und Recht annehmen, daß Ihre Konkurrenten es schon aufgegeben haben oder noch die Segel streichen werden, weil Zarah eine »zu harte Nuß« zum Knacken für Ihre Wettbewerber ist. Und wenn sie einmal Ihr Kunde ist, wird die loyale Zarah, die ja jeden Wechsel scheut, sich beharrlich sträuben, zur Konkurrenz zu wechseln.

...